Junior Certificate SPANISH

¿Practicamos?

Reading Comprehension and Written Expression
Higher & Ordinary Level

ELAINE HIGGINS

FOLENS

Editor
Tess Tattersall

Design
Peter Gillis, One House Communications

Layout
Gavin Hoey

Illustrations in Part Two
Brett Hudson at Graham Cameron Illustration

© 2011 ELAINE HIGGINS

ISBN: 978-1-84741-927-9

Folens Publishers,
Hibernian Industrial Estate,
Greenhills Road,
Tallaght,
Dublin 24

All rights reserved. No part of this publication may be reproduced or transmitted in any form or by any means, electronic, mechanical, photocopying, recording or otherwise without prior written permission from the Publisher.

The Publisher reserves the right to change, without notice, at any time, the specification of this product, whether by change of materials, colours, bindings, format, text revision or any other characteristic.

The article '¿Cómo Puedes Reducir tu Huella Ambiental?' on p.85 is reproduced by kind permission of National Geographic © Barbara Seeber/National Geographic Stock.

The article 'Consejos para la Seguridad bajo el Sol' on p.88 is reproduced by kind permission of Cruz Roja Española.

Photo credits
p.22 © Pictorial Press Ltd/Alamy; pp.23, 29, 33, 38B, 54T, 63, 81, 82, 98, 116 © Hemera/Getty Images; pp.24B, 26B, 27, 28T, 34B, 41, 42, 43T&B, 45, 49, 50T&B, 53, 56T, 62, 72, 73, 75-8, 85, 91, 100, 110, 112 © iStockphoto/Getty Images; pp.24T, 37, 83, 114 © Stockbyte/Getty Images; pp.25, 26T, 31, 35, 36T&B, 40, 44B, 46B, 48, 52, 58, 68, 69, 70T, 80, 84, 86-8, 93 © iStock; p.28B © RIA Novosti/Alamy; pp.30, 38T © Polka Dot/Getty Images; p.32T © Associated Sports Imagery/Alamy; p.32B © London Entertainment/Alamy; p.34T © FilmMagic/Getty Images; pp.51, 89 © Pixland/Getty Images; p.39 © ArcadeImages/Alamy; p.44T © United Archives GmbH/Alamy; p.46T © Andia/Alamy; p.47 © Holtcivils/Alamy; p.54B © Marco Secchi/Alamy; p.55 © Greek photonews/Alamy; pp.56B, 66, 96, 99 © AFP/Getty Images; p.57 © david pearson/Alamy; pp.59, 65, 67, 74, 79, 92 © Allstar Picture Library/Alamy; p.60 © PCN Photography/Alamy; pp.61, 64, 90 © Getty Images Entertainment/Getty Images; pp.70B, 101 © Michelle Chaplow/Alamy; p.71 © Peter Titmuss /Alamy; p.94 © Photodisc/Getty Images; p.95 © Brand X Pictures/Getty Images

T = top, B = bottom

Contents

Introduction iv

PART ONE: READING COMPREHENSION
Section 1: Short Questions – Ordinary Level 1
Section 2: Short Questions – Higher Level 11
Section 3: Comprehension Practice 1 22
Section 4: Comprehension Practice 2 53
Section 5: Comprehension Practice 3 81

PART TWO: WRITTEN EXPRESSION
Section 1: Todo Sobre Mí 117
Section 2: Mi Familia y Mis Amigos 119
Section 3: Mi Casa 122
Section 4: Mi Barrio 125
Section 5: Mi Tiempo Libre y Mis Pasatiempos 128
Section 6: Mi Rutina Diaria 130
Section 7: Hablando del Futuro 133
Section 8: Mi Colegio 136
Section 9: Hablando del Pasado 140
Section 10: La Comida 143
Section 11: Las Vacaciones 145
Section 12: El Fin de Semana 148
Section 13: Invitaciones 150
Section 14: España 152
Section 15: Saliendo Adelante en España 154

Introduction

The aim of **¿Practicamos?** is to provide second and third year students of Spanish with practice for the Reading Comprehension and Written Expression sections of the Junior Certificate Examination.

Part One focuses on Reading Comprehension and provides extensive practice to familiarise students with the types of questions that appear in the exam. There are five sections in Part One:

- Sections 1 and 2 consist of the short questions for Ordinary and Higher Levels respectively.

- Sections 3–5 are made up of comprehension texts, which progress from easy to more challenging in each section. They cover a wide range of reading material, including news stories, magazine articles and advertisements, to reflect the current Spanish syllabus.

Part Two deals with the Written Expression section of the examination. It is divided into 15 sections, each of which focuses on a different area. At the start of each section, there are two or three reading passages to familiarise students with the necessary vocabulary for each topic. This is followed by exercises in numbers, vocabulary and letter writing.

Finally, don't forget that practice is important for success in the exam.

Good luck!

Part One: Reading Comprehension

SECTION 1: Short Questions — Ordinary Level

Answer each of the following questions, 1–100, by putting a tick in the appropriate box.

1. Which of the following would you **eat**?

| BOCADILLO ✓ | CAMA | ESTUCHE | JARDÍN ✓ |

2. Where would you buy **bananas**?

| LIBRERÍA | JOYERÍA | FRUTERÍA ✓ | PANADERÍA ✓ |

Jewellers

3. How do you say **good-looking** in Spanish?

| ALTO | GORDO | FEO | GUAPO ✓✓ |

4. Which of the following means **shop**?

| COLEGIO | TIENDA ✓ | PALACIO | AYUNTAMIENTO ✗ |

5. **Una camiseta** is a type of:

| ANIMAL | SPORT | FOOD | CLOTHING ✓✓ |

6. **Una mesa** is:

| A TABLE ✓ | A WINDOW | A CHAIR | A BED ✓ |

7. Which of the following would you **play**?

| ZUMO | SALÓN | BALONCESTO ✓ | ÁRBOL ✓ |

8. Which of the following is a **school subject**?

| LA VELA | LA HISTORIA ✓ | LA NATACIÓN | EL PAN ✓ |

¿Practicamos?

9. How do you say **goodbye** in Spanish?

| HOLA | | GRACIAS | | ADIÓS | ✓ | FENOMENAL | |

10. Which of the following is a **season**?

| ROPA | | SOL | | PLAYA | | INVIERNO | ✓ |

11. **Una vaca** is a type of:

| CLOTHING | | SPORT | | ANIMAL | ✓ | DRINK | |

12. **Un colegio** is:

| A SCHOOL | ✓ | A CAR | | A CINEMA | | A DOG | |

13. Which of the following would you **wear**?

| HELADO | | CASA | | POLLO | | VAQUEROS | ✓ |

14. Where would you buy **books**?

| ESTANCO | | CARNICERÍA | | LIBRERÍA | ✓ | ZAPATERÍA | |

15. How do you say **happy** in Spanish?

| CONTENTO | ✓ | ENFERMO | | ABURRIDO | *bored* | CANSADO | *tired* |

16. Which of the following is **a pencil**?

| UNA MANZANA | | UN LÁPIZ | ✓ | UNA REGLA | | UN ARMARIO | |

17. **Una silla** is type of:

| FURNITURE | ✓ | CLOTHING | | GAME | | SHOP | |

18. **Un caramelo** is:

| A TEACHER | | A SWEET | ✓ | A BIRD | | A BUS | |

Part One: Reading Comprehension

19. Which of the following is a **part of the body**?

| EQUITACIÓN | DORMITORIO | PIE ✓ | GATO |

20. Where would you go to **swim**?

| PISCINA ✓ | COLEGIO | IGLESIA | TIENDA |

21. How do you say **it's hot** in Spanish?

| HACE SOL | HACE FRÍO | HACE FRESCO | HACE CALOR ✓ |

22. Which of the following is a **waiter**?

| ENFERMERA | MÉDICO | CAMARERO ✓ | PROFESOR |

23. Una carnicería is:

| A FRUIT SHOP | A BAKER'S | A POST OFFICE | A BUTCHER'S ✓ |

24. Un ordenador is:

| A COMPUTER ✓ | A FORK | A SOFA | A MAGAZINE |

25. Which of the following would you **read**?

| UNA REVISTA ✓ | UNA CABEZA | UN PUEBLO | UN BURRO |

26. Where would you buy **shoes**?

| PANADERÍA | ZAPATERÍA ✓ | CARNICERÍA | JOYERÍA |

27. How do you say **Happy Birthday** in Spanish?

| MUCHAS GRACIAS | ESTUPENDO | FELIZ CUMPLEAÑOS ✓ | BUENA SUERTE |

28. Which of the following is a **hobby**?

| LA PINTURA ✓ | LA TORTILLA | EL GATO | EL LABORATORIO |

¿Practicamos?

29. **El balonmano** is a type of: (hand ball)

| ANIMAL | FOOD | SPORT ✓ | CLOTHING |

30. **Una cama** is:

| A TABLE | A CHAIR | A WINDOW | A BED ✓ |

31. Which of the following would you **wear**?

| UN CHÁNDAL ✓ | UNA NARANJA | UN BALÓN | UNA PELÍCULA |

32. Where would you go to watch a **football match**?

| ESTACIÓN | ESTADIO ✓ | COMISARÍA | AEROPUERTO |

33. How do you say **you're welcome** in Spanish?

| PERDONE | LO SIENTO | PERFECTO | DE NADA ✓ |

34. Which of the following is a **theme park**?

| MUSEO | OFICINA DE CORREOS | PARQUE DE ATRACCIONES ✓ | AYUNTAMIENTO |

35. **Una cerveza** is a type of: (beer)

| DRINK ✓ | FOOD | GAME | FURNITURE |

36. **Una cebolla** is:

| A TOMATO | A MUSHROOM | AN ONION ✓ | A POTATO |

37. Which of the following is a **day of the week**?

| AGOSTO | DOMINGO ✓ | PRIMAVERA | AÑO |

38. Which of the following is a **wardrobe**?

| ARMARIO ✓ | MESA | UVA | PLATO |

4

Part One: Reading Comprehension

39. Where would you go if you wanted to do some **shopping?**

| BOLERA | ☐ | CASTILLO | ☐ | CENTRO COMERCIAL | ✓ | CINE | ☐ |

40. Which of the following is **a butterfly?**

| UNA MARIPOSA | ✓ | UNA OVEJA | ☐ | UNA VACA | ☐ | UNA TORTUGA | ☐ |

41. El pan is a type of:

| FOOD | ✓ | TRANSPORT | ☐ | CLOTHING | ☐ | SPORT | ☐ |

42. Un bombero is:

| A DENTIST | ☐ | A DOCTOR | ☐ | A FIREMAN | ✓ | A BAKER | ☐ |

43. How would you say **I don't feel well?**

| SOY IRLANDÉS | ☐ | TENGO SED | ☐ | NO ME ENCUENTRO BIEN | ✓ | ESTOY ABURRIDO | ☐ |

44. Which of the following is a **sitting room?**

| COMEDOR | ☐ | SALÓN | ✓ | DORMITORIO | ☐ | DESPACHO | ☐ |

45. Which of the following means **beach?**

| LA NATACIÓN | ☐ | LA PLAYA | ✓ | EL CASTILLO | ☐ | EL MUSEO | ☐ |

46. Which of the following means **butter?**

| PESCADO | ☐ | FRESA | ☐ | MANTEQUILLA | ✓ | AJO | ☐ |

47. La lectura is:

| READING | ✓ | SWIMMING | ☐ | PAINTING | ☐ | COOKING | ☐ |

48. How do you say **good afternoon** in Spanish?

| HOLA | ☐ | BUENOS DÍAS | ☐ | BUENAS TARDES | ✓ | ADIÓS | ☐ |

¿Practicamos?

49. Which of the following is **not a day of the week**?

| LUNES | ENERO ✓ | SÁBADO | VIERNES |

50. Which of the following is **a glass**?

| UN VASO ✓ | UN PLATO | UNA TAZA | UNA CUCHARA |

51. Mil ochocientos noventa y tres is:

| 893 | 8,893 | 1,893 ✓ | 8,193 |

52. Which of the following means **ugly**?

| GORDO | FEO ✓ | GUAPO | DELGADO |

53. El desayuno is:

| BREAKFAST ✓ | LUNCH | DINNER | SNACK |

54. Un pájaro is:

| A BOOK | A BALL | A BED | A BIRD ✓ |

55. Which of the following means **straight on**?

| TODO RECTO | A LA DERECHA ✓ | A LA IZQUIERDA | CERCA DE |

56. In which room would you normally find **a fridge**?

| EL COMEDOR ✓ | LA ENTRADA | EL SALÓN | LA COCINA |

57. Which of the following is **a classroom**?

| UN DORMITORIO | UN AULA | UN LABORATORIO ✓ | UNA BIBLIOTECA |

58. Un horno is:

| A DISHWASHER | AN OVEN | AN IRON | A HOOVER ✓ |

Part One: Reading Comprehension

59. Which of the following means **I have a shower**?

| ME LEVANTO | ME VISTO | ME ACUESTO | ME DUCHO |

60. **Un regalo** is:

| A SANDWICH | A PRESENT | A GAME | A TYPE OF SHOP |

61. **Dos mil diez** is:

| 210 | 2,012 | 1,012 | 2,010 |

62. Which of the following means **cheese**?

| QUESO | YOGUR | MANTEQUILLA | LECHE |

63. Which of the following means **breaktime**?

| DEBERES | HORARIO | ASIGNATURA | RECREO |

64. **Bailar** means:

| TO SING | TO SWIM | TO DANCE | TO DRAW |

65. You are **tired**. Which of the following would you say?

| ESTOY ABURRIDO | TENGO MIEDO | ESTOY CANSADO | TENGO FRÍO |

66. **Un abrazo** is:

| A HUG | A KISS | A SMILE | A WINK |

67. Which of the following means **a tree**?

| LA HIERBA | UNA FLOR | UN ÁRBOL | UNA PLANTA |

68. You want to buy **petrol**. Where would you go?

| GASOLINERA | FARMACIA | CORREOS | CARNICERÍA |

¿Practicamos?

69. Which of the following means **a bracelet**?

| UN ANILLO | UNA PULSERA | UNA PERLA | UN COLLAR |

70. El Rey is the:

| KING | QUEEN | PRESIDENT | PRIME MINISTER |

71. Un peluquero is:

| A POLICEMAN | A WAITER | A SOLDIER | A HAIRDRESSER |

72. Cerrado means:

| OPEN | CLOSED | LEFT | RIGHT |

73. Which of the following is **an ice-cream**?

| UN HELADO | UN FOLLETO | UN PIMIENTO | UNA TOALLA |

74. Setenta y seis is:

| 67 | 66 | 77 | 76 |

75. Which of the following would you **eat**?

| UN RELOJ | UN ZAPATO | UNA REGLA | UN PASTEL |

76. Una lavavajillas is:

| A HOOVER | A FORK | A SAUCEPAN | A DISHWASHER |

77. Where would you go to see a **bull fight**?

| UNA PLAZA DE TOROS | UN PARQUE DE ATRACCIONES | UN MUSEO | UNA IGLESIA |

78. In which of the following shops would you buy **clothes**?

| QUIOSCO | TIENDA DE ROPA | PANADERÍA | LECHERÍA |

79. Una falda is a type of:

| GAME | ANIMAL | CLOTHING | FOOD |

Part One: Reading Comprehension

80. Which of the following means **expensive**?

| ABIERTO | SERIO | BARATO | CARO |

81. Un médico is:

| A BAKER | A DOCTOR | A WAITER | A LAWYER |

82. Which of the following is **a hobby**?

| LA GEOGRAFÍA | LA PAELLA | LA OVEJA | LA EQUITACIÓN |

83. How do you say **I'm thirsty** in Spanish?

| TENGO FIEBRE | ESTOY CONTENTO | TENGO SED | ESTOY CANSADO |

84. Un pueblo is:

| A COUNTRY | A TOWN | A CITY | A REGION |

85. Which of the following **activities** would you do when you are on holidays at the beach?

| ESTUDIAR | TOMAR EL SOL | LIMPIAR | TRABAJAR |

86. Mi mejor amigo is:

| MY LITTLE BROTHER | MY FIRST COUSIN | MY BEST FRIEND | MY NEXT-DOOR NEIGHBOUR |

87. La informática is:

| A SCHOOL SUBJECT | A ROOM IN A HOUSE | A TYPE OF SHOP | A TV PROGRAMME |

88. Which of the following is a type of **fruit**?

| LOS CALAMARES | EL MELOCOTÓN | UN REFRESCO | EL BISTEC |

89. You want to ask the **price** of something. What do you say?

| ¿DÓNDE ESTÁ? | ¿CÓMO ES? | ¿CUÁNTO CUESTA? | ¿QUÉ TAL? |

90. How do you say **a hoover** in Spanish?

| UNA LAVADORA | UNA LAVAVAJILLAS | UNA PLANCHA | UNA ASPIRADORA |

¿Practicamos?

91. Un **espejo** is:

| A MIRROR | A WARDROBE | A CHEST OF DRAWERS | A PILLOW |

92. You have a **cold**. What do you say?

| TENGO LA GRIPE | TENGO FIEBRE | TENGO UN RESFRIADO | ME DUELE EL ESTÓMAGO |

93. Los **cacahuetes** are:

| PEANUTS | CRISPS | CHIPS | SWEETS |

94. Which of the following means **pork**?

| CORDERO | POLLO | TERNERA | CERDO |

95. Un **periodista** is:

| A BUTCHER | A JOURNALIST | A SHOP ASSISTANT | AN ENGINEER |

96. Which of the following would you **eat**?

| UN CAMIÓN | UNA TORTILLA | UNA CARPETA | UNA BOTELLA |

97. How would you say **fireworks** in Spanish?

| FUEGOS ARTIFICIALES | HOGUERAS | ESTRELLAS | INCENDIOS |

98. La **Navidad** is:

| EASTER | SUMMER | CHRISTMAS | HALLOWE'EN |

99. Las **gambas** are:

| OLIVES | PRAWNS | CARROTS | CHOPS |

100. How do you say **I like** in Spanish?

| ME ENCANTA | DETESTO | NO ME GUSTA | ME GUSTA |

Part One: Reading Comprehension

SECTION 2: Short Questions — Higher Level

Answer questions 1–50. In the case of 4, 8, 12, 16, 20, 24, 32, 36, 40, 44 and 50, write your answers on the lines. For all others, put a tick in the appropriate box.

1. Which is the sign for the **town hall**?

| AYUNTAMIENTO ☐ | COMISARÍA ☐ | ESTACIÓN ☐ | ESTADIO ☐ |

2. It's **raining** today. What do you say?

| ESTÁ NEVANDO ☐ | ESTÁ LLOVIENDO ☐ | ESTÁ NUBLADO ☐ | HAY TORMENTA ☐ |

3. Which is the odd one out?

| DEDO ☐ | PIE ☐ | BRAZO ☐ | ZANAHORIA ☐ |

4. Write **sport**, **room**, **fruit** or **school subject** in the appropriate space for each of the following:

| HOGAR | VELA | DESPACHO | FRESA |

_____ _____ _____ _____

5. Which one of the these would you **not** find in **a classroom**?

| PIZARRA ☐ | TIZA ☐ | ABRELATAS ☐ | CUADERNO ☐ |

6. You want to buy a new **sofa**. Which sign do you follow?

| MUEBLES ☐ | JUGUETERÍA ☐ | PAPELERÍA ☐ | REGALOS ☐ |

7. Which is the odd one out?

| BOMBERO ☐ | PRIMO ☐ | SOBRINO ☐ | HERMANASTRO ☐ |

¿Practicamos?

8. Write **animal, part of the body, job** or **clothing** in the appropriate space for each of the following items:

VESTIDO	PIERNA	CERDO	ENFERMERA

_____   _____   _____   _____

9. Which of the following would you **not** find in a **train station**?

EL ANDÉN ☐	LA TAQUILLA ☐	LA SALA DE ESPERA ☐	EL TOCADOR ☐

10. Which of the following would you **eat**?

PLÁTANO ☐	ANILLO ☐	ESTUCHE ☐	JABÓN ☐

11. Un reloj is:

A BRACELET ☐	A NECKLACE ☐	A WATCH ☐	A RING ☐

12. Under the following sections of a magazine, write **health, fashion, beauty** or **home** in the appropriate space.

BELLEZA	HOGAR	SALUD	MODA

_____   _____   _____   _____

13. Which one of the following might you find in a **kitchen**?

UN HORNO ☐	UNA DUCHA ☐	UN BAÑO ☐	UNA MANTA ☐

14. You have a sore **back**. Which part of your body hurts?

EL HOMBRO ☐	LA ESPALDA ☐	LA OREJA ☐	EL TOBILLO ☐

15. Un abogado is:

A LAWYER ☐	A SAILOR ☐	AN ARCHITECT ☐	A SOLDIER ☐

Part One: Reading Comprehension

16. Write **fruit**, **jewellery**, **room** or **season** in the appropriate space for each of the following items:

EL COLLAR	EL INVIERNO	LA COCINA	LA UVA

17. Which of the following is **not** an **animal**?

UN CORDERO ☐	UN LOBO ☐	UNA OVEJA ☐	UN BOSQUE ☐

18. **Una estrella** is:

A STAR ☐	A CLOCK ☐	A CANDLE ☐	AN ONION ☐

19. Which is the odd one out?

EL TENEDOR ☐	LA CUCHARA ☐	EL CUCHILLO ☐	EL ROTULADOR ☐

20. Write **lost property**, **check-in**, **arrivals** or **departures** in the appropriate space for each of the following parts of an airport:

FACTURACIÓN	LLEGADAS	OFICINA DE OBJETOS PERDIDOS	SALIDAS

21. You have a **cough**. Which of the following would you say?

TENGO LA GRIPE ☐	ESTOY RESFRIADO ☐	TENGO TOS ☐	ESTOY MAREADO ☐

22. You want to post a **letter**. Where would you put it?

EL ESTANCO ☐	EL BUZÓN ☐	EL QUIOSCO ☐	LA BASURA ☐

23. Which is the odd one out?

LOS GUISANTES ☐	LAS CEBOLLAS ☐	LOS CHAMPIÑONES ☐	LOS PAÑUELOS ☐

¿Practicamos?

24. Write **furniture**, **clothing**, **sport** or **transport** in the appropriate space for each of the following items:

EL TRAJE DE BAÑO	EL ESQUÍ ACUÁTICO	UN CAMIÓN	UN ARMARIO
_____	_____	_____	_____

25. Which of the following activities does **not** involve water?

| EL PIRAGÜISMO ☐ | LA PESCA ☐ | EL BUCEO ☐ | EL PARACAIDISMO ☐ |

26. Una butaca is:

| A CUSHION ☐ | AN ARMCHAIR ☐ | A SOFA ☐ | A BOOKCASE ☐ |

27. Which is the odd one out?

| PLANCHAR LA ROPA ☐ | PASAR LA ASPIRADORA ☐ | PONER LA MESA ☐ | MIRAR LA TELEVISIÓN ☐ |

28. Una mosca is:

| A FLY ☐ | A BEE ☐ | A BUTTERFLY ☐ | A LADYBIRD ☐ |

29. Una tintorería is:

| A DRY CLEANER'S ☐ | A HAIRDRESSER'S ☐ | A FLOWER SHOP ☐ | A HARDWARE SHOP ☐ |

30. Your mother has asked you to **hoover**. What did she say?

| BARRE EL SUELO ☐ | PASA LA ASPIRADORA ☐ | LIMPIA LA COCINA ☐ | ARREGLA TU DORMITORIO ☐ |

31. Which is the odd one out?

| UN JARDINERO ☐ | UN COCINERO ☐ | UN PERIÓDICO ☐ | UN MARINERO ☐ |

32. You want to wish your friend **Good luck**. What would you say?

| DATE PRISA ☐ | BUENA SUERTE ☐ | BUEN VIAJE ☐ | FELIZ CUMPLEAÑOS ☐ |

Part One: Reading Comprehension

33. Write **sport**, **jewellery**, **clothing** or **television programme** in the appropriate space for each of the following items:

TELENOVELA	ABRIGO	PENDIENTES	AERÓBIC
_____	_____	_____	_____

34. You are at the cinema and you want to buy some **popcorn**. What do you ask for?

PALOMITAS ☐	CARAMELOS ☐	CACAHUETES ☐	PATATAS ASADAS ☐

35. Which is the odd one out?

UNOS CALCETINES ☐	UN CINTURÓN ☐	UNA GORRA ☐	UNA REVISTA ☐

36. Write **hobby**, **family member**, **place** or **season** in the appropriate space for each of the following items:

EL NIETO	JUGAR A LOS BOLOS	LA PRIMAVERA	EL CASTILLO
_____	_____	_____	_____

37. You have just come back from your **holidays**. What might you be likely to say?

SERÁ FANTÁSTICO ☐	LO PASÉ MUY BIEN ☐	VA A SER ABURRIDO ☐	NO PUEDO ☐

38. You want to buy some new **clothes**. Where would you go?

LOS GRANDES ALMACENES ☐	EL POLIDEPORTIVO ☐	LA JUGUETERÍA ☐	LA PESCADERÍA ☐

39. Which is the odd one out?

EL DIBUJO ☐	EL ALEMÁN ☐	LAS CIENCIAS ☐	LA FIESTA ☐

40. Write **colour**, **fruit**, **place** or **job** in the appropriate space for each of the following items:

INSTITUTO	PIÑA	AZUL	CIENTÍFICO
_____	_____	_____	_____

¿Practicamos?

41. You are in a restaurant and want to order a **dessert**. Which section of the menu do you look at?

| POSTRES ☐ | ENTREMESES ☐ | BEBIDAS ☐ | SEGUNDOS PLATOS ☐ |

42. Un pato is:

| A TROUT ☐ | A DUCK ☐ | A SALMON ☐ | A BIRD ☐ |

43. Which is the odd one out?

| LA SALA DE PROFESORES ☐ | EL AULA ☐ | LA SALA DE ESTAR ☐ | EL LABORATORIO ☐ |

44. Write **drink**, **job**, **shop** or **place** in the appropriate space for each of the following items:

| UN MECÁNICO | UNA CERVEZA | UN PALACIO | UNA VERDULERÍA |

_____ _____ _____ _____

45. Un pronóstico is:

| A STORM ☐ | A RAIN SHOWER ☐ | A WEATHER FORECAST ☐ | AN AIRPLANE ☐ |

46. In the supermarket I want to buy **rice**. Which sign do I look for?

| ACEITE ☐ | ARROZ ☐ | GALLETAS ☐ | HUEVOS ☐ |

47. Which is the odd one out?

| LA SEMANA PASADA ☐ | HACE TRES DÍAS ☐ | EL MES PRÓXIMO ☐ | AYER ☐ |

48. Which of the following is **not** associated with **school**?

| LAS REGLAS ☐ | LOS VECINOS ☐ | LOS EXÁMENES ☐ | LOS DEBERES ☐ |

49. My father is **strict**. Which word would I use to describe him?

| ESTRICTO ☐ | DIVERTIDO ☐ | SIMPÁTICO ☐ | TRABAJADOR ☐ |

Part One: Reading Comprehension

50. Write **age**, **surname**, **address** or **date of birth** in the appropriate space for each of the following parts of a form:

APELLIDO	FECHA DE NACIMIENTO	EDAD	DIRECCIÓN
_____	_____	_____	_____

Consider each of the following items and answer the accompanying questions in English.

1. BIBLIOTECA — What part of a school is this?

2. MUSEO — What is this a sign for?

3. NO ME ENCUENTRO BIEN — What is this person saying?

4. UNA CARPETA — What is this used for?

5. MIRAD LA PIZARRA — What is your teacher telling you to do?

6. SALIDA — What does this sign say?

7. LÁVATE LAS MANOS — What are you being told to do?

¿Practicamos?

8. | PRIMAVERA | What season is this?

9. | LAVANDERÍA | Why would you go here?

10. | TAPAS | What would you do with these?

11. | BOCADILLO DE QUESO | What is being ordered here?

12. | APAGAR EL MÓVIL | What is this sign telling you to do?

13. | ASCENSOR | What would you use this for?

14. | PISCINA INFANTIL | What is this a sign for?

15. | MOCHILA | What would you use this for?

16. | EL DÍA DEL PADRE | What is being celebrated here?

17. | ACUARIO | What would you see here?

Part One: Reading Comprehension

18.	AVERIADO	What does this sign mean?
19.	MORADO	What colour is this?
20.	PELUQUERÍA	Why would you go here?
21.	¿CUÁNTO CUESTA LA CAMISETA?	What is this person asking?
22.	UN JUGUETE	What would you do with this?
23.	UNA TIRITA	What would you use this for?
24.	FUEGOS ARTIFICIALES	What sort of spectacle is this?
25.	UN PESCADOR	What does this person do for a living?
26.	TIRA EL CHICLE EN LA PAPELERA	What is this sign telling you to do?
27.	EL CARRIL DE BICICLETAS	What is this a sign for?
28.	ME HE ROTO EL BRAZO	What has happened to this person?

¿Practicamos?

#	Term	Question
29.	EL TOBILLO	What part of the body is this?
30.	REBAJAS	What is this sign advertising?
31.	EL TENEDOR	What would you use this for?
32.	ZONA DE FUMADORES	What is this sign for?
33.	BURRO	What animal is this?
34.	PISCINA CUBIERTA Y CLIMATIZADA	How is this swimming pool described?
35.	PLANCHAR	What household chore is this?
36.	UN BILLETE DE IDA EN PRIMERA CLASE	What is this person asking for?
37.	EQUIPAJE DE MANO	What do you do with this?
38.	REDUCIR LA VELOCIDAD	What is this sign telling you to do?
39.	ME ACOSTÉ TEMPRANO ANOCHE	What did this person do last night?

Part One: Reading Comprehension

40. | UN MAESTRO | What does this person work at?

41. | CARNET DE CONDUCIR | What is this?

42. | ARENA | Where would you find this?

43. | UNA PASTILLA | When would you need to take this?

44. | SANDÍA | What would you do with this?

45. | PUERTA DE EMBARQUE | Why would you go here?

46. | LO PASÉ FENOMENAL EN LA FIESTA | What is this person saying?

47. | CHANCLAS | What would you do with these?

48. | TENGO EL PELO RIZADO | What does this person look like?

49. | ME LEVANTO A LAS SIETE | What is this person saying?

50. | CHURROS | What would you do with these?

SECTION 3: Comprehension Practice 1

1. Answer the following questions in **English**.

Lady Gaga

Nombre real: Stefani Joanne Angelina Germanotta.

Edad: Veinticuatro años. Nació en Nueva York el 28 de marzo de 1986.

Gustos: Cenar con sus padres, su hermana o sus amigos, los zapatos llamativos, los sombreros, el pollo asado y el pan integral.

(a) How old is Lady Gaga? _____

(b) Where and when was she born?

   Where: _____

   When: _____

(c) Mention **three** things that she likes.

   (i) _____

   (ii) _____

   (iii) _____

Part One: Reading Comprehension

2. Answer the following questions in **English**.

Supermercado Marisol

Le ofrecemos los mejores precios

Esta semana hay ofertas especiales en:
- Galletas
- Quesos
- Zumos
- Salchichas
- Congelados

Ahora y hasta el 6 de julio, por cada 50€ de compras, le regalamos una botella de aceite de oliva.

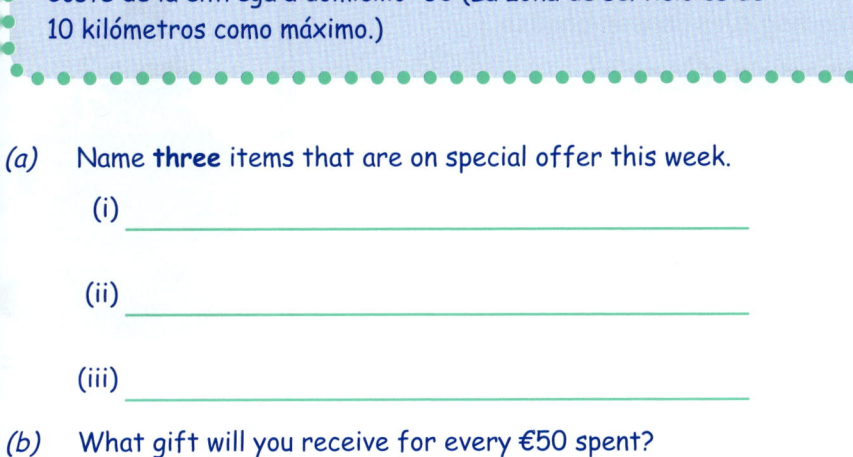

Coste de la entrega a domicilio: 6€ (La zona de servicio es de 10 kilómetros como máximo.)

(a) Name **three** items that are on special offer this week.

  (i) _____

  (ii) _____

  (iii) _____

(b) What gift will you receive for every €50 spent?

_____

(c) What service costs €6?

_____

¿Practicamos?

3. Answer the following questions in **English**.

Feliz Día del Profesor

El día del Profesor es una festividad en la que se celebra a los profesores. En Perú, se celebra el seis de julio. En esta fecha, los alumnos suelen dar regalos a los profesores y en algunos colegios se organizan actividades especiales.

(a) What is celebrated in Peru on 6 July? _____

(b) Mention **two** things that happen on this date.
   (i) _____
   (ii) _____

4. Answer the following questions in **English**.

Tablao Flamenco Corral

Situado en el corazón de Sevilla

Más de 30 años ofreciendo espectáculos de Flamenco auténtico y contemporáneo en vivo

Abierto todos los días.
Se recomienda la compra de la entrada con antelación.
Espectáculo con bebida: 18€
Espectáculo con cena: 43€
Se puede hacer una reserva llamando por teléfono o mandando un email.

(a) Where is the Tablao Flamenco Corral situated?
_____

(b) Tickets for the show cost either €18 or €43. Explain what the difference is.
_____
_____

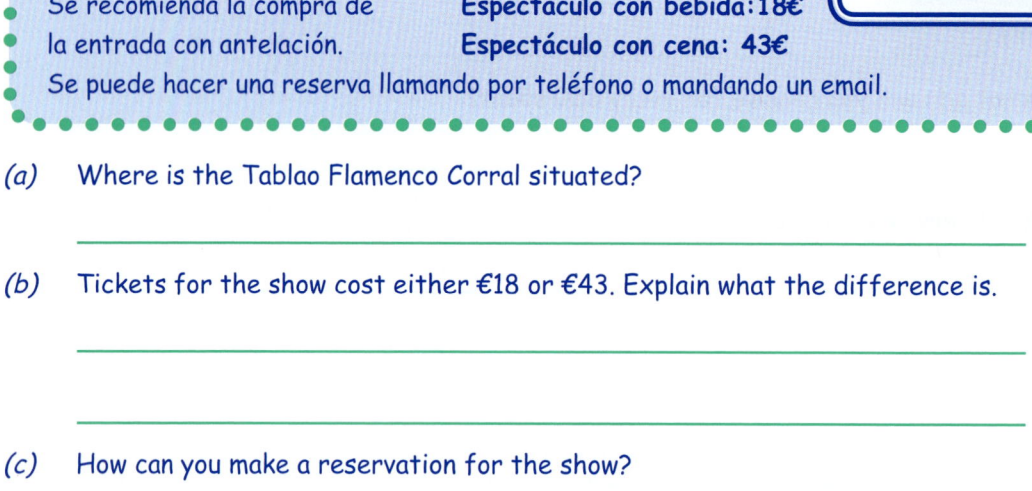

(c) How can you make a reservation for the show?
_____

5. Answer the following questions in **English**.

Rock In Río

Un Festival de Rock en Madrid

El mayor espectáculo musical del año.

El festival tendrá lugar los días 4, 5, 6, 11 y 14 de junio en la localidad madrileña de Arganda del Rey, a unos 28 kilómetros de Madrid.

Habrá tres escenarios diferentes con artistas como Rihanna, Bon Jovi, Shakira, Metallica y Miley Cyrus.

Precio de las entradas: 69€
Hay descuentos para estudiantes universitarios.

Transporte
Se recomienda el uso del transporte público.

Metro: Arganda del Rey es la última parada de la línea 9 'morada'
Autobuses: Habrá autobuses desde el estadio Santiago Bernabéu cada quince minutos
Aparcamiento: Si quieres ir en coche, tienes que reservar con antelación una plaza de aparcamiento con un coste de dieciocho euros al día.

(a) Where **exactly** and when is this rock festival taking place?

Where: _____

When: _____

(b) Who can get a discount on the tickets?

_____

(c) How often will there be buses going to the venue?

_____

(d) What must you do if you want to bring your car?

_____

¿Practicamos?

6. Answer the following questions in **English**.

Nuevos Relojes para la Primavera

La compañía francesa Sucré ha estrenado su nueva colección de relojes a la última moda, perfectos para la primavera.

Disponible en una amplia gama de colores como rosa, blanco, amarillo y azul entre otros.

Precios a partir de treinta y cinco euros.

(a) What is this an advertisement for? (Give **full** details.)

_____

(b) What time of the year is mentioned? _____

(c) Name **three** colours mentioned. (i) _____

(ii) _____ (iii) _____

(d) What do prices start at? _____

7. Answer the following questions in **English**.

Los Niños del Mundo

Nivel de lectura: a partir de nueve años

Este encantador libro, con preciosas ilustraciones y fotografías, nos muestra cómo viven los niños y las niñas en otras partes del mundo.

Descubrirás las vidas de los niños en países como Australia, Noruega, Cuba, Japón, Nueva Zelanda.

En este libro podrás aprender todo sobre los niños en otros países: sus comidas, sus pasatiempos, sus casas, sus colegios, sus mascotas y muchas más cosas.

Part One: Reading Comprehension

(a) What age group is this book suitable for?

_____

(b) Name **four** countries mentioned.

(i) _____   (ii) _____

(iii) _____   (iv) _____

(c) Mention **three** things we can learn about children from other parts of the world.

(i) _____

(ii) _____

(iii) _____

8. Answer the following questions in **English**.

GameFest

Feria de Videojuegos 2010

En el Parque Ferial Juan Carlos I de Madrid

Los días 8, 9 y 10 de octubre se celebrará la primera edición del GameFest, una feria especializada en videojuegos.

¡Ven a ver todas las últimas novedades del sector!

Precio de las entradas: 6€ para el público general y 3€ para los socios de la tienda GAME.

(a) What is Gamefest?

_____

(b) When and where is it taking place?

When: _____   **Where:** _____

(c) How much are the tickets? (Give **full** details.)

_____

_____

¿Practicamos?

9. Answer the following questions in **English**.

Consejos para la Longevidad

Según unos médicos alemanes, existen al menos siete alimentos que ayudan a hacernos más saludables y vivir más años. Son:
- El pescado
- Las frutas
- Las verduras
- El vino blanco y tinto
- El ajo
- El chocolate negro
- Los frutos secos

(a) What nationality are the doctors giving this advice? _____

(b) Name **five** foods that may help us to live longer.

(i) _____ (ii) _____

(iii) _____ (iv) _____

(v) _____

10. Answer the following questions in **English**.

Aerosmith en Concierto en Perú

El grupo norteamericano Aerosmith celebró anoche sus cuarenta años en el mundo de la música con un concierto en Lima, la capital de Perú. Unos treinta y cinco mil fanáticos peruanos disfrutaron de dos horas de sus canciones más conocidas. Los miembros del grupo, también conocidos como 'Los chicos malos de Boston', van a comenzar una gira europea a principios de junio y tocarán en países como España, Reino Unido, Suecia y Bélgica. La banda de rock, fundada en 1970, ha vendido más de 150 millones de álbumes en todo el mundo.

Part One: Reading Comprehension

(a) Where are the group Aerosmith from and how long have they been together?

_____

(b) How many fans attended their concert in Peru last night?

_____

(c) When will Aerosmith start their European tour?

_____

(d) Name **three** countries they will play in.

(i) _____

(ii) _____

(iii) _____

---

11. Answer the following questions in **English**.

Robo en una Farmacia

Ayer por la tarde tres rumanos entraron en una farmacia y robaron leche infantil. Mientras que uno de los hombres distraía al dependiente, la mujer tomó unas latas de leche infantil de los estantes y las escondió en su falda larga con bolsillos enormes. El robo fue filmado por las cámaras de seguridad.

(a) What nationality were the thieves?

_____

(b) What did they steal from the pharmacy?

_____

(c) Where did the woman hide the stolen items?

_____

(d) Why are security cameras mentioned?

_____

¿Practicamos?

12. Answer the following questions in **English**.

Ensalada de Lentejas
Un Plato Muy Saludable
Ingredientes:
Dos zanahorias
Cinco tomates
Tres cebollas
Cuatro lonchas de jamón
Un diente de ajo
300 gramos de lentejas cocidas
Cuatro cucharadas de aceite de oliva
Unas gotas de vinagre

Método: 1. Lava las zanahorias y los tomates.
2. Corta las zanahorias, las cebollas, el jamón, los tomates y el ajo.
3. Ponlo todo en un bol grande con las lentejas y mézclalo bien.
4. Sirve la ensalada aliñada con el aceite y el vinagre.

(a) How many onions are needed for this recipe? _____

(b) Name **five** other ingredients needed.

(i) _____   (ii) _____

(iii) _____   (iv) _____

(v) _____

(c) Explain how you would make this dish.

1. _____
2. _____
3. _____
4. _____

13. Answer the following questions in **English**.

Una Guitarra Robada

La guitarra de Doug Duncan fue robada hace ocho años en Minnesota. Era una guitarra muy especial, fabricada en 1957 y pasó años buscándola. Finalmente, la encontró a la venta en eBay. El músico de 56 años había solicitado a eBay que su servicio automático le notificara cada vez que salieran a la venta guitarras similares. El vendedor de la guitarra en eBay no sabía que era un artículo robado.

(a) When was Doug Duncan's guitar stolen?

_____

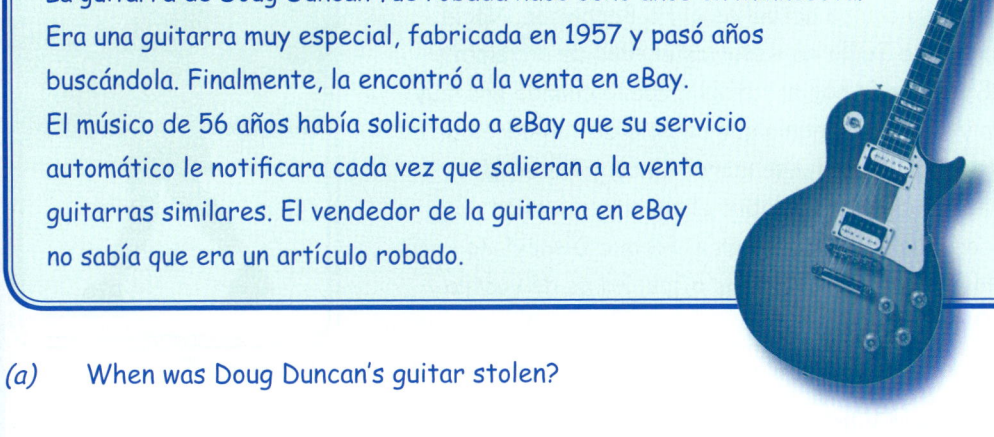

(b) Where did he eventually find it?

_____

(c) What did the seller of the guitar not know?

_____

¿Practicamos?

14. Answer the following questions in **English**.

David Villa

David Villa es un futbolista español que juega como delantero y su equipo actual es el FC Barcelona. Nació en el pueblo de Tuilla en Asturias el tres de diciembre de 1981. Su afición por el fútbol empezó cuando era muy pequeño y el primer regalo que recibió de su padre fue un balón de fútbol. David, que marcó cinco goles en el Mundial de Sudáfrica, celebró el triunfo con unos merecidos días de descanso en el Parque Disneyland París con su mujer Patricia y sus dos hijas, Zaida de cuatro años y Olaya de dos.

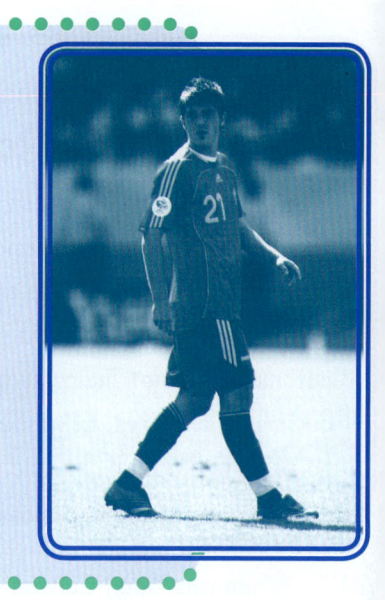

(a) Who is David Villa? (Give **full** details.) _____

(b) When and where was David Villa born?
When: _____ **Where:** _____

(c) When did his interest in football start?
_____

(d) How many goals did he score in the World Cup? _____

(e) Who did he go to Disneyland with? (Give **full** details.)
_____

15. Answer the following questions in **English**.

Zac Efron en Madrid

Zac Efron acaba de llegar a Madrid para presentar su nueva película *Siempre a mi lado*, un drama romántico que trata de un chico que sobrevive a un accidente de tráfico. La película llegará a los cines españoles el próximo mes de octubre. El ídolo de veintidós años, que saltó a la fama con *High School Musical*, luce un nuevo look más maduro con barba y bigote. Antes de llegar a Madrid, Zac visitó Toledo y pensó que es un lugar fantástico. Después de su visita a España, viajará a Munich y Londres.

Part One: Reading Comprehension

(a) Give **one** piece of information about Zac Efron's new film.

_____

(b) When will this film be showing in Spain?

_____

(c) Mention **one** detail about Zac's appearance.

_____

(d) What will he do after his visit to Spain?

_____

---

16. Answer the following questions in **English**.

El Día Mundial del Turismo

El próximo lunes veintisiete de septiembre es el Día Mundial del Turismo. Para conmemorar este día el Ayuntamiento de Cádiz ha organizado un amplio programa de eventos:

- Un espectáculo de baile flamenco en la Plaza del Carmen a las cinco de la tarde.
- Visitas guidas por el casco histórico.
- Descuentos en entradas a los monumentos y museos de la ciudad.

(a) When is World Tourism Day? (Give **full** details.)

_____

(b) Mention **two** things that have been organised in Cadiz to celebrate this day.

(i) _____

(ii) _____

¿Practicamos?

17. Answer the following questions in **English**.

Cory Monteith

El actor Cory Monteith interpreta el papel de Finn Hudson, un jugador de fútbol americano, en la serie 'Glee'. En la vida real, Cory viene de Calgary en el estado de Alberta en Canadá donde nació el once de mayo de 1982. Abandonó el colegio bastante temprano y antes de trabajar como actor, tuvo muchos otros empleos, entre ellos trabajó en Walmart, fue taxista, carpintero y conductor de autobús. Ahora vive en la ciudad de Los Ángeles y en su tiempo libre le gusta mucho tocar la batería, hacer surf y snowboard y jugar al baloncesto. La segunda temporada de 'Glee' comenzó el pasado 21 de septiembre.

(a) Who is Cory Monteith? (Give **full** details.)

(b) Where does he come from?

(c) Mention **three** jobs he had before becoming an actor.
   (i) _____   (ii) _____
   (iii) _____

(d) What does he like to do in his free time? (Give **three** details.)

(e) Why is 21 September mentioned?

18. Answer the following questions in **English**.

Incendio en San Francisco

Una enorme explosión anoche provocó un gran incendio en un barrio residencial cerca del aeropuerto de San Francisco. La explosión, causada por la ruptura de un conducto de gas, produjo una columna masiva de fuego que destruyó cincuenta y tres casas. Más de ciento veinte casas fueron dañadas y cientos de personas tuvieron que ser evacuadas. El jefe de los bomberos ha confirmado que seis personas han muerto.

Part One: Reading Comprehension

(a) Where **exactly** did this fire take place?

_____

(b) What caused the fire?

_____

(c) Fill in the missing information:

_____ houses were destroyed, more than _____ houses were damaged and _____ of people had to be _____ .

---

19. Answer the following questions in **English**.

Apartamentos Valencia

Alquiler de apartamentos para cortas estancias

Todos nuestros apartamentos están situados en el centro histórico, muy cerca de los lugares más interesantes de la capital valenciana. Ofrecemos una amplia selección de apartamentos turísticos de alta calidad para su alquiler. Todos nuestros apartamentos están completamente amueblados y equipados con lavadoras, microondas y televisores para que su estancia en Valencia sea lo más agradable posible. Haga su reserva por internet o telefónicamente.

(a) What service does Apartamentos Valencia offer?

_____

(b) Where are the apartments situated? (Give **full** details.)

_____

(c) Mention **two** things the apartments are equipped with.

(i) _____ (ii) _____

(d) How can you make a reservation? (Give **one** detail.)

¿Practicamos?

20. Answer the following questions in **English**.

Divertida
Una Revista Infantil

En la próxima edición disfrutarás de:

✓ Cuentos
✓ Juegos
✓ Un concurso con premios fantásticos
✓ Videojuegos a la última moda
✓ Receta para una tarta de cumpleaños
✓ Entrevista con el torero Diego Luz
✓ Análisis de los últimos libros y pelis

A la venta, en quioscos, el miércoles, 8 de enero.

(a) What is Divertida?
_____

(b) Mention **four** sections it contains.

(i) _____ (ii) _____

(iii) _____ (iv) _____

(c) When and where will it be on sale?

When: _____

Where: _____

21. Answer the following questions in **English**.

Adopta un Amigo

Si estás pensando de adoptar una mascota, hay que pensar en estos puntos:

◉ ¿Tienes el tiempo suficiente para cuidarlo? Los animales necesitan ejercicio y compañía.

◉ ¿Podrás cubrir los gastos como la alimentación, el veterinario y las vacunas? Los costes de tener un animal pueden ser bastante altos.

◉ ¿Quién va a cuidar del animal cuando estés de vacaciones?

Part One: Reading Comprehension

Mention **two** things you should keep in mind when you are thinking of adopting a pet.

(i) _____

_____

(ii) _____

_____

22. Answer the following questions in **English**.

Budapest, de Oferta en Otoño

Por doscientos setenta euros puedes pasar un fin de semana en Budapest, una ciudad muy histórica.

El precio incluye: vuelo de ida y vuelta, alojamiento en un hotel de cuatro estrellas con desayuno incluido y coche de alquiler.

El hotel está situado en pleno centro de la ciudad, muy cerca de todos los lugares de interés.

La oferta es válida sólamente para septiembre y octubre.

(a) For what season is this offer?

_____

(b) How much will a weekend in Budapest cost?

_____

(c) What is included in this price? (Give **full** details.)

_____

¿Practicamos?

23. Answer the following questions in **English**.

Asador Leña

Restaurante de la Cocina Española Tradicional

Situado frente al Ayuntamiento, a unos 500 metros de la Plaza Mayor.

Ambiente muy agradable y cálido.

Nuestras especialidades son los pescados frescos y las carnes de la mejor calidad.

Abierto de lunes a sábado de 13.00 a 16.00 horas y de 20.30 a 23.30 horas.

(a) Where is this restaurant situated? (Give **full** details.)

_____

(b) How is its atmosphere described? (Give **one** detail.)

_____

(c) What are their specialties?

_____

(d) On what days is the restaurant open?

_____

24. Answer the following questions in **English**.

Cruceros Lara

Ofrecemos cruceros turísticos por el río Guadalquivir.

Una hora de navegación con comentarios en inglés, español, francés, italiano y portugués.

Salidas cada media hora desde las 11.00 de la mañana hasta las 20.00 de la tarde
(excepto en invierno – salidas cada hora.)

Precio por persona €9.
Niños menores de 14 años – gratis.

Part One: Reading Comprehension

(a) What is this company offering? (Give **full** details.)

_____

(b) Name **four** languages mentioned.

(i) _____ (ii) _____

(iii) _____ (iv) _____

(c) How often does the service take place?

_____

(d) Why are children under 14 mentioned?

_____

25. Answer the following questions in **English**.

Felicidades Pacman

Hoy es el 30° aniversario de Pacman, el videojuego más comprado del mundo. El pequeño círculo amarillo con boca es conocido en el mundo entero. El objetivo del juego es comerse los puntitos y escapar de los fantasmas de color naranja, rosa, rojo y azul claro. Billy Mitchell fue el primer jugador en completar todos los doscientos cincuenta y seis niveles del juego, acumulando tres millones, trescientos treinta y tres mil, tres cientos sesenta puntos.

(a) What is the videogame Pacman celebrating today?

_____

(b) What does Pacman look like?

_____

(c) What colours are the ghosts in the game? (Mention **three** details.)

_____

(d) What was Billy Mitchell the first player to do?

_____

(e) How many points did he score?

_____

¿Practicamos?

26. Answer the following questions in **English**.

Floristería Serrano

Flores muy frescas de alta calidad

Una docena de rosas rojas 35€
Ramo de tulipanes 25€
Ramo de flores variadas 33€
Cesta multicolor 28€

Flores para cada ocasión: Navidad, El día de San Valentín, El día de los enamorados, el día de la Madre.

Repartimos flores por toda España. Los repartos se realizan en horario de mañana (de 10h a 14h) de lunes a sábado y de tarde (de 17h a 20h) de lunes a viernes.

Para pedidos, contáctenos por tlf: 987 6531 o por email flores@hermosa.com

Ofrecemos la opción de pagar con tarjeta de crédito o transferencia bancaria.

(a) What does this shop sell?

(b) What costs (i) €35 and (ii) €33?

    (i) _____ (ii) _____

(c) When do deliveries take place? (Give **full** details.)

(d) How can items be paid for? (Give **one** detail.)

Part One: Reading Comprehension

27. Answer the following questions in **English**.

Guardería Corazón

Centro de Educación Infantil
de cero a ocho años

Ofrecemos educación y
diversión para sus hijos.

Servicios:

- Profesores altamente cualificados
- Cocina propia preparada por un especialista en nutrición infantil
- 2 zonas de juegos (interior y exterior)
- Clases de inglés impartidas por profesores nativos
- Aulas muy bien equipadas

Horario sin interrupciones de 7h a 19h
Cerramos en agosto y los días de fiesta nacional

(a) What age group does this creche cater for?

_____

(b) Name **three** services it provides.

(i) _____ (ii) _____

(iii) _____

(c) When is it closed? (Give **full** details.)

_____

¿Practicamos?

28. Answer the following questions in **English**.

Hamburguesería Goya Santander

Oferta – Menú Mediodía

Primer plato + Segundo plato + Postre = 9.95€
(Bebida incluida)

De primero a elegir entre

• Ensalada con lechuga, tomate, queso y pepino.

• Aros de cebolla.

• Alitas de pollo.

De segundo a elegir entre

• Hamburguesa con queso fundido, acompañada con patatas fritas.

• Filete de ternera con puré de patatas y pimientos asados.

• Pasta rica y cremosa con tomate y champiñones.

De postre a elegir entre

• Helado

• Fruta de la temporada

• Tarta de manzana con nata.

De lunes a viernes no festivos, de 13.00 a 16.00 horas

(a) For which meal of the day is this offer valid?

_____

(b) What is included in the price of €9.95? (Give **full** details.)

_____

(c) Name **two** starters available.

(i) _____ (ii) _____

(d) Describe **one** main course in detail.

_____

(e) What can you have for dessert? (Give **full** details.)

42

Part One: Reading Comprehension

29. Answer the following questions in **English**.

¿Dónde Está mi Gato?

He perdido a mi gato. Se llama Félix y es una mezcla de siamés y persa. Es negro, de tamaño mediano y lleva un collar verde. Desapareció el seis de noviembre alrededor de las cinco de la tarde. Ofrecemos una recompensa a quien lo encuentre. Si lo ha visto, por favor contacte conmigo. Tlf: 714 3889

(a) What does Felix look like? (Give **full** details.)

(b) When **exactly** did he go missing?

(c) What is being offered to the person who finds him?

30. Answer the following questions in **English**.

Las Banderas en las Playas

Hay que conocer el significado de las banderas utilizadas en las playas españolas porque nos indican el estado del mar y nos aseguran la seguridad en el agua.

Bandera Roja: indica peligro y está prohibido bañarse.

Bandera Amarilla: indica que puedes bañarte con precaución porque el mar puede ser peligroso.

Bandera Verde: indica que puedes bañarte libremente y sin peligro.

(a) What colours are the flags used on Spanish beaches?

(b) Pick any one of these flags and describe what it indicates about swimming conditions.

¿Practicamos?

31. Answer the following questions in **English**.

'Los Picapiedra'

'Los Picapiedra' ('The Flintstones', en inglés) es una serie de dibujos animados que trata de la vida cotidiana de dos familias en la Edad de Piedra. Se estrenó en los años sesenta y se hizo popular igualmente entre niños y adultos. Los personajes principales eran Pedro Picapiedra, su esposa Wilma, su vecino y mejor amigo Pablo Mármol y su esposa Betty. Pedro y Wilma tenían una hija llamada Pebbles y una mascota, el dinosaurio Dino.

(a) What kind of television programme is 'Los Picapiedra'?

_____

(b) When was it first shown on television?

_____

(c) State what relationship the following people have with Pedro Picapiedra:

Wilma: _____

Pablo Marmól: _____

Pebbles: _____

Dino: _____

32. Answer the following questions in **English**.

La Copa Del Mundo en Valencia

La copa del mundo de fútbol, ganada por la selección española en Sudáfrica el verano pasado, estará expuesta desde el sábado 25 hasta el martes 28 de septiembre en el Museo de las Ciencias Príncipe Felipe de Valencia. La copa del mundo forma parte de la exposición 'Un Siglo de Vida, Cien Años de Fútbol', organizada por la Federación de Fútbol de la Comunidad Valenciana para conmemorar su centenario. El público podrá visitar la exposición de manera gratuita de 10.00 a 19.00 horas.

Part One: Reading Comprehension

(a) What important trophy will be exhibited in Valencia?

_____

(b) Where exactly and when will this exhibition take place?

Where: _____ When: _____

(c) How much will it cost to get into the exhibition?

_____

33. Answer the following questions in **English**.

Aprender Español en Valencia

¿Quieres aprender español en España? Nuestra escuela en Valencia es el lugar ideal para estudiar el español, una lengua hablada por mas de cuatrocientos millones de personas en todo el mundo. Todos nuestros profesores son nativos y están cualificados y el ambiente en la escuela es muy agradable. Con una población de setecientos cincuenta mil habitantes, Valencia tiene todas las ventajas de una ciudad grande. La ciudad tiene mucho que ofrecer para los extranjeros: un precioso barrio antiguo, un centro moderno, kilómetros de playas y un clima soleado. Puedes alojarte en una residencia, en un apartamento compartido o con una familia española.

(a) How many people in the world speak Spanish?

_____

(b) How are the teachers and the atmosphere in the school described?

_____

(c) What is the population of Valencia?

_____

(d) What has Valencia to offer to foreigners?

_____

(e) Where can you stay? (Give **full** details.)

_____

¿Practicamos?

34. Answer the following questions in **English**.

Robbie Williams Se Ha Casado

El cantante británico Robbie Williams se casó con la actriz estadounidense Ayda Field el sábado pasado en el jardín de su lujosa casa en Beverly Hills. Unas setenta y cinco personas asistieron a la boda que fue organizada por la madre del cantante. Fue una pequeña ceremonia que duró veinte minutos. Ayda, radiante, lució un vestido blanco de seda y Robbie un traje negro.

Robbie le hizo la propuesta de matrimonio el pasado noviembre durante un programa en directo en una radio australiana. Después de la luna de miel, Robbie regresará al Reino Unido para promocionar su último single, 'Shame', con Gary Barlow.

(a) What nationality is Ayda Field?

(b) Where **exactly** did the wedding take place?

(c) Mention **two** pieces of information about the ceremony.

   (i) _____ (ii) _____

(d) What was unusual about Robbie's marriage proposal?

(e) What will Robbie do after their honeymoon?

35. Answer the following questions in **English**.

Protesta de Antitaurinos

Cientos de ciudadanos madrileños se manifestaron el último 19 de septiembre bajo el lema 'La tortura no es cultura'. El grupo de antitaurinos se unieron delante de La Plaza de las Ventas en la ciudad de Madrid para protestar por el trato que reciben los toros durante las corridas. La Plaza de las Ventas es la plaza de toros más grande de España y celebra corridas cada domingo y días festivos durante la temporada de toros que comienza en marzo y termina en octubre.

Part One: Reading Comprehension

(a) Where did this protest take place?

_____

(b) What **exactly** was the protest about?

_____

(c) What is La Plaza de las Ventas?

_____

36. Answer the following questions in **English**.

Un Viaje Más Rápido

Renfe, la Red Nacional de los Ferrocarriles Españoles, ha anunciado que iniciará el servicio AVE entre Madrid y Valencia el diecinueve de diciembre. La nueva línea ferroviaria de alta velocidad permitirá viajar de una ciudad a otra en mucho menos tiempo. El viaje de cuatrocientos treinta y ocho kilómetros tardará una hora y media, un ahorro de dos horas y cuarenta minutos. Todavía no se conocen los precios ni el horario.

(a) When will the new train service between Valencia and Madrid start?

_____

(b) What is the distance between the two cities?

_____

(c) How long will the journey take?

_____

(d) What is not yet known?

_____

47

¿Practicamos?

37. Answer the following questions in **English**.

Hotel Catedral

Construido a principios del siglo y remodelado hace dos años.

Nuestro hotel se encuentra ubicado en el corazón del centro histórico, frente a la Catedral, y a sólo cinco minutos del Ayuntamiento.

Ésta es la situación perfecta para descubrir la famosa ciudad de Sevilla a pie.

Disponemos de sesenta y siete habitaciones muy acogedoras, todas equipadas con: aire acondicionado, secador de pelo, caja de seguridad y servicio de lavandería.

El hotel dispone de un gimnasio, una piscina y fantásticas vistas desde las terrazas.

Habitación doble con desayuno desde cincuenta euros IVA incluido.

(a) When was this hotel built?

(b) Where is it situated? (Give **two** details.)

(c) How many bedrooms are there?

(d) What are the bedrooms equipped with? (Give **two** details.)

(e) How much does a double room with breakfast cost?

Part One: Reading Comprehension

38. Answer the following questions in **English**.

Libro de Recetas Venezolanas

La Cocina Venezolana es muy variada y llena de sabores y aromas.

Este fantástico libro contiene recetas típicas que son muy sencillas y deliciosas.

Sopas, arroces, ensaladas, huevos, pescados, mariscos y postres.

Este libro es disponible de forma gratuita para descargar o leer en Internet.

(a) From what country are these recipes?
_____

(b) How are the recipes described? (Give **one** detail.)
_____

(c) Name **five** items of food mentioned.

   (i) _____   (ii) _____

   (iii) _____   (iv) _____

   (v) _____

(d) Where is this book available? (Give **full** details.)
_____

¿Practicamos?

39. Answer the following questions in **English**.

Una Picadura de Abeja

Cuando una abeja te pica, puede producir un intenso dolor que puede durar de tres a seis horas. Aplica un poco de vinagre sobre la zona afectada. Es el mejor remedio para eliminar la inflamación.

(a) How long can the pain from a bee sting last?

_____

(b) What should you apply to the affected area?

_____

(c) How will this help?

_____

40. Answer the following questions in **English**.

La Bebé 'Diez'

Todo el mundo la llama una bebé 'diez' ya que Ema Marie Macías, de origen hispano, nació el día diez de octubre de 2010 a las diez de la mañana en un hospital en el sureste de Los Ángeles. Esta serie de coincidencias tardarán al menos cien años en presentarse de una forma similar. Su padre Sammy, profesor de inglés, y su madre Norma, terapeuta, ya tienen otra niña de dos años y medio.

(a) Why is Ema Marie Macías being called baby 'ten'?

_____

Part One: Reading Comprehension

(b) Where was she born? (Give **full** details.)

_____

(c) What do her parents do for a living?

_____

41. Answer the following questions in **English**.

Una Nueva Crema para el Acné

El acné es una condición que afecta aproximadamente a ocho de cada diez adolescentes. Una compañía noruega acaba de lanzar una nueva crema para combatir el acné. 'Libre' es un remedio muy eficaz y tiene muchas ventajas:

- Trabaja rápidamente.
- Es barato.
- No reseca la piel.
- No causa irritación.
- Contiene vitaminas.

Disponible ahora en farmacias.

(a) How many teenagers are affected by acne?

_____

(b) From what country is the company that is launching this new cream?

_____

(c) Name **three** of the advantages of this cream.

(i) _____ (ii) _____

(iii) _____

¿Practicamos?

42. Answer the following questions in **English**.

Zumoso
Concurso de Primavera

Participa ya en nuestro concurso y gana un viaje a Nueva York para dos personas.

Sólo tienes que contestar dos preguntas sencillas:

1. ¿En qué país está situado Nueva York?

2. Nombra uno de los aeropuertos de Nueva York.

Envía las respuestas por sms al 65464.

Podrá participar en el concurso cualquier persona mayor de 18 años y residente en España, con excepción de empleados de Zumoso.

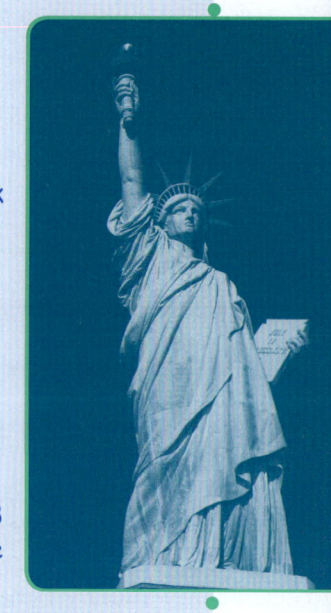

(a) What can you win in this competition?

_____

(b) What **two** questions do you have to answer?

(i) _____

(ii) _____

(c) Who cannot participate in this competition?

_____

Part One: Reading Comprehension

SECTION 4: Comprehension Practice 2

1. Answer the following questions in **English**.

Previsión del Tiempo – jueves, 9 de abril

Cataluña: muy nuboso con posibilidad de tormentas y vientos fuertes en zonas altas.

País Vasco: precipitaciones débiles y viento moderado del sur.

La Rioja: intervalos nubosos, posibles chubascos débiles durante la primera parte del día.

Navarra: cubierto con lluvias moderadas, más frecuentes en el norte.

Galicia: vientos flojos, brumas y bancos de niebla matinales.

Canarias: cielo despejado, el viento estará en calma, las temperaturas oscilarán entre los 8 y los 24 grados.

(a) Pick any **three** regions and describe in detail what the weather will be like there on Thursday, 9 April.

(i) _____

(ii) _____

(iii) _____

¿Practicamos?

2. Answer the following questions in **English**.

¡Felices Fiestas!
La Navidad en Chile

En Chile la Navidad tiene lugar durante el verano y las vacaciones del colegio y hace muy buen tiempo. Durante la Nochebuena, las familias chilenas suelen comer juntas y los platos más típicos son el pavo o el pollo asado con castañas, ensaladas de patatas y arroz con pasas. Normalmente se abren los regalos a la medianoche. A Papá Noel, lo llaman 'El Viejito Pascuero'. El día de la Navidad, los niños disfrutan de sus regalos y mucha gente va a misa.

(a) What's the weather like in Chile at Christmas?

_____

(b) Mention **three** things that are typically eaten on Christmas Eve.

(i) _____ (ii) _____

(iii) _____

(c) What normally happens at midnight?

_____

(d) Who is 'El Viejito Pascuero'?

_____

(e) What do people do on Christmas Day? (Give **one** detail.)

_____

3. Answer the following questions in **English**.

Justin Bieber

Justin Bieber es un joven cantante canadiense de dieciséis años. Tiene mucho talento, sabe tocar la trompeta, el piano, la batería y la guitarra. Sus padres se separaron cuando era muy pequeño y creció con su madre en un apartamento muy pequeño sin mucho dinero. Mientras el joven intérprete de 'Baby' está de gira, le echa mucho de menos a su familia y a sus amigos. El mes pasado, tuvo que cancelar un concierto en Nueva York debido al cansancio. Y hay malas noticias para las chicas – parece que Justin tiene una novia.

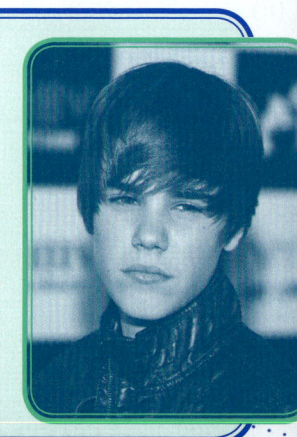

Part One: Reading Comprehension

(a) Who is Justin Bieber? (Give **full** details.)

_____

(b) Name **three** instruments he can play.

(i) _____ (ii) _____

(iii) _____

(c) What did his parents do when he was small?

_____

(d) Why did he have to cancel a concert in New York last month?

_____

(e) What bad news is there for girls?

_____

4. Answer the following questions in **English**.

Enrique Iglesias

Enrique Iglesias es un gran aficionado al fútbol y claro, gran seguidor de la Selección Española. Sin embargo, de momento Enrique está promocionando su último disco *Euphoria* en Europa y está muy decepcionado porque preferiría estar en casa para ver todos los partidos del Mundial de Sudáfrica. El cantante de treinta y cinco años intentó retrasar la salida del nuevo álbum para que las fechas de promoción no coincidieran con el Mundial pero no fue posible. *Euphoria* es el noveno álbum del español pero es su primer disco bilingüe, ya que una mitad será en español y la otra mitad en inglés.

(a) What is Enrique Iglesias doing at the moment?

_____

(b) What would he prefer to be doing?

_____

(c) Why did he try to delay the release of his album?

_____

(d) Give **one** piece of information about his album *Euphoria*.

_____

¿Practicamos?

5. Answer the following questions in **English**.

Pisobuscadueño

En junio de 2009, los helados Nestle lanzó su promoción de verano. Se llamó Pisobuscadueño y cada día alguien ganó un cheque regalo de mil euros que podía ser usado en El Corte Inglés, Fnac, Ikea y Zara. En septiembre, al final de la promoción, la afortunada Sandra Costa Moreira de veintidós años fue la ganadora del primer premio: trescientos mil euros para comprar un piso. Con el dinero pudo comprarse un chalet de 221 m² con jardín en Pontevedra, Galicia.

Casi setecientas mil personas participaron en la promoción durante diez semanas. Para entrar en la promoción, los participantes tuvieron que comprar un helado de Nestle y escribir el código del envoltorio en la página web de Nestle.

(a) What was the daily prize in Nestle's promotion Pisobuscadueño?

_____

(b) What did Sandra Costa Moreira win? (Give **full** details.)

_____

(c) How many people took part in the promotion over ten weeks?

_____

(d) What did participants have to do in order to take part in the promotion?

_____

6. Answer the following questions in **English**.

Tres Traficantes de Droga Detenidos

Agentes de la Guardia Civil detuvieron el pasado jueves a tres jóvenes como presuntos autores de un delito de tráfico de drogas en las afueras de Sevilla. Una patrulla policial observó a un vehículo sospechoso en un barrio sevillano, a unos once kilómetros del centro de la ciudad. Los agentes realizaron una búsqueda y encontraron bajo el asiento trasero del coche doscientos gramos de hachís, cien gramos de cocaína y dieciséis dosis de heroína.

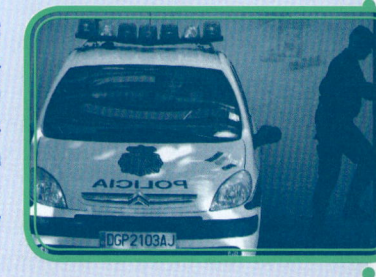

(a) What did the police do last Thursday?

(b) Where did this incident take place?

(c) Where **exactly** did the police find the drugs?

---

7. Answer the following questions in **English**.

U2 en Sevilla

Hoy se han puesto a la venta nuevas entradas para el concierto de U2, la famosa banda irlandesa, para el 30 de septiembre en Sevilla. Las nuevas entradas se pueden comprar desde las doce horas en las taquillas del Estadio Olímpico de Sevilla, en las puertas E y F. Las entradas de pista están todas vendidas. La cita sevillana, que estaba prevista para el 29 de septiembre, se cambió al día 30 debido a una huelga general en España. Unas ochenta mil personas asistirán al concierto en el Estadio Olímpico y las puertas se abrirán a las 17.30 horas. El grupo telonero será Interpol, de Nueva York, liderado por Paul Banks. El último concierto de su gira '360°' fue el 25 de septiembre en San Sebastián, en el norte de España. Unas cuarenta mil personas asistieron y U2 interpretó treinta y dos canciones.

(a) Where can the tickets for the U2 concert be bought? (Give **full** details.)

(b) Why did the original date of the concert have to be changed?

(c) How many people will attend the concert?

(d) Mention **three** details about their last concert.

(i) _____ (ii) _____

(iii) _____

¿Practicamos?

8. Answer the following questions in **English**.

Internet

Internet es una fuente excelente de información y diversión. El uso de Internet ha cambiado nuestras vidas y nos ha traído muchos beneficios. Sin embargo, hay que tener cuidado cuando estemos utilizando Internet porque se pueden presentar algunos riesgos, sobre todo para los más pequeños. Los niños y los adolescentes pasan mucho tiempo en Internet. Lo usan para jugar, navegar, buscar información para los trabajos escolares, chatear con amigos y descargar música o programas. Para no encontrar problemas al usar Internet, es importante tomar en cuenta los consejos siguientes:

- No hables con desconocidos.
- Nunca des información personal a nadie.
- No leas emails de una persona que no conozcas.
- Nunca envíes fotos personales.
- Guarda en secreto tu contraseña.
- Habla sólo con tus amigos.

(a) What is the internet an excellent source of?

_____

(b) What do children and teenagers use the internet for? (Give **full** details.)

_____

(c) Mention **four** pieces of advice given to avoid encountering problems when using the internet.

(i) _____

(ii) _____

(iii) _____

(iv) _____

9. Answer the following questions in **English**.

Juliette Lewis en un Accidente de Tráfico

La actriz y cantante Juliette Lewis sufrió un accidente de tráfico el pasado miércoles por la noche. Juliette asistió al estreno de su nueva película *Convention* en Los Ángeles y a las diez salió del cine para regresar a casa. El coche en el que viajaba fue golpeado por otro coche que se había saltado el semáforo en rojo. El conductor de este coche huyó de la escena del accidente. Juliette, que viajaba en la parte de atrás, sufrió contusiones en la cabeza, la espalda y el cuello. Fue llevada al hospital y afortunadamente no sufrió heridas graves y pudo volver a casa. La Policía está buscando al conductor del otro vehículo.

(a) When did this car accident take place?

(b) What is *Convention*?

(c) What did Juliette do at ten o'clock?

(d) What did the driver of the other car do?

(e) What injuries did Juliette suffer?

(f) Why are the police mentioned?

¿Practicamos?

10. Answer the following questions in **English**.

Rafael Nadal

El mes pasado, Rafael Nadal escribió su nombre en la historia del deporte español cuando ganó el abierto de Estados Unidos al vencer al serbio Novak Djokovic. A los veinticuatro años, es el séptimo tenista del mundo que gana cuatro grandes torneos.

Al regresar a España, pasó unos días en Madrid haciendo entrevistas y ruedas de prensa. Rafa es un seguidor del equipo de fútbol Real Madrid y asistió a su partido contra Ajax en el estadio Bernabéu. Rafa, vestido con un traje oscuro, una camisa blanca y una sonrisa de oreja a oreja, recibió una ovación de tres minutos.

Al día siguiente, volvió a Mallorca para descansar y pasar tiempo con su familia. Lo más importante en la vida de Rafael es su familia. Le han ayudado muchísimo a llegar donde está hoy. Rafa tiene una casa magnífica en la isla mallorquina equipada con una piscina, un comedor de verano y un gimnasio con lo último en tecnología deportiva. Cuando está en Mallorca, le gusta jugar al golf e ir a pescar con sus amigos de toda la vida.

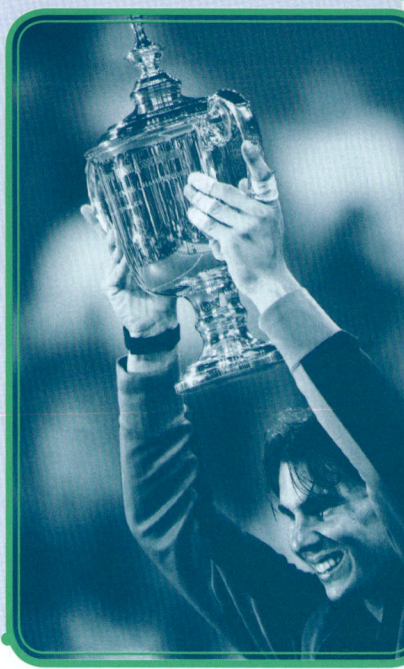

(a) What did Rafael Nadal do last month?

_____

(b) Mention **two** things he did in Madrid.

(i) _____

(ii) _____

(c) What was Rafael wearing on one of the occasions in Madrid? (Give **full** details.)

_____

(d) Mention **three** details about his house.

(i) _____

(ii) _____

(iii) _____

(e) What does he like to do when he is in Mallorca? (Give **two** details.)

_____

---

11. Answer the following questions in **English**.

ECDL

La banda madrileña El Canto del Loco, también conocida como ECDL, ha anunciado que va a separarse temporalmente porque a todos los miembros les apetece hacer otras cosas. El grupo fue fundado en el año 1994 y ha grabado quince discos. A pesar del éxito nacional e internacional del grupo en los últimos años, los tres músicos han decidido realizar proyectos en solitario durante el año 2010. Dani (el cantante del grupo) va a escribir un libro, Chema (el bajista) va a formar una nueva banda y David (el guitarrista) va a grabar un álbum en solitario. ¡Deseamos suerte a los chicos pero esperamos verlos juntos muy pronto otra vez!

(a) Where are the band ECDL from?

_____

(b) What have they announced?

_____

(c) How many CDs have they recorded together?

_____

(d) What plans have each of the three members for 2010?

Dani: _____

Chema: _____

David: _____

¿Practicamos?

12. Answer the following questions in **English**.

Nunca es Tarde

Cada septiembre más de veintisiete mil estudiantes extranjeros llegan a España para participar en el programa de intercambio Erasmus. Uno de estos estudiantes es Artur Marins Brandao de Araújo Pimenta, un portugués de setenta y seis años. Nació en febrero de 1934 y está casado con cinco hijos y tres nietos. Artur ha dedicado toda su vida a su familia y a su trabajo y cuando se jubiló, decidió volver a estudiar. Artur estudia tercer curso de Educación Social en Valencia y va a permanecer aquí hasta enero. Artur comparte un piso con otros tres estudiantes. Se levanta cada día a las siete para ir a la universidad y por la tarde, suele dar un paseo por la ciudad antes de ponerse a estudiar.

(a) How many foreign students come to Spain every September?

_____

(b) Where is Artur Marins Brandao de Araújo Pimenta from?

_____

(c) How old is he?

_____

(d) Give **one** detail about his family.

_____

(e) How long is he going to stay in Valencia?

_____

(f) Mention **two** things he does every day.

  (i) _____

  (ii) _____

Part One: Reading Comprehension

13. Answer the following questions in **English**.

Carrera de Tacones en Australia

Cuatro mujeres australianas establecieron el martes un nuevo récord mundial con el mejor tiempo en una carrera de 80 metros llevando zapatos de tacón alto. Las cuatro completaron la carrera en un minuto y cuatro segundos y ganaron un premio de diez mil dólares australianos. Las mujeres, conocidas como las Pinkettes, dijeron que van a usar el dinero para ir de viaje a Tailandia. Más de 100 mujeres y un hombre han participado en la carrera para recaudar fondos para una fundación que lucha contra el cáncer.

(a) What world record did these Australian women establish on Tuesday?

(b) What did they win?

(c) What are they going to do with the prize?

¿Practicamos?

14. Answer the following questions in **English**.

David Villa Muestra su Apoyo a los Mineros Chilenos

Desde el pasado cinco de agosto, treinta y tres mineros se encuentran atrapados en la mina San José en la región de Atacama, situada a unos ochocientos treinta kilómetros al norte de Santiago, la capital de Chile. Franklin Lobos, un ex futbolista profesional, está entre los atrapados.

El jugador de la selección española y del FC Barcelona, David Villa, quiso expresar su solidaridad a los mineros y les envió dos camisetas oficiales del Barcelona firmadas con las palabras 'Ánimo mineros, mucha fuerza'. David Villa viene de Tuilla, un pueblo de mineros en Asturias y su familia (padre, abuelo, bisabuelo y tíos) ha trabajado en las minas de carbón durante generaciones.

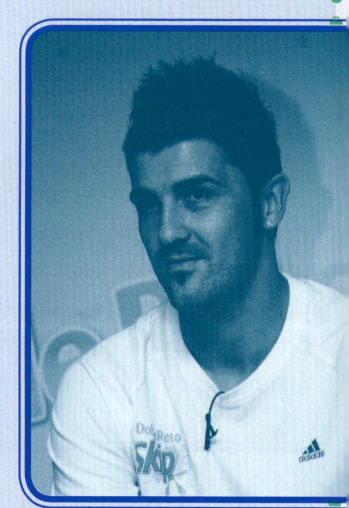

Los mineros tendrán que esperar dos meses para ser salvados ya que las autoridades estiman que las labores de rescate podrían durar hasta finales de noviembre.

(a) Where **exactly** are these miners trapped?

(b) Who is Franklin Lobos?

(c) What did David Villa send to the miners? (Give **full** details.)

(d) What link does David have with mining? (Give **two** details.)

(e) How long will the miners have to wait to be rescued?

Part One: Reading Comprehension

15. Answer the following questions in **English**.

Shakira

La cantante colombiana Shakira pasó unos días en Barcelona para grabar su nuevo video musical y para promocionar su nuevo disco 'Sale el Sol' que saldrá a la venta el dos de noviembre. Durante su estancia en la ciudad catalana, tuvo algunos problemas con el Ayuntamiento de Barcelona. Recibió una multa por bañarse en una fuente pública y por ir en moto sin casco. Barcelona es una de las ciudades favoritas de Shakira y allí tiene muchos amigos españoles. Antes de llegar a Barcelona, Shakira disfrutó de unos días de sol y playa en Ibiza con su novio, Antonio de la Rúa, el hijo del ex presidente de Argentina. A la pareja, le gustaría comprar una casa en la isla. Shakira regresará a la ciudad en noviembre para actuar en un concierto.

(a) Who is Shakira?

(b) Why was she in Barcelona? (Give **full** details.)

(c) Why did she receive a fine? (Give **two** details.)

  (i)

  (ii)

(d) Who is Antonio de la Rúa?

(e) When will Shakira be back in Barcelona?

¿Practicamos?

16. Answer the following questions in **English**.

Leonor y Sofía Van al Cole

Las Infantas, Leonor y Sofía, empezaron las clases el pasado lunes, el trece de septiembre. El Colegio Nuestra Señora de los Rosales, en el que estudió su padre, es un colegio privado ubicado en la zona residencial de Aravaca en Madrid. Los Príncipes Felipe y Letizia acompañaron a sus hijas al colegio. Este es el tercer año que Leonor asiste al colegio y el primero de Sofía, que cumplió tres años el pasado 29 de abril. Iban vestidas con el uniforme del colegio: faldas grises, jerséis azules marinos y camisas blancas y también llevaban unas mochilas que les compró La Reina Sofía. Las Infantas posaron con sus padres durante más de cuatro minutos ante la prensa a la entrada del colegio.

(a) When did Leonor and Sofía start school? (Give **full** details.)

_____

(b) Give **two** pieces of information about their school.

   (i) _____

   (ii) _____

(c) How old is Sofía?

_____

(d) What were the girls wearing? (Give **full** details.)

_____

(e) Why is Queen Sofía mentioned?

_____

Part One: Reading Comprehension

17. Answer the following questions in **English**.

Miguel Ángel Jiménez

Miguel Ángel Jiménez es el único español en el equipo de Europa en la Copa Ryder contra Estados Unidos. El golfista andaluz tiene muchas ganas de jugar en este torneo que tendrá lugar del uno al tres de octubre en Gales. En agosto decidió tomar parte en un torneo en Escocia en vez de ir a la boda de su sobrino, Fernando, porque quiso asegurar su puesto en el equipo, ya que cree que será su última oportunidad de jugar en el equipo de Ryder.

El golfista malagueño, que dejó sus estudios a los quince años, ha estado en muy buena forma recientemente y ha conseguido tres triunfos esta temporada: en Dubai (febrero), en Francia (julio) y en Suiza (septiembre). Cuando Miguel no está jugando al golf, vuelve a su ciudad natal malagueña. A Miguel le gustan los puros, el vino tinto y las sardinas y cada lunes, sin excepción, cena con su madre. Todo el mundo le llama 'el mecánico' porque es un apasionado de los coches.

(a) Who will the European team be playing against in the Ryder Cup?

_____

(b) When and where will this tournament take place?

When: _____ **Where:** _____

(c) What family event did Miguel Ángel Jiménez miss in August?

_____

(d) What did Miguel do when he was fifteen?

_____

(e) Mention **two** things that he likes.

  (i) _____

  (ii) _____

(f) Why is he called 'el mecánico'?

_____

¿Practicamos?

18. Answer the following questions in **English**.

El Coste del Ocio

El Instituto Empresa Universidad realizó un estudio donde se analizó el coste del ocio en veinte ciudades del mundo, como Praga, Madrid, Lisboa y Nueva York. Algunas conclusiones fueron:

- Es tres veces más barato ir al cine en Madrid que en Londres.
- París es la capital más cara si quieres visitar museos. En Londres las entradas a los museos son gratuitas.
- Para asistir a un concierto de música clásica en Madrid, hay que pagar una media de cien euros por entrada.
- Los ciudadanos de Montreal tienen que pagar doscientos cincuenta euros para asistir a un concierto de rock.
- Sydney es la ciudad más cara para comer.

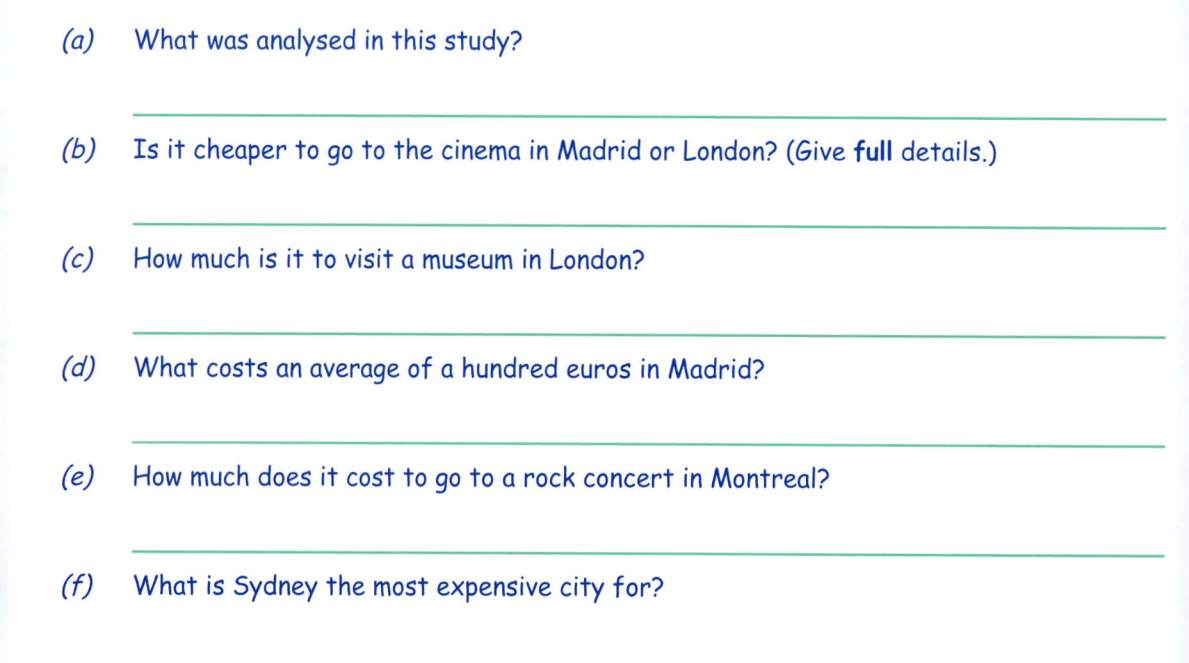

(a) What was analysed in this study?

_____

(b) Is it cheaper to go to the cinema in Madrid or London? (Give **full** details.)

_____

(c) How much is it to visit a museum in London?

_____

(d) What costs an average of a hundred euros in Madrid?

_____

(e) How much does it cost to go to a rock concert in Montreal?

_____

(f) What is Sydney the most expensive city for?

_____

Part One: Reading Comprehension

19. Answer the following questions in **English**.

El Gazpacho
Una Receta Muy Fácil, Económica y Rápida

El gazpacho es una sopa muy sana y muy típica de la cocina andaluza. Es un plato muy refrescante cuando hace muchísimo calor.

Ingredientes para cuatro personas:
4 tomates maduros y grandes
2 pimientos verdes
Un pepino
Una cebolla
100 gramos de molla de pan

3 dientes de ajo
4 cucharadas de aceite de oliva
Una cucharada de vinagre
Sal

Preparación:
1. Lavar los tomates, los pimientos y el pepino.
2. Pelar los tomates, el pepino, el ajo y la cebolla.
3. Cortar bien todas las verduras.
4. Mezclarlo todo con la molla de pan.
5. Aliñar con el aceite, el vinagre y la sal.
6. Pasar por la batidora.
7. Servir frío con cubitos de hielo.

(a) How is this recipe described? (Give **three** details.)

_____

(b) What kind of tomatoes are needed? (Give **two** details.)

_____

(c) Name **three** other vegetables that are needed.

   (i) _____   (ii) _____

   (iii) _____

(d) How much olive oil is needed?

_____

(e) Explain the first **two** points of the recipe.

   (i) _____

   (ii) _____

(f) How should the gazpacho be served?

_____

¿Practicamos?

20. Answer the following questions in **English**.

Las Uvas

Las uvas son una fruta que se suele comer frescas. En España se toman doce uvas mientras que suenan las doce campanadas que anuncian el comienzo del Año Nuevo. Se pueden encontrar las uvas en diferentes colores: negras, moradas, amarillas y blancas. Esta fruta deliciosa tiene usos diversos. Todo el mundo sabe que las uvas se utilizan para producir vino. Pero, ¿sabías que puedes usarlas para hacer tartas, salsas, zumos y ensaladas? Las uvas son muy ricas en vitaminas y están en su mejor momento en otoño e invierno.

(a) How are grapes normally eaten?

___

(b) Grapes come in a variety of colours. Name **three** of them.

(i) _____ (ii) _____

(iii) _____

(c) Apart from being used for making wine, name **three** other uses for grapes.

(i) _____ (ii) _____

(iii) _____

(d) In what seasons are grapes at their best?

___

21. Answer the following questions in **English**.

Antonio Banderas

Antonio Banderas es actor, productor y director de cine español que reside actualmente en Los Ángeles. Nació en Benalmádena, Málaga hace cincuenta años y hasta hoy día, Andalucía es muy importante en su vida. Está casado con Melanie Griffith y tienen una hija, Stella del Carmen, de catorce años que es bilingüe. Antonio quiere que Stella conozca las tradiciones y las costumbres de España y cada año vuelve a Málaga para celebrar la Semana Santa. Este año, Antonio participó en la procesión religiosa de la Virgen de las Lágrimas y su esposa, su hija y su madre lo siguieron desde el balcón de un hotel situado en la calle Larios.

Part One: Reading Comprehension

(a) Where and when was Antonio Banderas born?

Where: _____ When: _____

(b) Mention **two** details about his daughter.

(i) _____ (ii) _____

(c) At what time of the year does Antonio return to Malaga every year?

_____

(d) What did Antonio participate in this year?

_____

(e) Who watched him from a hotel balcony?

_____

22. Answer the following questions in **English**.

Buenas noticias para los madrileños que usen el transporte público

Los pasajeros de los autobuses urbanos de Madrid podrán utilizar desde mañana el servicio de 'wifi' gratis e ilimitado para conectarse a Internet. Madrid es la primera ciudad del mundo en ofrecer este servicio pero no está disponible en todos los autobuses de la ciudad. Los autobuses que tienen el servicio podrán ser identificados por las pegatinas situadas en las puertas del autobús que dicen 'Wifi gratis'.

(a) What will passengers on buses in Madrid be able to do from tomorrow?

_____

(b) How will passengers be able to identify the buses that have this service?

_____

¿Practicamos?

23. Answer the following questions in **English**.

Lasaña de Verduras

Para seis personas
Tiempo de preparación: veinte minutos
Tiempo de cocción: cuarenta y cinco minutos

Ingredientes

18 láminas de pasta para lasaña
2 pimientos verdes
2 cebollas
115 gramos de queso rallado
25 gramos de mantequilla
2 cucharadas de aceite de oliva
Medio litro de leche
Una cucharada de harina
Una pizca de orégano
Sal y pimienta

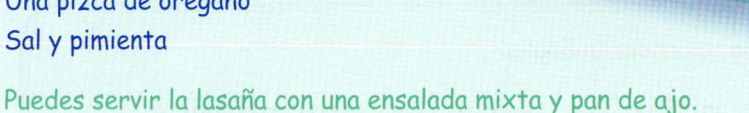

Puedes servir la lasaña con una ensalada mixta y pan de ajo.

(a) How long does the lasagne take to cook?

_____

(b) Fill in the missing details from the list of ingredients:

18 sheets of _____

2 _____

2 _____

115 grams of _____

25 grams of _____

2 tablespoons of _____

Half a litre of _____

One tablespoon of _____

A pinch of _____

_____ and _____

Part One: Reading Comprehension

24. Answer the following questions in **English**.

La Ola de Calor en España

Hoy, viernes, tres provincias españolas están en alerta por altas temperaturas, según la predicción de la Agencia Estatal de Meteorología (AEMET). Sevilla, Málaga y Granada se encuentran en alerta naranja con riesgo importante por temperaturas extremas. En estas provincias, las temperaturas podrán alcanzar los treinta y ocho o cuarenta grados centígrados. Esta ola de calor durará por lo menos hasta el próximo lunes. El extremo norte del país no se verá afectado por la ola de calor.

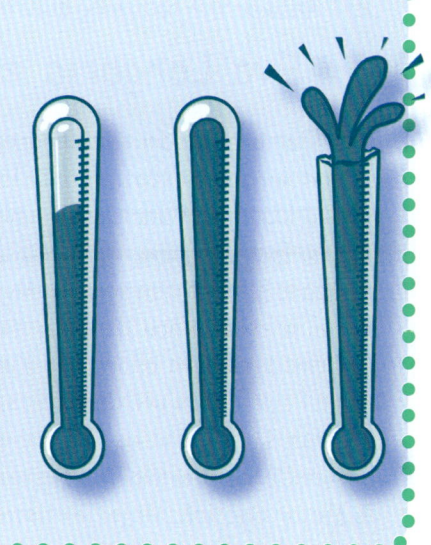

(a) Why are Seville, Malaga and Granada on alert?

_____

(b) What temperatures are mentioned?

_____

(c) How long will this weather last?

_____

(d) What part of the country will not be affected?

_____

¿Practicamos?

25. Answer the following questions in **English**.

Eva Longoria en Madrid

En noviembre, Madrid se llenará de estrellas de la música ya que la decimoséptima edición de los EMAs de MTV tendrá lugar en Madrid y se emitirá en directo en todo el mundo. Eva Longoria, la actriz estadounidense de origen mexicano y protagonista de 'Mujeres Desesperadas' va a ser la presentadora de esta gala. Entre las actuaciones confirmadas hasta ahora son Kings of Leon, Katy Perry y Linkin Park. En los próximos días, la cadena confirmará más artistas. Lady Gaga está nominada en trece categorías y Eminem, 'el rey del Hip Hop', está nominado en las categorías de Mejor Canción, Mejor Artista Masculino y Mejor Video. Enrique Iglesias está nominado a Mejor Artista Español. Si quieres votar, tienes que acceder a la página oficial de MTV en Internet.

(a) Where and when will the MTV awards take place?

Where: _____ When: _____

(b) Give **three** pieces of information about Eva Longoria.

(i) _____

(ii) _____

(iii) _____

(c) What will the MTV channel confirm in the next few days?

_____

(d) Name **two** categories that Eminem has been nominated in.

(i) _____

(ii) _____

(e) What do you have to do if you want to vote?

_____

26. Answer the following questions in **English**.

Dos Detenidos por Robos en Madrid

La Policía Nacional detuvo ayer por la mañana a dos individuos que están acusados de cometer quince robos en un centro comercial en las afueras de Madrid. La mayoría de los robos cometidos tuvieron lugar en librerías, farmacias y tiendas de ropa durante el mes de octubre. La Policía ha encontrado en los domicilios de los detenidos perfume, ropa, gafas de marca, cámaras fotográficas y trescientos euros en efectivo. Los detenidos de veinticinco y veintinueve años son de nacionalidad francesa.

(a) When **exactly** did the police arrest the men?

_____

(b) What are the men accused of? (Give **full** details.)

_____

(c) Name **two** shops mentioned.

(i) _____ (ii) _____

(d) What did the police find in the houses of the arrested men? (Give **full** details.)

_____

(e) What nationality are the men?

_____

¿Practicamos?

27. Answer the following questions in **English**.

¿Recibes Dinero de Bolsillo?

María
Sí, tengo suerte porque cada semana, mis padres me dan de paga veinticinco euros. Creo que es suficiente. Ahorro diez euros y con el resto, compro lo que quiero, como revistas, maquillaje y, de vez en cuando, ropa.

Nuria
Sí, mi padre me da dinero por ayudar con las tareas domésticas. Tengo que mantener ordenado mi dormitorio, sacar los platos del lavavajillas y preparar la cena una vez a la semana. No es una cantidad fija pero la pido cuando quiero comprar algo que me gusta. También, si saco buenas notas en mis exámenes, suelo recibir un poco más.

Miguel
Desafortunadamente, mi padre no tiene trabajo y mi madre trabaja a tiempo parcial. Por eso, no pueden darme dinero de bolsillo. Los sábados, trabajo en una hamburguesería cerca de mi casa. No me gusta el trabajo pero me pagan bien y tengo suficiente dinero para mis gastos, como mi carnet de autobús, entradas para el cine y para comprar videojuegos.

(a) How much pocket money does María get every week?

(b) What does she do with this money? (Give **full** details.)

(c) What does Nuria have to do to get money from her father? (Mention **two** details.)

(d) When does she usually receive a little bit more?

(e) Why can't Miguel's parents give him pocket money?

(f) Where does he work on Saturdays?

(g) What does he spend his money on? (Mention **two** details.)

Part One: Reading Comprehension

28. Answer the following questions in **English**.

La Pasta

La comida italiana es muy conocida en todo el mundo y es muy popular en España, sobre todo entre los niños. La pasta, de origen italiano, es uno de los alimentos más característicos de la cocina de los países del Mediterráneo. Es muy fácil de preparar y está lista en pocos minutos y por eso, es el ingrediente ideal para los que no tienen mucho tiempo que perder en la cocina. Existen muchas variedades de pasta como espaguetis, tallarines, fetuchinis, macarrones y canelones. Sin duda, la mejor manera de comer pasta es con una salsa sabrosa pero es muy versátil y va bien con cualquier plato, ya sea carne, pescado verduras. Abajo hay algunas sugerencias de ingredientes que acompañan perfectamente a la pasta.

- Gambas y queso
- Jamón y champiñones
- Pollo y pimientos
- Tomates y chorizo
- Atún y verduras

(a) What country is pasta from?

(b) Why is it the ideal ingredient for people who don't have a lot of time to spend in the kitchen?

(c) What is the best way to eat pasta?

(d) What suggestions are given for ingredients that go well with pasta? (Give **full** details.)

¿Practicamos?

29. Answer the following questions in **English**.

¿Qué Comen los Madrileños?

En Madrid la gastronomía es muy variada y la ciudad cuenta con muchos restaurantes internacionales como chinos, indios, argentinos, italianos y muchos más. Unos de los platos madrileños más típicos son:

- El cocido madrileño: contiene sopa, carne, garbanzos y patatas. Es ideal para los meses fríos del invierno.

- Sopa de ajo: con pan, ajo y aceite. A veces, se añade jamón.

- El potaje de garbanzos: hecho con garbanzos, zanahorias, cebolla y espinacas. Es muy fácil de preparar.

- La tortilla de patatas: muy sencilla con huevos, patatas y cebolla. Se puede comer como tapa o como plato principal o en bocadillo.

Cuando hablamos de lo que a los madrileños les gusta comer, es necesario mencionar las tapas. Entre las tapas más populares en la capital son las gambas, los mejillones, los boquerones, el jamón, el pulpo y las patatas bravas.

(a) Name **three** types of international restaurants that can be found in Madrid.

(i) _____ (ii) _____

(iii) _____

(b) What time of year is *el cocido madrileño* ideal for?

_____

(c) What is sometimes added to the *sopa de ajo*?

_____

(d) Name **three** of the ingredients of *el potaje de garbanzos*.

(i) _____ (ii) _____

(iii) _____

(e) Mention **two** ways the *tortilla de patatas* can be eaten.

(i) _____ (ii) _____

(f) Name **five** of the most popular tapas in Madrid.

(i) _____ (ii) _____

(iii) _____ (iv) _____

(v) _____

30. Answer the following questions in **English**.

Un Verano Glorioso

Ha sido un verano inolvidable para el deporte español con muchos triunfos para nuestras deportistas. La Selección Española es la campeona del mundo de fútbol tras ganar el Mundial de Fútbol en Sudáfrica. En tenis, Rafael Nadal ganó el torneo Wimbledon por segunda vez en su carrera. Los golfistas Miguel Ángel Jiménez y Alejandro Cañizares quedaron primero y segundo en el Alstom Open de Francia. El ciclista Alberto Contador ganó el Tour de Francia por tercera vez y también ha habido éxitos en baloncesto, motociclismo y automovilismo. ¡Ahora todo el mundo conoce los nombres de nuestras estrellas deportivas!

(a) Why has it been an unforgettable summer for Spanish sport?

_____

(b) How many times has Rafael Nadal won Wimbledon?

_____

(c) Why are Miguel Ángel Jiménez and Alejandro Cañizares mentioned?

_____

(d) Who is Alberto Contador?

_____

(e) Name **two** other sports mentioned.

(i) _____ (ii) _____

¿Practicamos?

31. Answer the following questions in **English**.

La Utilización del Teléfono Móvil en el Avión

Los pasajeros de los aviones tendrán pronto la posibilidad de utilizar sus teléfonos móviles a bordo de los aviones. En pocos meses, todos los pasajeros podrán hacer llamadas y mandar mensajes de texto durante el vuelo a alturas superiores a los tres mil metros. Por el momento no podrán conectarse a Internet. La única excepción será durante el despegue y el aterrizaje cuando todos los aparatos electrónicos deberán permanecer apagados.

(a) What will passengers on planes be able to do soon?

_____

(b) At what altitude will you be able to do this?

_____

(c) What cannot be done for the moment?

_____

(d) What must happen during take off and landing?

_____

SECTION 5: Comprehension Practice 3

1. This article gives advice about what you should do when it is very hot. Choose any **six** pieces of advice and explain in **English** what they mean.

Qué Hacer Cuando Hace Mucho Calor

1. Beber líquidos en abundancia.
2. Evitar el alcohol y limitar las bebidas con cafeína.
3. Refrescar el cuerpo con duchas y baños.
4. Tomar comidas ligeras que contienen sales como la fruta y las legumbres.
5. Cubrirse la cabeza con un sombrero o una gorra.
6. Permanecer a la sombra.
7. Llevar ropa ligera y suelta de color claro.
8. Aplicar protector solar.
9. Llevar gafas de sol con filtros ultravioletas.
10. No hacer actividades físicas al aire libre.
11. Bajar las persianas en casa durante las horas de sol.
12. Abrir las ventanas durante la noche.

¿Practicamos?

2. This article gives advice about not wasting water. Choose any **three** pieces of advice and explain in **English** what they mean.

El Agua

Dependemos del agua para vivir. Como es un recurso escaso, debemos ser más responsables con su consumo y es muy importante no malgastarla.

1. Dúchate en vez de bañarte: un baño equivale a diez duchas.
2. Cierra el grifo mientras te lavas los dientes y así ahorras alrededor de doce litros de agua por minuto.
3. Es mejor regar las plantas por la noche para minimizar la evaporación.
4. Utiliza la lavadora y el lavavajillas sólo cuando estén completamente llenos.
5. Lava la fruta y las verduras en un bol en vez de dejar el grifo abierto.
6. Repara los grifos que gotean.

Part One: Reading Comprehension

3. This article contains rules and recommendations to help you enjoy your visit to La Isla Mágica. Choose any **three** and explain in **English** what they mean.

La Isla Mágica

Parque de Atracciones de Sevilla

Para aprovechar mejor el tiempo en el Parque, existen unas normas y recomendaciones para los visitantes:

1. Debes conservar la entrada durante toda la visita y puedes disfrutar de todas las atracciones y espectáculos tantas veces como quieras.
2. No está permitido ir descalzo, con traje de baño o con torso desnudo.
3. Se prohíbe acceder al Parque con comida y bebida por motivos de higiene y seguridad. El Parque ofrece una numerosa variedad de restaurantes.
4. No está permitido el acceso al Parque con animales. La única excepción es la entrada de los perros guía utilizados por personas discapacitadas.
5. No se podrá fumar salvo en las zonas especialmente indicadas para ello.
6. Los menores de doce años deben ir acompañados de un adulto.

☐ _____

☐ _____

☐ _____

¿Practicamos?

4. This item gives advice about protecting your house while you are on holidays. Choose any **three** pieces of advice and in each case, explain in **English** what they mean.

Las Vacaciones Seguras

1. Deje bien cerradas las puertas y las ventanas pero no baje totalmente las persianas.
2. No deje en casa objetos de valor, joyas ni dinero en efectivo.
3. No haga públicos sus planes de verano, especialmente en Internet.
4. Deje la radio y una luz encendidas dentro de la casa para hacer creer que hay alguien.
5. Pida a un vecino que recoja el correo por usted.
6. Ante cualquier sospecha, llame a la Policía.

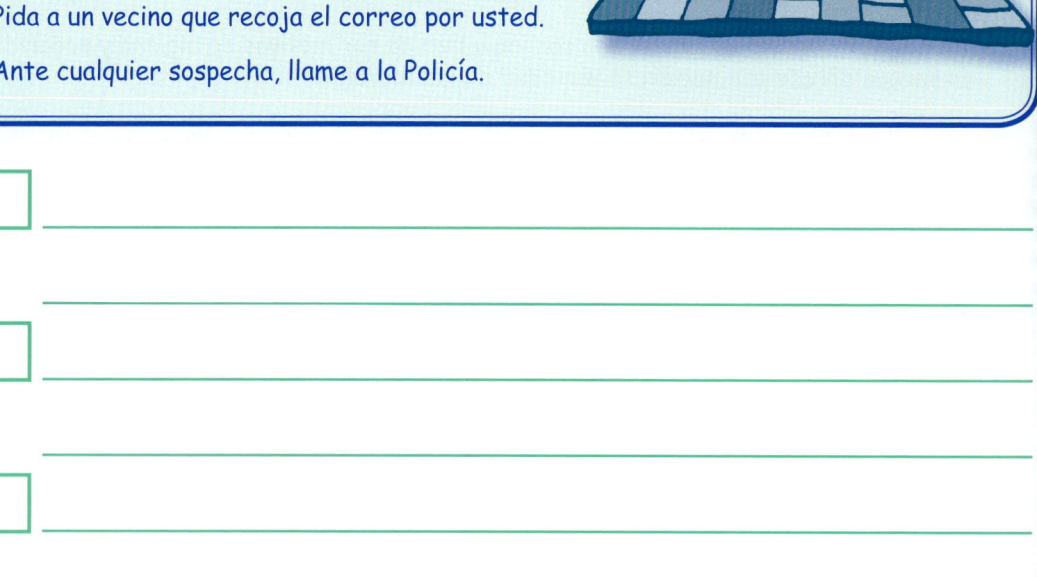

☐ _____

☐ _____

☐ _____

Part One: Reading Comprehension

5. This item gives advice about how you can reduce your carbon footprint. Choose any **three** pieces of advice and in each case, explain in **English** what they mean.

¿Cómo Puedes Reducir tu Huella Ambiental?

- Usa la bici, camina o comparte coche.

- Apaga la tele y las luces cuando abandones una habitación. Una hora de tele produce casi un cuarto de kilo de CO_2.

- Pasa menos tiempo en la ducha. Un minuto son más de 15 litros.

- Reutiliza las bolsas. Algunas acaban en el mar y los animales que se las comen enferman.

- Compra cosas con poco embalaje. Un tercio de lo que tiramos es embalaje.

- Recicla. Una tonelada de papel reciclado ahorra más de 25,000 litros de agua y 17 árboles.

- Planta un árbol. Uno absorbe unos 20 kilos de CO_2 al año.

¿Practicamos?

6. Answer the following questions in **English**.

¡Tomate, Tomate!

El pueblo español de Buñol, situado en la comunidad valenciana, es conocido por una fiesta que se celebra desde hace sesenta años. Se llama 'La Tomatina' y es una batalla de tomates en la que miles de participantes se lanzan durante una hora, más de cien toneladas de tomates que el Ayuntamiento les da. Es una de las fiestas más famosas de España y se celebra el último miércoles del mes de agosto. En el año 2010 más de cuarenta y cinco mil personas asistieron. Hay algunas reglas y consejos para que todo el mundo pueda disfrutar de la fiesta a tope.

1. No está permitido entrar con botellas u otros objetos que puedan producir accidentes.
2. No está permitido romper camisetas.
3. Se recomienda llevar zapatillas viejas. Son más seguras que llevar sandalias o chanclas.
4. No llevar objetos de valor. Si quieres sacar fotos, compra una cámara desechable o una cámara acuática.
5. Está prohibido tirar objetos duros.
6. Es recomendable llevar gafas de bucear para proteger los ojos.

(a) Where is Buñol situated?

(b) What is 'La Tomatina'? (Give **full** details.)

(c) When does it take place?

(d) How many people attended in 2010?

(e) Pick any **three** of the rules and explain in **English** what they mean.

Part One: Reading Comprehension

7. This article gives advice that can help you to do well in your exams. Choose any **three** pieces of advice and explain in **English** what they mean.

El Éxito en los Exámenes

1. Asistir a clase y escuchar bien al profesor. Es una tontería perder el tiempo en clase.

2. Tomar notas bien organizadas y si no entiendes algo, hay que preguntar al profesor.

3. Tener un horario de estudios. Es buena idea estudiar a la misma hora cada día y es mejor no estudiar por la noche.

4. Tomar descansos frecuentes, es necesario despejar la cabeza de vez en cuando. Algunos expertos recomiendan descansar cinco minutos por cada hora de estudio.

5. Comer bien. Es importante incluir alimentos como el pescado, las legumbres, los huevos y la fruta en la dieta. Sobre todo, hay que desayunar bien.

6. Dormir bien la noche antes del examen para estar relajado y debe evitarse el consumo excesivo de café o bebidas con cafeína.

¿Practicamos?

8. This article is about precautions you should take while you are in the sun. Choose any **three** pieces of advice and explain in **English** what they mean.

Consejos para la Seguridad bajo el Sol

El buen tiempo y las altas temperaturas invitan a pasar un buen rato en playas y piscinas. Debemos recordar que aunque el sol y el calor pueden ser muy agradables, debemos tomar precauciones para que no nos produzcan lesiones.

1. Usa protección solar adecuado. Es importante aplicarnos el factor de protección correcto para nuestro piel.

2. Aplica la protección solar antes de salir de casa. No esperes a llegar a la playa o la piscina.

3. Sécate bien al salir del agua. Debemos secarnos bien y aplicar de nuevo la protección solar.

4. Es necesario prevenir la deshidratación. Durante el verano hay que beber más líquidos (agua o zumo), especialmente los ninos y los ancianos.

5. Utiliza gafas de sol. Las gafas de sol deben tener protección frente a rayos ultravioletas.

6. Protégete la cabeza de los rayos solares para evitar la insolación. Es recomendable la utilización de sombreros o gorras. La sombra de un árbol o una sombrilla puede ser suficiente.

Part One: Reading Comprehension

9. Answer the following questions in **English**.

Surf Contra la Depresión

La Organización Mundial de la Salud estima que unas ciento veinte millones de personas en el mundo sufren depresión. La depresión es una enfermedad psiquiátrica y los síntomas incluyen problemas de concentración, trastornos de apetito y sueño, pérdida de interés y de energía. Especialistas en el Reino Unido están probando una nueva terapia para combatir la depresión: clases de surf en lugar de medicinas. Un grupo de jóvenes están participando en este proyecto en el suroeste de Inglaterra. Las clases de surf cuestan cuatrocientos euros por persona pero el Servicio de Salud Británico dice que las clases son más baratas que los tratamientos tradicionales. Estar al aire libre da a los pacientes una sensación de bienestar y libertad y se espera que más terapias al aire libre sean utilizadas en el futuro para tratar a los pacientes.

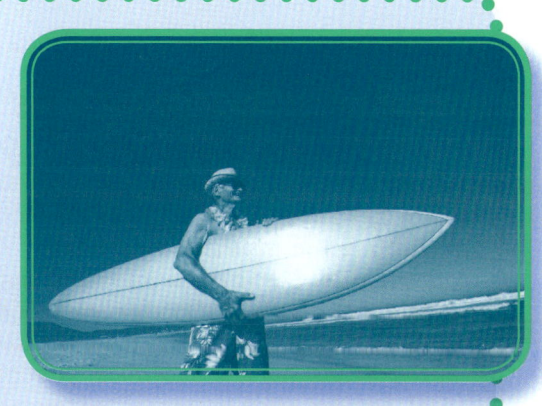

(a) What is the estimated number of people in the world who suffer from depression?

(b) Name **three** symptoms of depression.

(i) _____ (ii) _____

(iii) _____

(c) What new therapy for depression is being tried in the United Kingdom?

(d) Where exactly are a group of young people participating in this project?

(e) How does being outside make the patients feel?

(f) What is hoped for the future?

¿Practicamos?

10. Answer the following questions in **English**.

¿Quién Es María Francisca Perelló?

María Francisca Perelló nació en Mallorca el siete de julio de 1988. Es la hija única de Bernat Perelló, constructor de profesión, y María Pascual, funcionaria. Todo el mundo la llama Xisca y esta chica morena y guapa tiene mucha suerte porque es la novia del famoso tenista Rafael Nadal. Salen juntos desde hace cinco años. Xisca y Rafa se conocieron en el colegio cuando tenían catorce años, por medio de la hermana de Rafa, Isabel, una amiga de Xisca.

La joven mallorquina es una chica sencilla y trabajadora. Acaba de terminar la carrera de Administración y Dirección de Empresas en la Universidad de las Islas Baleares. Xisca lleva una vida muy normal, mientras estudiaba en la Universidad, compartió un piso en la Palma con otros estudiantes y en su tiempo libre, le gustaba hacer cosas normales, como ir al cine o pasar tiempo en la playa. Le gusta llevar vaqueros y camisetas blancas.

Xisca ha sido un gran apoyo para Rafa, sobre todo durante el 2009. El año 2009 fue muy duro para el deportista porque sufrió una lesión en la rodilla y al mismo tiempo sus padres decidieron separarse.

Este verano Rafa y Xisca disfrutaron de unos días de descanso en las playas de Mallorca, tomando el sol y practicando deportes acuáticos.

(a) Where and when was María Francisca Perelló born?

___

(b) Give **one** detail about her family.

___

(c) What does she look like?

___

(d) When did Xisca and Rafael meet? (Give **full** details.)

___

(e) Xisca leads a normal life. Find **three** examples of this.

___

(f) Why was 2009 a difficult year for Rafael? (Give **two** details.)

___

(g) What did Rafa and Xisca do this summer? (Give **full** details.)

_____

11. Answer the following questions in **English**.

Las Vacaciones en Septiembre

Es un hecho bien conocido que la mayoría de los españoles se van de vacaciones durante el mes de agosto pero si tienes la posibilidad de tomar tus vacaciones en septiembre en lugar de agosto, hay varias ventajas, por ejemplo:

1. Los precios bajan en septiembre y el mismo viaje puede costar un treinta por ciento más barato en septiembre que en agosto. También, las agencias de viaje y los hoteles suelen tener ofertas para estas fechas.

2. Todo el mundo sabe que el calor en España puede ser sofocante durante el mes de agosto. En septiembre, sigue haciendo buen tiempo pero es más agradable porque las temperaturas no son tan altas.

3. Durante el mes de septiembre hay menos gente y es más tranquilo. Septiembre es un mes bueno para tomar vacaciones porque las playas están menos llenas y no hay colas en los museos, en los parques de atracciones o en los restaurantes. Por eso, las vacaciones pueden ser mucho más relajadas.

(a) When do the majority of Spanish people go on holidays?

_____

(b) This article discusses the advantages of taking holidays in September. Choose any **two** pieces of advice and in each case explain in **English** what it means.

☐ _____

_____

☐ _____

_____

¿Practicamos?

12. Answer the following questions in **English**.

Julia Roberts y Javier Bardem en San Sebastián

Julia Roberts ha llegado en San Sebastián para participar en la promoción de la película *Come, Reza, Ama* que protagoniza junto al español Javier Bardem. La gran estrella internacional también ha venido para recibir el premio Donostia a toda su carrera en la 58ª edición del Festival de Cine de San Sebastián.

Anoche Julia y Javier llegaron en dos coches separados hasta las puertas del hotel María Cristina donde les esperaban los organizadores del festival junto con centenares de fanáticos. Javier, vestido con cazadora de cuero, salió del primer coche y comenzó a firmar autógrafos. Minutos después, Julia salió de su vehículo y abrazó cálidamente al actor español. Vestida con un traje oscuro, tacones muy altos, gafas de sol y una gran sonrisa, posó para los fotógrafos.

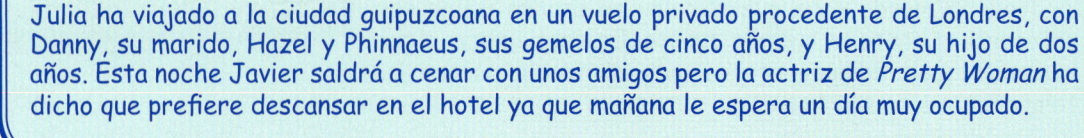

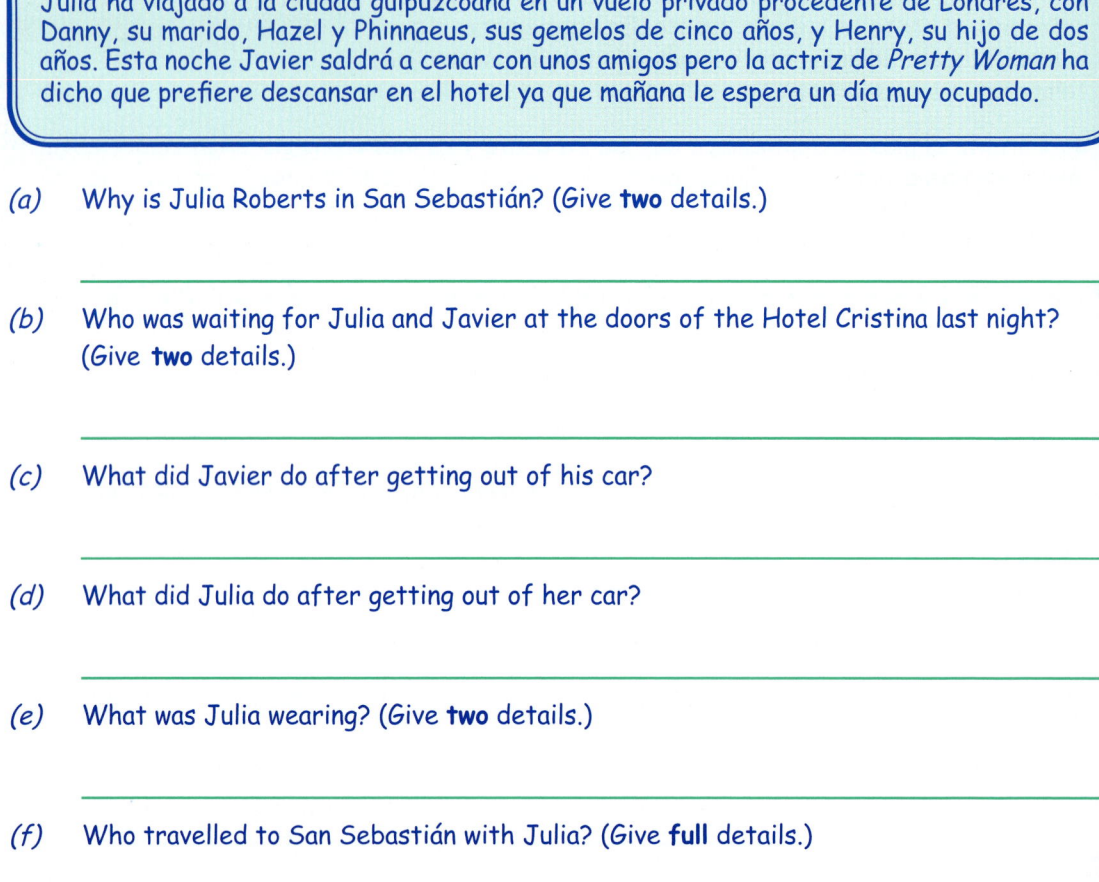

Julia ha viajado a la ciudad guipuzcoana en un vuelo privado procedente de Londres, con Danny, su marido, Hazel y Phinnaeus, sus gemelos de cinco años, y Henry, su hijo de dos años. Esta noche Javier saldrá a cenar con unos amigos pero la actriz de *Pretty Woman* ha dicho que prefiere descansar en el hotel ya que mañana le espera un día muy ocupado.

(a) Why is Julia Roberts in San Sebastián? (Give **two** details.)

(b) Who was waiting for Julia and Javier at the doors of the Hotel Cristina last night? (Give **two** details.)

(c) What did Javier do after getting out of his car?

(d) What did Julia do after getting out of her car?

(e) What was Julia wearing? (Give **two** details.)

(f) Who travelled to San Sebastián with Julia? (Give **full** details.)

(g) What plans has Javier for tonight?

_____

(h) Why would Julia prefer to rest in her hotel?

_____

13. Answer the following questions in **English**.

Los Españoles y Las Lenguas Extranjeras

Un estudio realizado entre adultos españoles muestra que casi el cuarenta y siete por ciento de la población entre veinticinco y sesenta y cuatro años no hablan una lengua extranjera. Esta cifra es más alta que la media de la Unión Europea.

Es cierto que el conocimiento de un idioma extranjero puede ser una ventaja en la vida. Si dominas otra lengua, como el inglés, podrás encontrar un trabajo mejor pagado, te permitirá viajar y ver el mundo más fácilmente y también te servirá si vas a mudarte a un país diferente.

Muchos expertos dicen que estudiar en el extranjero es el método más efectivo y la manera más fácil de aprender un idioma. Además, no cabe duda de que la mejor edad para estudiar un idioma en el extranjero está entre los diez y los once años.

(a) What did the study carried out on Spanish adults find?

_____

(b) Give **three** advantages of speaking a foreign language.

  (i) _____

  (ii) _____

  (iii) _____

(c) According to experts, what is the most effective way of learning a language?

_____

¿Practicamos?

14. Answer the following questions in **English**.

Incendios Forestales en Portugal

Cientos de bomberos trabajan para extinguir incendios forestales en Portugal, principalmente en el norte del país. Los fuegos aún no están bajo control pese a los esfuerzos de los bomberos, el ejército y los habitantes de la zona. Ha habido una ola de incendios este verano. El tiempo seco, las altas temperaturas y los vientos desfavorables han ayudado a propagar los fuegos.

El lunes pasado, un bombero resultó muerto y otro herido en un accidente de tráfico mientras intentaban apagar un incendio en Sao Pedro do Sul. En total quince personas, diez de ellas bomberos, murieron este año en Portugal en incendios forestales.

El gobierno español ha enviado dos aviones para ayudar a luchar contra estos atroces incendios. Otros países europeos, como Francia, Italia y Grecia, también respondieron favorablemente. El presidente del país ha cancelado sus vacaciones para visitar la zona afectada y hacer frente a la situación.

(a) Where **exactly** are these forest fires burning?

(b) Who is helping the firemen with their efforts to put out the fires? (Give **two** details.)

(c) Mention **three** things that have helped the fires to spread.

   (i) _____   (ii) _____

   (iii) _____

(d) What happened last Monday? (Give **full** details.)

(e) How many people have died in forest fires this year in Portugal?

(f) What countries have offered help to Portugal?

(g) What has the president of the country done? (Give **full** details.)

Part One: Reading Comprehension

15. Answer the following questions in **English**.

El Robo de los Coches en España

España es uno de los países europeos donde más coches se roban y la crisis económica ha aumentado el número de estos robos en nuestras ciudades. En España se roba más de ciento cincuenta mil coches al año, es el equivalente a un coche cada tres minutos. El mayor número de estos robos ocurre en Madrid, por delante de Andalucía y La Comunidad Valenciana y las comunidades con menos vehículos robados son La Rioja y Navarra. El treinta por ciento de los coches robados nunca se recuperan. Los lugares donde más robos de vehículos se producen son en aparcamientos en lugares públicos como centro comerciales. Para evitar el posible robo de tu coche, debes aparcar tu vehículo en una zona iluminada, siempre comprueba que las puertas estén bien cerradas y no dejes objetos de valor a la vista en su interior.

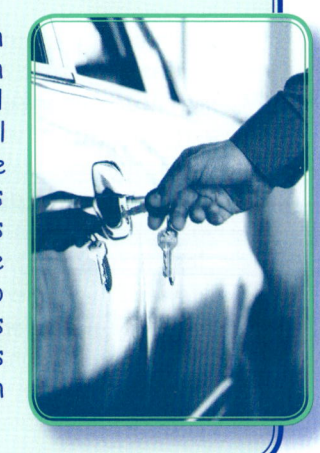

(a) What has caused an increase in the number of cars being stolen in Spanish cities?

(b) How many cars are stolen in Spain every year?

(c) Where do the most robberies occur?

(d) Where do the least robberies occur?

(e) Why is 30 per cent mentioned?

(f) Mention **two** pieces of advice that may prevent your car from being stolen.

  (i)

  (ii)

¿Practicamos?

16. Answer the following questions in **English**.

Los Mineros Chilenos – Sanos y Salvos

El día trece de octubre fue un día histórico para Chile. Tras setenta días bajo tierra, los mineros fueron rescatados sanos y salvos. La operación de rescate duró casi veinticuatro horas seguidas y ahora los mineros pueden ver la luz y abrazar a sus familiares. Cientos de chilenos se congregaron en la Plaza Italia en Santiago para celebrar el rescate de los treinta y tres mineros. El presidente, Sebastián Piñera, declaró que, 'Chile es ahora más respetado y más valorado en el mundo entero' tras concluir la operación con éxito. 'Viva Chile,' gritó y comenzó a cantar el himno nacional. Todos los mineros se encuentran en buen estado físico, entre ellos:

Carlos Mamani, el cuarto minero rescatado. Carlos, de origen boliviano, es el único extranjero del grupo. Carlos llevaba sólo cinco días trabajando en la mina. El presidente de Bolivia le ha ofrecido un empleo y una casa en Bolivia.

Jimmy Sánchez, el quinto rescatado. A los diecinueve años, es el más joven del grupo. Tiene un bebé de tres meses y Jimmy quiere casarse con su novia.

Mario Gómez, de sesenta y tres años, el noveno minero rescatado. Es el minero con más experiencia ya que comenzó a trabajar en las minas con sólo doce años.

Pablo Rojas, de cuarenta y cinco años, es el decimonoveno minero rescatado. Está casado y es padre de tres hijos, uno de ellos es estudiante de medicina. Su hermano y su primo estuvieron atrapados en la mina también.

Edison Peña, el duodécimo rescatado. Es muy deportista y corrió diez kilómetros cada día en las minas. Es fanático de Elvis y ha recibido una invitación para visitar la mansión del fallecido cantante en Graceland, Estados Unidos.

(a) Why is 13 October a historic day for Chile?

(b) How long did the rescue operation take?

(c) Why is the Plaza Italia in Santiago mentioned?

Part One: Reading Comprehension

(d) Give **three** pieces of information about each of the following miners:

Carlos Mamani:

(i) _____

(ii) _____

(iii) _____

Jimmy Sánchez:

(i) _____

(ii) _____

(iii) _____

Mario Gómez:

(i) _____

(ii) _____

(iii) _____

Pablo Rojas:

(i) _____

(ii) _____

(iii) _____

Edison Peña:

(i) _____

(ii) _____

(iii) _____

¿Practicamos?

17. Answer the following questions in **English**.

Tormenta en Cáceres

Cáceres, una ciudad situada en Extremadura en el oeste de España, fue sumida en caos anoche cuando una fuerte tromba de agua y granizo, acompañada de vientos intensos, cayó y causó numerosos daños materiales. La tromba comenzó a las 20.45 y duró solo veinte minutos pero durante este corto tiempo se produjeron muchos daños: árboles caídos, pájaros muertos, tráfico cortado, vehículos destrozados, edificios inundados y semáforos rotos. Afortunadamente nadie resultó herido. La Guardia Civil, la policía nacional y local y los bomberos trabajaron toda la noche para ayudar a los vecinos afectados. Otra ciudad afectada por el tiempo ha sido Madrid. La intensidad de las lluvias provocó alrededor de doscientas sesenta y seis llamadas de emergencia. Las tormentas persistirán hoy en el centro y en el noreste del país.

(a) Where is Cáceres situated?

(b) What happened there last night? (Give **full** details.)

(c) Give **three** examples of damage caused.

    (i)

    (ii)

    (iii)

(d) What happened in Madrid as a result of the heavy rain?

(e) What is said in the last line of the text about the weather today?

Part One: Reading Comprehension

18. Answer the following questions in **English**.

Rescatados 18 Inmigrantes en Almería

La Guardia Civil y efectivos de Salvamento Marítimo han rescatado esta madrugada a dieciocho inmigrantes tunecinos de una patera cerca de la costa de Almería. La patera, con dieciocho personas a bordo, fue interceptada alrededor de las 5.00 horas del sábado y los inmigrantes fueron traslados al Puerto de Almería. Cuando desembarcaron en el puerto pesquero de la capital almeriense, se encontraron mayoritariamente en buen estado de salud y tan sólo uno de ellos necesitó ser trasladado al hospital. Los inmigrantes fueron atendidos por efectivos de la Cruz Roja que les dieron mantas, ropa seca, calzado, agua y bebidas calientes.

(a) When and where did this rescue operation take place?

When: _____ **Where:** _____

(b) Who was on board? (Give **full** details.)

_____

(c) Where were they brought?

_____

(d) How many needed to go to hospital?

_____

(e) What did the Red Cross give them? (Give **full** details.)

_____

¿Practicamos?

19. Answer the following questions in **English**.

Más Incendios en Valencia

Varias familias han sido evacuadas esta madrugada a causa de tres incendios forestales en las localidades de Agullent y Ontinyet en el sur de Valencia. Anoche, alrededor de las 22.30 horas, un vecino de la zona alertó al 112 y en seguida el ejército y un numeroso contingente de bomberos fueron enviados al lugar para sofocar los incendios. Los tres incendios siguen activos y esta mañana varios helicópteros y aviones se han incorporado a las labores de extinción. Por el momento no es posible determinar las dimensiones exactas de los incendios por la falta de visibilidad. El trabajo de los servicios de emergencia y el humo provocado por el incendio han obligado a cortar dos carreteras de la zona.

(a) What has happened as a result of three forest fires?

(b) Where **exactly** are these forest fires?

(c) Who alerted the authorities?

(d) Who is helping to extinguish the fire? (Give **three** details.)

(e) Why is it difficult to know the exact size of the fire at this stage?

(f) Why have two roads in the area had to be closed?

Part One: Reading Comprehension

20. Answer the following questions in **English**.

San Fermín

La gran fiesta de San Fermín se celebra en Pamplona en honor al patrón de Navarra, San Fermín, cada julio durante siete días. Una de las actividades más conocidas internacionalmente es el encierro, una carrera en la que la gente corre delante de los toros por las calles de la ciudad hasta llegar a la plaza de toros. Los encierros tienen lugar a las ocho cada mañana, entre el siete y el catorce de julio y suelen durar dos o tres minutos. Los corredores se visten con ropa blanca, con pañuelos rojos y zapatillas deportivas. La participación de menores de edad o personas bajo los efectos del alcohol está totalmente prohibida.

(a) When does the festival of San Fermín take place in Pamplona?

_____

(b) What is 'el encierro'?

_____

(c) At what time and on what dates does it take place?

_____

(d) Mention **two** items of clothing worn.

(i) _____ (ii) _____

(e) Who is prohibited from taking part? (Give **two** details.)

_____

¿Practicamos?

21. Answer the following questions in **English**.

EN UN RESTAURANTE

Mercedes y Rosa están sentadas en un restaurante.

Mercedes: Ay, Rosa, tengo mucha hambre. No he comido mucho esta mañana, sólo una manzana.

Rosa: Tengo hambre también pero no voy a comer mucho porque es el cumpleaños de mi hermano Joaquín y mi madre va a preparar una cena deliciosa de pollo y no quiero quedarme sin apetito.

El camarero llega:

Camarero: Buenos días, ¿qué vais a tomar?

Mercedes: De primer plato, voy a tomar una ensalada de atún, y después, una tortilla de patatas.

Rosa: Y para mi, un bocadillo de jamón y queso y una ración de patatas fritas, por favor.

Camarero: Muy bien, señoritas, ¿Y para beber?

Rosa: Un refresco de naranja con hielo, por favor.

Mercedes: Y un agua mineral sin gas. Gracias.

Media hora después, las chicas se lo han comido todo y Mercedes llama al camarero.

Camarero: Señoritas, ¿queréis algo más?

Rosa: No gracias. Estaba delicioso. ¿Puede traernos la cuenta, por favor?

Camarero: Claro, vuelvo en seguida.

(a) Why is Mercedes hungry?

(b) Why does Rosa not want to eat a lot now? (Give **full** details.)

(c) What **two** things does Mercedes order?

   (i)

   (ii)

(d) What **two** things does Rosa order?

   (i)

   (ii)

(e) What **two** drinks do they order?

   (i)

   (ii)

Part One: Reading Comprehension

22. Answer the following questions in **English**.

BUSCANDO LA COMISARÍA

Pablo: Buenos Días, Señora, ¿puede ayudarme, por favor?

Señora: Claro, hijo. ¿Cuál es el problema?

Pablo: Necesito encontrar la comisaría. ¿Sabe usted dónde está?

Señora: Sí, no está lejos de aquí. Tienes que subir la calle hasta los semáforos y toma la segunda calle a la derecha y la comisaría está allí, al lado del supermercado.

Pablo: Gracias, Señora. Es que he perdido mi chaqueta y no sé qué hacer. Es muy importante que la encuentre.

Señora: ¿Y dónde estabas cuando la perdiste?

Pablo: Pasé unas horas en una hamburguesería esta tarde con mis amigos. Creo que alguien la robó mientras estaba allí. Vi a un hombre sospechoso que estaba sentado al lado nuestro.

Señora: ¿Podrías describir este hombre a la policía?

Pablo: Sí, era un hombre alto, de unos cuarenta años. Era calvo y llevaba un jersey negro con vaqueros y gafas de sol. Tengo que encontrar la chaqueta porque el móvil de mi hermana estaba en uno de los bolsillos. Antes de salir, no pude encontrar mi móvil, entonces mi hermana me dejó su nuevo móvil y va a enfadarse si vuelvo a casa sin él.

Señora: No te preocupes, te acompañaré a la comisaría para denunciar el robo.

Pablo: Muchas gracias, Señora.

(a) What place is Pablo looking for?

(b) What directions does the lady give him? (Mention **three** details.)

(c) What has Pablo lost?

(d) What description does Pablo give of the man in the restaurant? (Give **full** details.)

(e) What does the lady offer to do?

¿Practicamos?

23. Answer the following questions in **English**.

HABLANDO DE LAS VACACIONES

Flora: Estoy muy contenta de verte, ¿cómo pasaste las vacaciones?

Álvaro: Bien, Flora, gracias. Fui a un pueblo pequeño en las montañas cerca de Girona. Pasé seis semanas allí con mi familia. Lo pasamos fenomenal, ¿y tú, qué hiciste?

Flora: Pasé todo el verano aquí en Madrid porque mi padre tenía que trabajar. ¡Qué calor hizo! Fue insoportable y fue casi imposible pasear por las calles.

Álvaro: ¡Pobre Flora! En las montañas, hacía un tiempo muy agradable con unas brisas muy frescas. Pasé mucho tiempo en la piscina jugando con mis primos pequeños.

Flora: ¡Qué suerte! ¿Es verdad que vas cada año a este pueblo?

Álvaro: Sí, mi madre nació allí y le gusta volver cada año al pueblo para visitar a sus parientes y escapar del calor de la ciudad. También dice que los precios allí son buenos, es mucho más barato que en Madrid.

Flora: ¿Y te llevas bien con tus primos?

Álvaro: Sí, son menores que yo. Clara tiene nueve años e Ignacio tiene tres años. Como mi tía trabajó todos los días, tuve que cuidarles.

Flora: ¿Cuándo volviste?

Álvaro: Anoche. Estoy muy triste porque las vacaciones se han terminado. No quiero volver al colegio.

Flora: Tienes razón, Álvaro. Vuelta a los deberes, a los exámenes, a las reglas. ¡Qué rollo!

(a) Where did Álvaro go on his holidays? (Give **full** details.)

_____

(b) Why did Flora spend the summer in Madrid?

_____

(c) Why does Álvaro's mother like to go to the same place every year? (Mention **two** details.)

_____

(d) Mention **two** things Álvaro says about his cousins.

(i) _____

(ii) _____

(e) Why is Álvaro sad?

_____

Part One: Reading Comprehension

24. Answer the following questions in **English**.

HABLANDO DE LAS COMPRAS

Alejandro: Buenos días, Papá. ¿Qué tal estás hoy?

Padre: Alejandro, estás de muy buen humor hoy, ¿verdad?

Alejandro: Claro, hoy es el cumpleaños de Gonzalo y vamos a celebrarlo esta noche.

Padre: ¿Qué vais a hacer?

Alejandro: Primero, vamos a cenar con su familia a un restaurante chino. Como ya sabes, a Gonzalo, le encanta la comida china. Después, vamos a la discoteca cerca del polideportivo. ¡Vamos a pasarlo fenomenal!

Padre: ¿Has comprado un regalo para Gonzalo?

Alejandro: Todavía no, me gustaría comprarle una camiseta oficial del Valencia CF. ¿Qué te parece?

Padre: Es una buena idea, Alejandro. Tengo que ir al Corte Inglés para hacer la compra. Tus tíos van a cenar con nosotros mañana y quiero preparar una buena paella. Así que necesito comprar los ingredientes. ¿Quieres acompañarme? Podemos comprar la camiseta para Gonzalo allí.

Alejandro: Sí, perfecto. Yo también necesito comprar algunas cosas para la vuelta al colegio la semana próxima, como una mochila, un estuche y unos bolígrafos.

Padre: Bueno, podemos comprarlo todo. Voy a ducharme y estaré listo dentro de quince minutos.

Alejandro: Estupendo.

(a) Why is Alejandro in good form today?

(b) What does Alejandro want to buy for Gonzalo?

(c) Who is coming to have dinner with Alejandro and his family tomorrow?

(d) Name **two** things that Alejandro needs for going back to school.

   (i)

   (ii)

(e) What is Alejandro's father going to do before they leave?

¿Practicamos?

25. Answer the following questions in **English**.

EN LA ESTACIÓN DE TRENES

Sergio: Buenos Días, Señora, quisiera un billete para Málaga, por favor.

Señora: Muy bien, Señor, ¿para cuándo?

Sergio: Lo antes posible porque mi abuelo está enfermo y quiero visitarle en el hospital. ¿Hay un tren esta tarde?

Señora: Un momento. Sí, hay dos trenes para Málaga esta tarde, uno a las dos menos diez y otro a las cuatro y media.

Sergio: Bueno, deme un billete de ida y vuelta para el tren de las dos menos diez, por favor.

Señora: ¿Cuándo le gustaría volver?

Sergio: El viernes, preferiblemente por la mañana.

Señora: Hay un tren que sale a las nueve menos veinte de la mañana el viernes. ¿Está bien?

Sergio: Perfecto. ¿Cuánto cuesta el billete?

Señora: Cincuenta y siete euros en total.

Sergio: Aquí tiene, gracias.

Señora: Tiene que darse con prisa porque el tren va a efectuar su salida dentro de quince minutos.

Sergio: Me voy, necesito comprar unas cosas para el viaje: un periódico, un bocadillo y un refresco. Adiós, Señora.

(a) Why does Sergio want to go to Malaga?

_____

(b) What time are the **two** trains this afternoon?

(i) _____ (ii) _____

(c) When does Sergio want to return from Malaga?

_____

(d) When is the train leaving?

_____

(e) What does Sergio need to buy for the journey? (Give **full** details.)

_____

Part One: Reading Comprehension

26. Answer the following questions in **English**.

EN EL COLEGIO

Arturo: Buenos días, Marga. ¿Qué tal estás?

Marga: Bien, Arturo, gracias pero tengo mucha hambre.

Arturo: ¿No has desayunado esta mañana?

Marga: No, no tuve tiempo de desayunar porque me levanté muy tarde.

Arturo: ¿Sabes que el desayuno es la comida más importante del día? Necesitas comer algo antes de salir de casa para prepararte para el día. Siempre desayuno bien y esta mañana tomé un huevo duro con una tostada y un vaso de zumo de piña.

Marga: Tienes razón, Arturo, y suelo desayunar cada mañana. Es que anoche pasé tres horas estudiando para mi examen de geografía, por eso hoy estoy muy cansada.

Arturo: Bueno, son las ocho y media y las clases no empiezan hasta las nueve y diez. Vámonos a la cantina y te compraré un bocadillo de jamón y algo de fruta para darte energía para tu examen.

Marga: Buena idea, Arturo, gracias.

(a) Why did Marga not have time for breakfast this morning?

(b) What did Arturo have for breakfast this morning? (Give **full** details.)

(c) What did Marga do last night?

(d) What time is it now?

(e) What does Arturo suggest they do? (Give **full** details.)

¿Practicamos?

27. Answer the following questions in **English**.

HABLANDO DEL FIN DE SEMANA

Ignacio: Hola, Fernando, ¿qué tal el fin de semana?

Fernando: Un poco aburrido, tuve que pasarlo con mi abuela porque mis padres estaban en Londres para la boda de mi prima.

Ignacio: ¿Y no te llevas bien con tu abuela?

Fernando: Si, me llevo súper bien con ella pero vive en un pueblo muy pequeño en las montañas y no hay mucha gente de mi edad por allí y por eso, no conozco a nadie. Y tú, ¿cómo pasaste el fin de semana?

Ignacio: ¡Lo pasé fenomenal! Fue mi cumpleaños y mi madre organizó una fiesta sorpresa para mí. Todos mis amigos vinieron a mi casa el sábado por la tarde para celebrarlo conmigo.

Fernando: ¡Que suerte tienes! ¿Recibiste muchos regalos?

Ignacio: Sí, recibí un montón de regalos. Lo que más me gustó fue la chaqueta que me dio mi novia. Es negra con una capucha y está muy de moda. También recibí un reloj, unas camisetas y dinero.

Fernando: Ah, tienes dinero, ¿quieres comprarme un café?

Ignacio: Claro, amigo, vámonos al café.

(a) Where were Fernando's parents last weekend? (Give **full** details.)

___

(b) Where does his granny live?

___

(c) Give **two** details about Ignacio's party.

  (i) ___

  (ii) ___

(d) Describe the jacket that Ignacio got from his girlfriend. (Give **full** details.)

___

(e) What does Fernando ask Ignacio?

___

Part One: Reading Comprehension

28. Answer the following questions in **English**.

ANA NO SE ENCUENTRA BIEN

Pedro: Hola Ana, ¿qué tal estás?

Ana: Fatal. No me encuentro bien. Tengo dolor de cabeza y tengo fiebre también.

Pedro: ¿Por qué no estás en la cama?

Ana: Es que tengo un examen de historia esta tarde y mi madre dice que tengo que hacerlo. Después, tengo una cita con el médico a las cinco y media.

Pedro: ¡Pobre Ana! Me gusta mucho la historia, es mi asignatura favorita. ¿Te gusta la historia?

Ana: Si, la encuentro fácil y mi profesor es superbueno. Lo que menos me gusta del colegio es el francés. No entiendo nada y mi profesor es muy estricto y nos da muchos deberes cada día. ¡Qué pena!

Pedro: Bueno, tengo que irme. He quedado con mi madre en el restaurante italiano que está al lado del cine. Buena suerte en el examen.

Ana: Gracias, Pedro, hasta luego.

(a) How is Ana feeling? (Give **two** details.)

_____

(b) Why could she not stay in bed?

_____

(c) What time is her appointment with the doctor?

_____

(d) Mention **two** reasons why Ana doesn't like French.

  (i) _____

  (ii) _____

(e) Where is Pedro going now?

_____

¿Practicamos?

29. Answer the following questions in **English**.

Buenos Aires

Buenos Aires es la capital de la República Argentina, un país de América del Sur. La ciudad de Buenos Aires está situada en la costa del río de la Plata, el río más ancho del mundo. Tiene una población de unos tres millones de habitantes y la lengua del país es el español. Buenos Aires tiene mucho que ofrecer a los visitantes y según una encuesta reciente es una de las ciudades preferidas por los turistas.

Es una ciudad llena de vida y hay mucho que ver y que hacer. Las librerías de Buenos Aires son conocidas en todo el mundo y la ciudad cuenta con muchos teatros y galerías de arte. Vale la pena visitar la Plaza de Mayo, una plaza histórica en el centro y el Cabildo, un monumento famoso en el corazón del casco histórico. Es un lugar ideal para ir unos días de vacaciones con los niños porque allí no pueden aburrirse. Se recomienda llevarles al Museo de los Niños, un museo interactivo que combina el aprendizaje con la diversión. También para los más pequeños, hay granjas educativas, el zoo, un parque temático y el oceanario Mundo Marino.

El clima de Buenos Aires es templado, nunca hace mucho frío pero el mes más frío es julio. Para disfrutar de un tiempo agradable, es buena idea dirigirse a uno de sus numerosos parques o espacios verdes donde se puede dar un paseo, montar en bicicleta, ir de picnic o alquilar un bote con pedales en uno de los lagos.

Es muy fácil explorar la ciudad a pie. Hay muchas calles peatonales y para los que les gusta ir de compras, destaca la calle Florida con un gran número de tiendas de moda, joyerías, perfumerías y zapaterías. Si te gusta bailar, el mejor tiempo del año para visitar la ciudad es febrero, cuando El Festival de Tango tiene lugar.

(a) Where is Buenos Aires situated?

(b) What is the population of the city?

(c) What was revealed about Buenos Aires in a recent survey?

Part One: Reading Comprehension

(d) What are (i) the Plaza de Mayo and (ii) el Cabildo?

(i) _____

(ii) _____

(e) Why is it an ideal place for holidays with children? (Give **full** details.)

_____

(f) What is the climate of Buenos Aires like?

_____

(g) Name **three** things that you can do in the parks and the green areas of the city.

(i) _____

(ii) _____

(iii) _____

(h) What kind of shops can you find on Calle Florida? (Give **full** details.)

_____

¿Practicamos?

30. Answer the following questions in **English**.

Chile

La República de Chile, un país con un área de 756.950 kilómetros cuadrados, está situada en el extremo suroeste de América del Sur. La capital del país es la ciudad de Santiago de Chile. El castellano es el idioma oficial y el peso chileno es la unidad monetaria que se utiliza. Chile tiene una población de más de quince millones y casi el ochenta por ciento de ellos practican la religión católica. El país de Chile tiene fronteras al norte con Perú, al este con Bolivia y Argentina y al oeste con el Océano Pacífico. La Cordillera de los Andes, una cadena montañosa, bordea el país de norte a sur.

Chile es un país estrecho y largo (4.270 kilómetros de longitud) y tiene muchos climas extremos. El clima cambia en las diferentes partes del país. En el norte, donde se encuentra el desierto de Atacama, es muy seco y en la zona lluviosa del sur hay una media de 360 días de lluvia anuales. La zona central tiene un clima mediterráneo. La gastronomía es tan diversa como el clima. La cocina tradicional es muy variada, una mezcla verdadera de culturas e influencias, dependiendo de la zona. Como Chile tiene una costa de ocho mil kilómetros, no hace falta decir que en todas las zonas el pescado es un plato importante.

Chile es rico en recursos naturales como el carbón, el cobre, el hierro, la plata y el oro. El sector agrícola produce y exporta entre otros, madera, pesca, uvas, manzanas, ajo, cebollas y vino. Desafortunadamente Chile es más conocido por sus volcanes y terremotos. A lo largo de su historia miles de personas han muerto y muchos daños han sido causados por desastres naturales. En febrero de este año un terremoto de 8.8 en la escala de Richter devastó el centro de Chile matando a quinientas personas.

(a) Where is Chile situated?

_____

(b) What is the population of Chile?

_____

(c) Name **three** countries Chile has borders with.

    (i) _____

    (ii) _____

    (iii) _____

Part One: Reading Comprehension

(d) What is the Cordillera de los Andes?
_____

(e) What is the climate like in the north of the country?
_____

(f) What is said about the climate in the south of the country?
_____

(g) Why is fish an important dish in Chile?
_____

(h) Name **three** natural resources mentioned.

   (i) _____

   (ii) _____

   (iii) _____

(i) What happened in February of this year? (Give **full** details.)
_____

¿Practicamos?

31. Answer the following questions in **English**.

Andalucía

Andalucía es una comunidad autónoma española, situada al sur de la Península Ibérica. Su capital es la magnífica ciudad de Sevilla, con una población de más de setecientos mil habitantes. Andalucía es el lugar ideal para las vacaciones. Debido a su situación geográfica, Andalucía goza de un clima mediterráneo con más de trescientos días de sol al año. El buen tiempo y los ochocientos kilómetros de costa en Andalucía atraen cada año a miles de turistas que quieren pasar sus vacaciones al aire libre, en la playa, nadando y tomando el sol. Pero Andalucía puede ofrecer mucho más que el sol, las maravillosas playas y el clima perfecto. Es un paraíso para los aficionados al deporte. En este rincón de España, se puede practicar de todo: el golf, la vela, el buceo, el esquí acuático, el paracaidismo y muchos deportes más.

Andalucía tiene fama por su gastronomía y la cocina andaluza es muy rica y variada. A los turistas, les gusta probar el jamón serrano, el gazpacho, el pescado frito y las aceitunas. Hay restaurantes de alta calidad en cada pueblo y ciudad de Andalucía y están entre los más baratos de Europa.

La gente andaluza es muy simpática y acogedora. A todo el mundo le gusta mucho divertirse. Es una región de fiestas y no hay que perderse la Feria de Málaga, una fiesta que tiene lugar cada año en agosto y suele durar más de una semana. Es una experiencia inolvidable, la ciudad está llena de gente y el ambiente es eléctrico. En el centro histórico se puede ver el baile y el cante flamenco. También, durante la fiesta hay conciertos, fuegos artificiales y corridas de toros.

(a) Where is Andalucía situated?

_____

(b) What is the population of Seville?

_____

(c) How many days of sun are there each year in this region?

_____

Part One: Reading Comprehension

(d) What **two** things attract tourists to Andalucia?

(i) _____

(ii) _____

(e) Name **four** sports mentioned.

(i) _____

(ii) _____

(iii) _____

(iv) _____

(f) Name **three** things that tourists like to taste when they are in Andalucia.

(i) _____

(ii) _____

(iii) _____

(g) Give **two** pieces of information about the Feria de Malaga.

(i) _____

(ii) _____

(h) Mention **four** things that take place in the city at this time.

(i) _____

(ii) _____

(iii) _____

(iv) _____

¿Practicamos?

32. Answer the following questions in **English**.

Sevilla

Sevilla, situada en la comunidad andaluza de España, es una ciudad de turismo. La Feria de Abril, que tiene lugar cada año en abril, atrae a un gran número de visitantes nacionales e internacionales. Durante la feria, es casi imposible encontrar un hotel. Hay que reservarlo con años de antelación.

Tapear es una costumbre típica de Sevilla. Las tapas son pequeñas porciones frías o calientes de comida, normalmente acompañadas con bebidas. Entre las tapas más populares de Sevilla están las aceitunas, las gambas, las espinacas, la merluza y los caracoles. Gracias al buen clima, se puede comer fuera.

El mejor tiempo del año para visitar Sevilla es durante la Semana Santa para ver las procesiones religiosas por la ciudad. También, hace muy buen tiempo en este período, en contraste con el verano cuando hace demasiado calor. No dejes de visitar la catedral gótica de Sevilla que se construyó en el siglo XII y es la más grande de Europa. Sevilla cuenta con magníficas plazas, entre ellas La Plaza de España que está situada en el parque María Luisa.

Claro que, unas vacaciones no deben terminarse sin pasar una tarde en un espectáculo flamenco o hacer una visita al museo de baile flamenco, situado en pleno centro de la ciudad.

(a) What attracts a lot of national and international visitors to Seville every year?

(b) What is said about finding a hotel? (Give **full** details.)

(c) What are tapas?

(d) Name **four** of the most popular tapas in Seville.

    (i) _____ (ii) _____

    (iii) _____ (iv) _____

(e) When is the best time to visit Seville? Mention **two** reasons why.

    (i) _____

    (ii) _____

(f) Give **one** piece of information about the cathedral in Seville.

(g) What kind of museum is situated in the city centre?

Part Two: Written Expression

SECTION 1: Todo Sobre Mí

Me llamo Rafael. Tengo quince años y mi cumpleaños es el 6 de marzo. Nací en el año mil novecientos noventa y seis. Soy bastante alto y un poco gordito. Tengo el pelo rubio y rizado y los ojos azules. Mis amigos me dicen que soy simpático y siempre estoy de buen humor. Me gusta mucho el colegio y soy muy trabajador. Suelo sacar buenas notas en mis exámenes. No soy deportista. Prefiero ir al cine o ver la televisión. También, toco la guitarra.

Me llamo María y tengo catorce años. Mi cumpleaños es el 23 de noviembre y cada año recibo muchos regalos de mi familia y de mis amigos. Soy pequeña y delgada con el pelo moreno y los ojos verdes. Mi madre me dice que soy muy guapa y me gusta mucho ir a la moda. Soy muy deportista y juego al baloncesto dos veces por semana. Soy un poco tímida pero tengo muchos amigos. No me gusta el colegio porque es muy aburrido.

Me llamo Sol y soy española. Tengo dieciséis años y mi cumpleaños es el 9 de diciembre. Me encanta mi cumpleaños porque recibo muchos regalos. Suelo celebrar mi cumpleaños con mi familia. No soy alta pero soy bastante delgada. Tengo el pelo rubio y largo y los ojos marrones. Soy muy habladora y me gusta mucho charlar por el móvil con mis amigas. Soy bastante perezosa y no me gustan los deportes. Me gusta mucho el colegio pero claro, detesto los exámenes y los deberes.

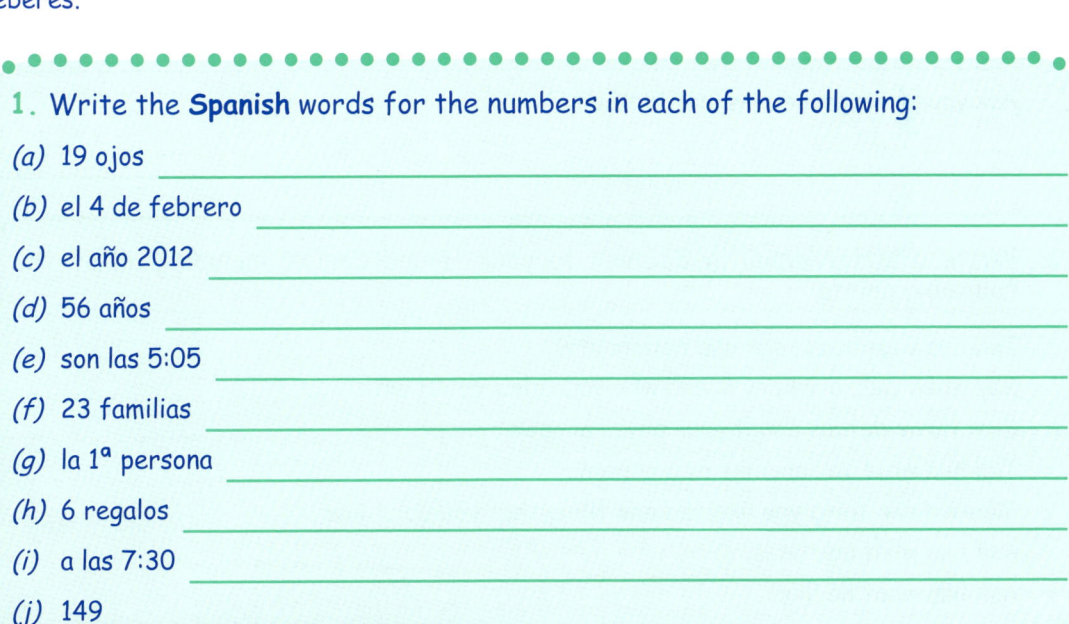

1. Write the **Spanish** words for the numbers in each of the following:

    (a) 19 ojos _____
    (b) el 4 de febrero _____
    (c) el año 2012 _____
    (d) 56 años _____
    (e) son las 5:05 _____
    (f) 23 familias _____
    (g) la 1ª persona _____
    (h) 6 regalos _____
    (i) a las 7:30 _____
    (j) 149 _____

¿Practicamos?

2. Write what you would say in **Spanish** in each of the following cases:

(a) Say that your name is John and that you are Irish.

(b) Say that you are very tall and quite thin.

(c) Say that your birthday is on 17 July.

(d) Say that you have blond hair and blue eyes.

(e) Ask your friend what he/she is like.

(f) Say that you are 15 years old.

(g) Say that you are small and you have short hair.

(h) Say that you are very nice and that you have a lot of friends.

(i) Say that you are quite hardworking and very sporty.

(j) Ask your friend when his/her birthday is.

3. Write a letter/email in **Spanish** to your friend Carlos, including all of the following points:

- Tell him your name, age and nationality.
- Say when your birthday is and who you celebrate it with.
- Give **three** details about your physical appearance.
- Tell him what you are like as a person.
- Mention **one** thing you like and **one** thing that you don't like.
- Ask him what age he is.
- Ask him what he likes.

SECTION 2: Mi Familia y Mis Amigos

Me llamo Mónica y vivo en Salamanca con mi familia. En mi familia hay cinco personas: mi madre, mi padre, mis dos hermanos y yo. Soy mayor que mis hermanos. Ellos tienen ocho y seis años. Me llevo muy bien con mi madre porque es muy simpática. Mi padre se llama Iván y tiene cincuenta y dos años, es alto y delgado y muy trabajador. A mis padres, les gusta mucho escuchar la música. Tengo mucha suerte porque tengo un montón de amigos. Mi mejor amiga se llama Pilar y es súper simpática. Paso mucho tiempo con ella, sobre todo durante los fines de semana. Nos gusta mucho ir de compras. A veces, paso la noche en su casa.

Me llamo Alejandro y soy hijo único. Vivo con mi padre en Granada y nos llevamos muy bien. Mi padre, Manuel, tiene cuarenta y seis años y su cumpleaños es el dos de mayo. El día de su cumpleaños, normalmente vamos a un restaurante chino. A mi padre, le encanta la comida china. Mi padre es bastante alto y tiene el pelo rizado. Es muy deportista, como yo, y cada fin de semana vamos al parque a jugar al fútbol con mis primos. Tengo muchos primos y me llevo bien con ellos. Mi mejor amigo se llama José y es fantástico. Pasamos mucho tiempo juntos. A José, le gustan mucho los animales y en el futuro le gustaría ser veterinario. Tengo una novia muy guapa que se llama Marisol. Lo malo es que vive en Málaga y no nos vemos mucho pero cada día hablo con ella por el ordenador.

Me llamo Pablo y vivo en Bilbao. Hay cuatro personas en familia: mi padre, mi madre, mi hermana y yo. No me llevo bien con mi familia porque mis padres son muy estrictos. Mi hermana es menor que yo y es antipática y tonta. Por suerte, me llevo bien con mi abuela que vive muy cerca. Mi abuela se llama Beatriz y es bastante pequeña. Tiene setenta y dos años. Es muy simpática y no es severa. Voy a la casa de mi abuela dos o tres veces por semana. En el colegio, tengo muchos amigos. Mis mejores amigos se llaman Raúl y Elena. Son muy divertidos y me encanta pasar mi tiempo libre con ellos. Cada fin de semana, vamos al cine o a la piscina. Nos lo pasamos muy bien.

¿Practicamos?

1. Write the **Spanish** words for the numbers in each of the following:

   (a) 91 compañeros _____

   (b) son las 11:55 am _____

   (c) 600 chicas _____

   (d) el 11 de octubre _____

   (e) la 3ª vez _____

   (f) el año 2002 _____

   (g) 100 amigos _____

   (h) 3 hermanos _____

   (i) 22 chicos _____

   (j) 17 primos _____

2. Write what you would say in **Spanish** in each of the following cases:

   (a) Say that there are six people in your family.

   _____

   (b) Say that your sister is small and pretty.

   _____

   (c) Say that your father is 45 and that he has dark hair.

   _____

   (d) Ask your friend how many people there are in his/her family.

   _____

   (e) Say that you get on very well with your sister.

   _____

   (f) Say that your best friend is called Anthony and that he is 17.

   _____

Part Two: Written Expression

g) Say that you have three brothers and no sisters.

_____

h) Say that your brothers are small and fat.

_____

i) Ask your friend what age his mother is.

_____

j) Say that you have lots of friends.

_____

3. Write a letter/email in **Spanish** to your friend Julia, including all of the following points:

- Tell her how many people are in your family.
- Describe **two** people in detail. Talk about their looks and personality.
- Say how you get on with one member of your family.
- Tell her all about your best friend and mention something you do together.
- Ask her how many people are in her family.
- Ask her does she have a lot of friends.
- Ask her what her best friend is called.

SECTION 3: Mi Casa

Hola, me llamo Michael y vivo en un piso en el centro de Waterford. El piso está situado en la tercera planta pero por suerte, hay ascensor. El piso es bastante pequeño: hay un salón, una cocina, un cuarto de baño, el dormitorio de mi madre y mi dormitorio. Por desgracia, tengo que compartir mi dormitorio con mi hermano menor, ¡qué fastidio! Mi hermano es muy desordenado y deja sus cosas por todas partes. Sin duda, mi habitación preferida es el salón porque me encanta ver la televisión y mi programa favorito es 'Operación Triunfo'. También, tenemos una pequeña terraza donde guardo mi bicicleta. Me gustaría tener un jardín pero cuando quiero estar al aire libre, voy al parque que está situado muy cerca de mi casa.

Hola, me llamo Aisling y vivo en un pueblo en el campo en el sur de Irlanda. Me encanta vivir en el campo porque es muy tranquilo. Mi pueblo se llama Glandore y está situado a unos setenta kilómetros de la ciudad de Cork. Mi casa es bastante grande y hay un enorme jardín donde paso mucho tiempo, sobre todo en el verano. Abajo, hay un salón, un comedor, una cocina, una habitación de juegos, un despacho, un cuarto de baño y un lavadero. Toda la familia pasa mucho tiempo en la cocina jugando, charlando o comiendo. Mi madre cocina súper bien y su especialidad es el estofado irlandés. Arriba, hay cinco dormitorios: el dormitorio de mis padres, el dormitorio de mis hermanos, el dormitorio de mi hermana, el cuarto de huéspedes y claro, mi dormitorio. Me gusta mucho mi dormitorio porque es muy grande y desde la ventana, se puede ver la playa. Mi color favorito es el rosa y hay muchas cosas rosas en mi dormitorio: la alfombra, las cortinas, las lámparas y las mantas de mi cama.

Hola, me llamo Lauren y vivo en una casa en las afueras de Dublín. Mi casa es bastante pequeña y tiene dos plantas. Tengo mucha suerte porque mi casa está situada muy cerca del centro, a unos dos kilómetros y como me encanta ir de compras, voy muy a menudo al centro. En mi casa hay un salón, un comedor, una cocina, un cuarto de baño y dos dormitorios. No tengo que compartir mi dormitorio porque soy hija única. Mi habitación preferida es la cocina porque es muy cómoda y hace mucho calor, sobre todo en invierno. Paso mucho tiempo en la cocina y suelo hacer mis deberes allí. No me gusta mi dormitorio porque es pequeñito y detesto el color de las paredes. Lo bueno de mi dormitorio es que hay dos camas y de vez en cuando mi mejor amiga pasa la noche en mi casa.

Part Two: Written Expression

1. Write the **Spanish** words for the numbers in each of the following:

(a) 7 dormitorios _____

(b) 52 casas _____

(c) 1 aseo _____

(d) la 2ª planta _____

(e) son las 3:20 _____

(f) el 13 de abril _____

(g) 3 cuartos de baño _____

(h) 39 camas _____

(i) el año 2013 _____

(j) 24 pisos _____

2. Write what you would say in **Spanish** in each of the following cases:

(a) Say that you live in a big house in the suburbs of the city.

_____

(b) Say your house is situated in the countryside.

_____

(c) Say that you love your house because it's comfortable.

_____

(d) Say that your favourite room is the kitchen because you love eating.

_____

(e) Say that your bedroom is on the second floor.

_____

¿Practicamos?

(f) Say that there is a small garden behind your house.

(g) Say that you live in a flat in the city centre.

(h) Ask your friend what his/her house is like.

(i) Say that in your bedroom there is a bed, a wardrobe and a television.

(j) Say that your house is situated very near your school.

3. Write a letter/email in **Spanish** to your friend Felipe, including all of the following points:

- Thank him for his letter.
- Tell him where your house/flat is situated.
- Say what rooms there are upstairs and downstairs.
- Say what your favourite room is and explain why.
- Mention whether or not you have a garden.
- Tell him **two** details about your bedroom.
- Ask him where his house is situated.
- Ask him what his favourite room is.

SECTION 4: Mi Barrio

Hola, me llamo Jaime y vivo en un apartamento en una ciudad grande en el norte de España. Me gusta mucho mi barrio porque es bastante limpio y no es peligroso. En la calle donde vivo hay veinticinco casas y todos mis vecinos son muy simpáticos. Mi mejor amigo, Esteban, vive en la misma calle y lo veo cada día. En mi barrio, hay muchas instalaciones para los jóvenes: una piscina, un polideportivo y un cine. También, hay un parque grande donde paso mucho de mi tiempo libre jugando al baloncesto con mis amigos. También hay muchas tiendas, por ejemplo, una carnicería, una panadería y una verdulería. Me gusta vivir en la ciudad porque siempre hay cosas que hacer. Creo que la vida en el campo es un poco aburrida.

Soy Maribel y vivo en una casa bastante grande en un pueblo en el sur de España. El pueblo se llama Cómpeta y casi cuatro mil habitantes viven allí. La ciudad más cercana es Málaga. Me encanta mi pueblo porque tengo un montón de amigos y todo el mundo se lleva muy bien. Durante el verano, muchos turistas vienen a Cómpeta y me encanta practicar mi inglés con los irlandeses, los ingleses y los americanos. A veces, lo encuentro un poco aburrido sobre todo durante el invierno pero una vez al mes voy a Málaga para ir de compras y suelo pasar la noche en la casa de mis tíos. Lo malo de Cómpeta es que no hay muchas tiendas y como me gusta ir siempre a la última moda, me encantan las tiendas de moda y los centros comerciales de Málaga.

Me llamo Juan y vivo en una granja en el campo en el noreste de España. Mi padre es granjero y tiene muchas vacas y ovejas. Me encanta la vida en el campo porque es muy sana y tranquila y también porque no hay tráfico. Lo mejor de todo es que paso mucho tiempo al aire libre, ayudando a mi padre. Por desgracia, mis amigos no viven cerca pero no me importa porque me llevo muy bien con mis hermanos y paso mucho tiempo con ellos. No me gustaría vivir en la ciudad porque es ruidosa y sucia.

¿Practicamos?

1. Write the **Spanish** words for the numbers in each of the following:

   (a) 36 tiendas _____

   (b) 900 casas _____

   (c) el 1 de enero _____

   (d) la 3ª calle _____

   (e) son las 7:50 pm _____

   (f) el año 1989 _____

   (g) 9 colegios _____

   (h) 26 pueblos _____

   (i) son las 6:10 _____

   (j) 100 vecinos _____

2. Write what you would say in **Spanish** in each of the following cases:

   (a) Say that your area is situated very near the city centre.

   _____

   (b) Say that you like your area.

   _____

   (c) Say that you live in a quiet area near the beach.

   _____

   (d) Ask your friend what his/her area is like.

   _____

   (e) Say that there are a lot of shops in your area.

   _____

Part Two: Written Expression

(f) Say that you get on well with your neighbours.

_____

(g) Say that there is a lot to do in your area.

_____

(h) Say that you don't like your area because it's boring.

_____

(i) Say that you live in a small town in the countryside in the west of Ireland.

_____

(j) Ask your friend if he/she likes their area.

_____

3. Write a letter/email in **Spanish** to your friend Estella, including all of the following points:

- Tell her **exactly** where you live.
- Say whether or not you like your area and give a reason.
- Mention the shops and facilities in your area.
- Tell her if you would prefer to live in the city or in the countryside.
- Ask her what her area is like.
- Ask her is there a lot to do for young people in her area.

SECTION 5: Mi Tiempo Libre y Mis Pasatiempos

Me llamo Sergio. En mi tiempo libre, me gusta mucho estar al aire libre. Soy muy deportista y paso mucho tiempo jugando al fútbol y al rugby. Juego al rugby con el equipo de mi colegio y nos entrenamos cada lunes y jueves y los sábados jugamos partidos contra otros colegios. También me encanta el tenis y mi deportista preferido es el tenista Rafael Nadal. Paso mucho tiempo viendo el fútbol en la televisión. Me encanta el fútbol español y mi equipo preferido es el Real Madrid. El año pasado, cuando estaba de vacaciones en Madrid, visité el estadio Santiago Bernabéu. También me gusta nadar y voy a la piscina cada domingo con mi padre y mis hermanos. Sin duda, mi pasatiempo favorito es escuchar música. La Navidad pasada, mis padres me regalaron un iPod y me bajo música de Internet. Mi grupo favorito es ECDL, son de Madrid y son fantásticos. No me gusta nada leer porque lo encuentro aburrido.

Me llamo Marta y durante mis ratos libres, me encanta estar con mis amigas. Tengo un montón de amigas y nos llevamos fenomenal. Mi mejor amiga se llama Elena y pasamos mucho tiempo juntas. Elena vive en la misma calle que yo. Cuando hace buen tiempo, nos gusta dar un paseo en el parque o ir a la playa. Durante el invierno, vamos a la bolera o al cine los fines de semana. Suelo ir al cine dos o tres veces al mes. El domingo pasado fui al cine con mi madre y vimos la última película de Brad Pitt. ¡Qué guapo es! Fue una película muy divertida. También, me interesa mucho la moda y me encanta leer revistas de moda. Cuando tengo dinero, me encanta ir de compras. Hay un centro comercial cerca de mi casa y las tiendas son estupendas. A Elena, le gusta jugar al hockey pero yo soy muy perezosa y no me gustan los deportes.

Me llamo Enrique y soy un estudiante serio y muy trabajador. Siempre quiero sacar buenos resultados en mis exámenes. Por eso, paso mucho tiempo haciendo mis deberes y estudiando y no tengo mucho tiempo libre. Mi pasatiempo preferido es leer. Leo revistas, periódicos y novelas. También, me gusta salir con mis amigos los fines de semana. Solemos ir al polideportivo o a la piscina. Cada tarde paso una hora viendo la televisión. Me encantan las telenovelas porque las encuentro muy interesantes. Durante el verano, cuando no tengo que estudiar, para divertirme hago muchas cosas: tomo el sol en la playa, monto a caballo en el campo y hago vela. Mi deporte favorito es la natación.

Part Two: Written Expression

1. Write the **Spanish** words for the numbers in each of the following:

   (a) 84 deportes _____

   (b) 12 piscinas _____

   (c) el 9 de septiembre _____

   (d) son las 9:15 pm _____

   (e) 198 películas _____

   (f) el 4° libro _____

   (g) 1.300 fiestas _____

   (h) 77 videojuegos _____

   (i) el año 1878 _____

   (j) ½ hora _____

2. Write what you would say in **Spanish** in each of the following cases:

   (a) Say that you have lots of hobbies.

   _____

   (b) Say that in your free time you play football.

   _____

   (c) Say you really like swimming because it's fun.

   _____

   (d) Say you hate playing rugby because it's boring.

   _____

   (e) Ask your friend if he/she likes going to the cinema.

   _____

   (f) Say that your favourite hobby is playing basketball.

   _____

   (g) Say that you don't play an instrument but that you love listening to music.

   _____

¿Practicamos?

(h) Say that you love going shopping with your friends at the weekend.

_____

(i) Ask your friend what his/her favourite hobby is.

_____

(j) Say that you spend a lot of your free time reading.

_____

3. Write a letter/email in **Spanish** to your friend Bernardo, including all of the following points:
   - Thank him for his last letter.
   - Mention **three** things that you like to do in your free time.
   - Tell him about **one** sport you like/don't like.
   - Say what you do when the weather is good.
   - Ask him what he likes to do in his free time.
   - Ask him what his favourite sport is.

SECTION 6: Mi Rutina Diaria

Hola, me llamo Clara. Voy a describirte mi rutina diaria. Bueno, durante la semana, tengo que levantarme muy temprano – a eso de las siete. Después de levantarme, me ducho, me visto y me maquillo. Bajo a la cocina donde desayuno con mi padre. Suelo tomar tostada con mermelada y un vaso de zumo. Salgo de casa a las ocho en punto y voy al colegio a pie. A veces, si está lloviendo, cojo el autobús. Llego al colegio a las ocho y media y charlo con mis amigas. Las clases terminan a las tres y media y llego a casa a las cuatro. Hago mis deberes y a las seis cenamos en familia. Después de cenar, tengo que lavar los platos. Suelo estudiar hasta las ocho y después paso un rato viendo la televisión. Durante la semana, estoy cansada y me acuesto a las diez y media. Pero claro, los fines de semana no me acuesto hasta tarde.

Part Two: Written Expression

Hola, me llamo Miguel. ¡Detesto levantarme temprano! Me encantan los fines de semana porque puedo dormir hasta el mediodía. Durante la semana, me levanto a las ocho menos diez. Me lavo y me visto y salgo de casa a las ocho y cuarto. Normalmente no tengo tiempo para el desayuno. Voy al colegio en coche con mi madre y llego a las nueve menos cinco. La primera clase empieza a las nueve. Después del colegio, cojo el autobús y cuando llego a casa me relajo un poco. Cenamos a las siete y después, paso una hora haciendo mis deberes. Suelo ver la televisión, charlar con mi hermana o mandar mensajes de texto a mis amigos. En el invierno, no salgo durante la semana pero durante el verano y la primavera, juego al fútbol dos o tres veces a la semana. Antes de acostarme, paso un rato en el ordenador o leo una revista.

1. Write the **Spanish** words for the numbers in each of the following:

(a) son las 8:15 am _____

(b) 1 taza _____

(c) 17 duchas _____

(d) la 3ª vez _____

(e) 47 zapatos _____

(f) 700 autobuses _____

(g) a las 9:50 _____

(h) 453 alumnos _____

(i) el 19 de febrero _____

(j) 3 huevos _____

2. Write what you would say in **Spanish** in each of the following cases:

(a) Say that you get up at 7:30 every morning during the week.

_____

(b) Say that you usually eat cereal for your breakfast.

_____

(c) Say that you leave the house at 8:20.

_____

¿Practicamos?

(d) Say that you watch television in the evening if you don't have a lot of homework.

(e) Say that you go to bed around 11.

(f) Say that you don't like getting up early.

(g) Ask your friend what time he/she goes to bed at.

(h) Say that you study after dinner.

(i) Say that you sleep until 12 at the weekend.

(j) Say that you usually watch television and do your homework in the evening.

3. Write a letter/email in **Spanish** to your friend Luisa, including all of the following points:

   - Thank her for her last letter, which you received yesterday.
   - Tell her what time you get up at during the week.
   - Tell her **three** things that you do before you leave the house.
   - Say how you get to school and what time you arrive there.
   - Say what time you usually have dinner at.
   - Tell her **three** things that you do every evening.
   - Say what time you go to bed at.
   - Ask her what time she gets up during the week.
   - Ask her what she does in the evening.

SECTION 7: Hablando del Futuro

Me llamo Kellie. Este fin de semana, voy a relajarme porque estoy cansada. El sábado por la mañana voy a dormir hasta tarde. Me levantaré a eso de las once. Después de levantarme, tendré que ayudar en casa: limpiaré mi dormitorio y pasaré la aspiradora en el salón. Si hace buen tiempo, voy a ayudar a mi padre en el jardín. A mi padre, le interesa mucho trabajar en el jardín y suele cortar el césped los fines de semana. Tengo muchísimas ganas de salir el sábado porque es el cumpleaños de mi mejor amiga y va a dar una fiesta en su casa. Todos nuestros amigos van a estar allí y vamos a pasarlo fenomenal. Voy a ponerme mi nueva falda y pasaré toda la tarde bailando, riendo y charlando. El domingo por la mañana, voy a levantarme a eso de las diez y después de hacer mis deberes, voy a ir al campo con mi familia. El paisaje irlandés es precioso y nos gusta mucho. Vamos a cenar en un restaurante en un pueblo pequeño. Pasaré la tarde viendo la televisión y me acostaré temprano. Me encantan los fines de semana porque no tengo que ir al colegio.

Soy Brian y espero el verano con impaciencia porque voy a ir de vacaciones a España con mi familia. Vamos a pasar una semana en la costa cerca de la bonita ciudad de Cádiz. Vamos a alojarnos en un hotel lujoso cerca del mar. Será genial y voy a divertirme mucho. Durante mi estancia en España haré muchas cosas: por ejemplo, voy a probar la comida española. Me han dicho que la comida es deliciosa sobre todo, el gazpacho. Claro, voy a ir a la playa donde nadaré y tomaré el sol. Si hace mal tiempo, iré de compras. Las tiendas españolas son fantásticas. Compraré regalos para todos mis amigos. Me gustaría conocer a jóvenes españoles. Voy a hablar mucho español y espero aprender muchas palabras nuevas. También quiero visitar museos y lugares interesantes.

Me llamo Carmen. El lunes próximo las clases terminarán a las doce y media porque hay reunión de profesores y padres por la tarde. ¡Qué contenta estoy! Espero ir al centro con mis amigos. Primero, comeremos en una hamburguesería y después vamos a pasar unas horas en el centro comercial. Voy a comprar un regalo para el cumpleaños de mi abuela. También me gustaría comprarme unos vaqueros nuevos. Voy a volver a casa a eso de las seis y después de cenar con mi familia, voy a subir a mi dormitorio para estudiar. Pasaré la tarde haciendo mis deberes y estudiando tres capítulos de historia para un examen para el día siguiente. ¡Qué rollo!

¿Practicamos?

Useful Future Tense Verbs

voy a acostarme	I'm going to go to bed	me acostaré	I will go to bed
voy a alojarme	I'm going to stay	me alojaré	I will stay
voy a aprender	I'm going to learn	aprenderé	I will learn
voy a bailar	I'm going to dance	bailaré	I will dance
voy a cenar	I'm going to have dinner	cenaré	I will have dinner
voy a comer	I'm going to eat	comeré	I will eat
voy a comprar	I'm going to buy	compraré	I will buy
voy a conocer	I'm going to meet	conoceré	I will meet
voy a descansar	I'm going to rest	descansaré	I will rest
voy a divertirme mucho	I'm going to enjoy myself	me divertiré	I will enjoy myself
voy a dormir	I'm going to sleep	dormiré	I will sleep
voy a estar	I'm going to be	estaré	I will be
voy a hablar	I'm going to talk	hablaré	I will talk
voy a hacer	I'm going to do/make	haré	I will do/make
voy a ir	I'm going to go	iré	I will go
voy a jugar	I'm going to play	jugaré	I will play
voy a levantarme	I'm going to get up	me levantaré	I will get up
voy a llevar	I'm going to wear/carry	llevaré	I will wear/carry
voy a nadar	I'm going to swim	nadaré	I will swim
voy a pasar	I'm going to spend/call by	pasaré	I will spend/call by
voy a pasarlo bien	I'm going to have a good time	lo pasaré bien	I will have a good time
voy a ponerme	I'm going to put on	me pondré	I will put on
voy a probar	I'm going to taste	probaré	I will taste
voy a relajarme	I'm going to relax	me relajaré	I will relax
voy a salir	I'm going to go out	saldré	I will go out
voy a sacar fotos	I'm going to take photos	sacaré fotos	I will take photos
voy a ser	I'm going to be	seré	I will be
voy a tomar el sol	I'm going to sunbathe	tomaré el sol	I will sunbathe
voy a tener	I'm going to have	tendré	I will have
voy a ver	I'm going to see	veré	I will see
voy a viajar	I'm going to travel	viajaré	I will travel
voy a visitar	I'm going to visit	visitaré	I will visit
espero + infinitive	I hope		
va a estar	It's going to be	estará	It will be
va a ser	It's going to be	será	It will be
va a hacer sol/calor	It's going to be sunny/hot	hará sol/calor	It will be sunny/hot

Part Two: Written Expression

1. Write the **Spanish** words for the numbers in each of the following:

(a) 99 aviones _____

(b) el 3 de agosto _____

(c) el 5° piso _____

(d) el año 1846 _____

(e) 1.457 visitantes _____

(f) son las 2:35 pm _____

(g) el 21 de julio _____

(h) 22 hoteles _____

(i) 133 _____

(j) 10 camas _____

2. Write what you would say in **Spanish** in each of the following cases:

(a) Say that after school you are going to do your homework.

_____

(b) Say that you will go to Spain with your family during the holidays.

_____

(c) Ask your friend what he/she is going to do this weekend.

_____

(d) Say that you are not going to get up early on Saturday.

_____

(e) Say that next weekend you are going to go into town with your friends.

_____

(f) Say that if the weather is good, you will go to the beach tomorrow.

_____

(g) Say that classes will finish at 3:30 on Tuesday.

_____

¿Practicamos?

(h) Say that you are going to wear your new jeans to the party on Friday.

_____

(i) Ask your friend if he/she is going on holidays this summer.

_____

(j) Say that your sister is going to buy a new car soon.

_____

3. Write a letter/email in **Spanish** to your friend Alberto, including all of the following points:

- Thank him for his email, which you received yesterday.
- Tell him that you are going on holidays to Spain next summer.
- Say how you will travel there, where you will stay and who is going with you.
- Mention **three** things you will do when you are there.
- Mention what the weather will be like there.
- Tell him about your plans for the rest of the summer when you return to Ireland.
- Ask him what he is going to do next weekend.
- Ask him if he is going on holidays next summer.

SECTION 8: Mi Colegio

Me llamo Emily y voy a un colegio de chicas que está situado en las afueras de Wexford. En mi colegio hay más o menos setecientas alumnas y cincuenta profesores. Me gusta el colegio porque tengo un montón de amigos pero claro, detesto las reglas y los deberes. Cada mañana, las clases empiezan a las nueve menos cinco. Por la mañana, hay seis clases y cada clase dura cuarenta minutos. Tenemos un recreo a las diez y media y suelo comer una manzana y charlar con mis amigas. Tenemos el almuerzo a la una. Por la tarde hay tres clases y terminan a las cuatro. Pienso que el día es demasiado largo y también, tenemos muchos deberes cada tarde. ¡Qué pena! Me llevo bien con la mayoría de mis profesores pero no me gusta mi profesor de francés porque nos da muchos exámenes y es muy estricto. Mi asignatura preferida es, sin duda, la geografía porque la encuentro muy interesante.

Part Two: Written Expression

Soy Jack y mi colegio está situado muy cerca de mi casa en Kinsale. Voy cada día a pie con mi hermana. Es un colegio mixto con quinientos estudiantes. Cada día las clases empiezan a las nueve y terminan a las cuatro menos veinte. Por desgracia, hay muchas reglas en mi colegio, por ejemplo, no se pueden llevar joyas o utilizar los móviles durante el día. Hay muchas instalaciones en mi colegio: un gimnasio, dos laboratorios y una biblioteca. Me gustan mis profesores porque no son estrictos y no nos dan demasiados deberes. Mi asignatura preferida es el español porque pienso que es muy útil y fácil. Me gustaría mucho ir a España algún día para aprender más español. Tengo que decir que detesto las matemáticas porque son muy difíciles. Soy buen estudiante y suelo sacar buenas notas en mis exámenes. Lo mejor de mi colegio es que no tenemos que llevar uniforme.

Hola, me llamo Conor y voy a un colegio mixto en el centro de Limerick. En mi colegio, se pueden practicar muchos deportes: el fútbol, el baloncesto, el tenis y el rugby. Soy miembro del equipo de rugby y nos entrenamos tres veces por semana. Hay seiscientos alumnos en mi colegio y el ambiente es bastante relajado. Claro que hay muchas reglas pero la mayoría de los alumnos se comportan bien. El edificio es bastante antiguo y las instalaciones están pasadas de moda pero no es un problema. Estudio once asignaturas: el inglés, el irlandés, las matemáticas, la historia, la geografía, el español, el comercio, la religión, las ciencias, el dibujo y la educación física. Mis asignaturas preferidas son el inglés y la historia porque mis profesores son excelentes. No me gusta la geografía porque es bastante difícil y hay mucho que aprender. Suelo sacar malas notas en geografía. En mi colegio hay tres plantas y mi aula está situada en la tercera planta. La sala de profesores y la oficina de la directora están situadas en la primera planta.

¿Practicamos?

1. Write the **Spanish** words for the numbers in each of the following:

   (a) 6 aulas _____

   (b) la 7ª planta _____

   (c) el año 1786 _____

   (d) son las 8:45 am _____

   (e) 800 alumnas _____

   (f) 1.237 mesas _____

   (g) el 3er año _____

   (h) 13 asignaturas _____

   (i) el 18 de febrero _____

   (j) 500 cuadernos _____

2. Write what you would say in **Spanish** in each of the following cases:

   (a) Say that your school is not near your house and that you have to take the bus.

   _____

   (b) Say that you really like school because you have lots of friends.

   _____

   (c) Say that the majority of your teachers are strict.

   _____

   (d) Ask your friend if he/she likes school.

   _____

   (e) Say that your favourite subject is Spanish because your teacher is really nice.

   _____

   (f) Say that you arrive at school at 8:30.

   _____

Part Two: Written Expression

(g) Say that you have to wear a uniform.

_____

(h) Ask your friend what his favourite subject is.

_____

(i) Say that you have five classes in the morning and that there is a break at 11 o'clock.

_____

(j) Say that you don't like school because there is lots of homework and rules.

_____

3. Write a letter/email in **Spanish** to your friend Rosalía, including all of the following points:

- Tell her where your school is situated and say how you get there.
- Say how many students there are in your school.
- Mention the facilities in your school.
- Say what your teachers are like.
- Mention what your favourite subject is and say why.
- Name **one** subject that you don't like and say why.
- Say what time classes start and finish every day.
- Ask her if she likes school.
- Ask her how many students there are in her school.
- Ask her if she has to wear a uniform.

SECTION 9: Hablando del Pasado

Soy Anna y acabo de volver de unas vacaciones fenomenales en España. Pasé dos semanas inolvidables allí con mi familia. Nos alojamos en un hotel de cuatro estrellas situado muy cerca de la playa. La vista desde mi habitación era increíble. Había muchas instalaciones en el hotel, por ejemplo, una piscina infantil, un gimnasio y una peluquería. Pasé la mayoría de mi tiempo en la playa, tomando el sol, nadando y relajándome. También, visité muchos sitios interesantes, por ejemplo, algunas galerías de arte y museos. Conocí a unos jóvenes españoles muy divertidos y me ayudaron con mi español. Un día hicimos una excursión al campo. El paisaje de la región era precioso. Vimos unos pueblos típicos de casas blancas. Fuimos a un restaurante español y probamos muchas tapas. ¡Qué deliciosas estaban! El tiempo español fue fantástico, cada día hizo sol. Prefiero el tiempo en España al tiempo en Irlanda.

Hola, me llamo Julio. El fin de semana pasado lo pasé fenomenal. Mi hermana celebró su cumpleaños y cenamos en familia en un restaurante italiano. Mi hermana recibió muchos regalos bonitos. ¡Qué suerte! El sábado me levanté muy tarde porque estaba cansado. Después de ayudar a mi madre en casa, fui al centro con mi primo. Me compré una camisa nueva. Volví a casa a eso de las cinco y vi un poco la televisión. A las siete subí a mi dormitorio y me puse mi camisa nueva. Mi madre me llevó en coche al club juvenil donde había una discoteca. Me divertí mucho. Pasé toda la noche bailando y charlando con mis amigos. El domingo, tuve que levantarme pronto para estudiar. ¡Qué pena! Pasé toda la mañana estudiando los verbos ingleses. Por la tarde, di un paseo en el parque con mi madre. Pasé la tarde haciendo mis deberes y luego me acosté a las diez.

Hola, me llamo Penélope. Ayer, me levanté a las siete y media. Me duché, me vestí y bajé a la cocina donde desayuné con mi familia. Salí de casa a las ocho y fui al colegio a pie. Pasé un día típico en el colegio y volví a casa a las cuatro y media. Mi madre no se encontraba bien y estaba en la cama. Por eso, tuve que ayudar en casa: limpié la cocina y preparé la comida. A las seis, cené con mis hermanos y mi padre. Comimos pollo con patatas fritas y ensalada. Después de lavar los platos, subí a mi dormitorio e hice mis deberes. A las ocho, salí de casa y cogí el autobús para ir al centro. Quedé con mi amigo delante del centro comercial a las ocho y media. Fuimos al cine y vimos una película estupenda. Comí palomitas y caramelos. A las once, volví a casa y me acosté en seguida.

Part Two: Written Expression

Useful Past Tense Verbs

aprendí	I learnt
bailé	I danced
cené	I had dinner
comí	I ate
compré	I bought
conocí	I met
descansé	I rested
dormí	I slept
fui	I went
hablé	I spoke
hice	I did/made
jugué	I played
llevé	I wore
lo pasé bien	I had a good time
me acosté	I went to bed
me alojé	I stayed
me divertí mucho	I enjoyed myself
me levanté	I got up
me puse	I put on
me relajé	I relaxed
me gustó/me gustaron	I liked
me encantó/me encantaron	I loved
nadé	I swam
pasé	I spent
probé	I tasted
salí	I went out
saqué fotos	I took potos
tomé el sol	I sunbathed
tuve	I had
viajé	I travelled
vi	I saw
visité	I visited

¿Practicamos?

1. Write the **Spanish** words for the numbers in each of the following:

   (a) son las 9:25 am _____
   (b) 59 caramelos _____
   (c) 200 chicas _____
   (d) el año 2014 _____
   (e) 173 películas _____
   (f) 967 _____
   (g) el 6° hombre _____
   (h) el 2 de marzo _____
   (i) 66 coches _____
   (j) 1.319 _____

2. Write what you would say in **Spanish** in each of the following cases:

   (a) Say that last weekend you went out with your friends.

   (b) Say that last night you spent two hours doing your homework.

   (c) Say that it was sunny yesterday.

   (d) Say that you went to Spain with your family last summer.

   (e) Ask your friend what he/she did last night.

   (f) Say that you went to bed early last night.

   (g) Say that your mother bought a new jacket three days ago.

   (h) Say that you saw an excellent film last night.

Part Two: Written Expression

(i) Ask your friend did he/she go on holidays last summer.

_____

(j) Say that you had a great time at the party last Saturday.

_____

3. Write a letter/email in **Spanish** to your friend Vicente, including all of the following points:
   - Tell him that you returned home from your holidays in Spain five days ago.
   - Mention **three** things that you did while on holidays.
   - Mention **one** thing you particularly liked about the place.
   - Say what the weather was like while you were there.
   - Say that you went back to school yesterday and say how you feel about it.
   - Mention **two** things you did yesterday evening after school.
   - Ask him what he did during his holidays.

SECTION 10: La Comida

Me llamo Sean y me encanta comer. Mi plato preferido es el pollo asado con patatas y verduras. Tengo suerte porque mi madre cocina muy bien y cada tarde prepara algo delicioso para toda la familia. Soy muy deportista y me gusta comer bien. Como mucha fruta y verdura y me encantan las zanahorias. Desayuno muy bien cada mañana, suelo tomar tostadas, cereales y un vaso de zumo de naranja. En el colegio, me como un bocadillo de jamón y algo de fruta. De vez en cuando ceno en un restaurante con mi familia – nos gusta la comida china. No me gusta la comida española porque comen mucho pescado. El año pasado, fui de vacaciones a España y probé una sopa fría que se llama gazpacho. No me gustó pero pensé que la tortilla española era deliciosa. Sin duda, prefiero la comida irlandesa.

¿Practicamos?

Soy Elvira y vivo en Madrid. Me encanta la comida española porque pienso que es muy sana. En España, comemos mucho pescado, verduras y fruta. Mi plato preferido es las albóndigas con guisantes y arroz. Cada fin de semana voy de tapas con mi madre y mi hermano menor. Solemos tomar boquerones, gambas o mejillones con patatas bravas. ¡Qué delicioso! Durante el verano, cuando hace calor, me gusta tomar ensaladas y gazpacho. Hay muchos restaurantes extranjeros en Madrid y a veces, voy a una hamburguesería americana o a un restaurante indio con mis amigos, normalmente para celebrar el cumpleaños de alguien. Me gusta probar los platos diferentes. El verano que viene voy a ir de vacaciones a Irlanda y me gustaría probar el estofado irlandés y ¡por supuesto, las famosas patatas!

Me llamo Jane y soy irlandesa. Me gusta mucho comer y también cocinar. En el colegio mi asignatura favorita es el hogar y en el futuro me gustaría ser cocinera. Me interesa mucho la comida de otros países, como China, India y Tailandia. El año pasado, cuando estuve de vacaciones en España, comí muchos platos deliciosos, por ejemplo, paella, ensaladilla rusa y churros. Creo que la comida irlandesa es muy buena también y mi plato preferido es el bistec con champiñones y cebollas. Para el almuerzo, suelo comer una ensalada de atún o jamón y un yogur. En casa, cenamos a las seis y una vez por semana, preparo la cena. Anoche, preparé una lasaña de verduras con pan de ajo. ¡Estuvo muy rica! De postre, me encanta el helado o la tarta de manzana. El fin de semana que viene, voy a cenar a un restaurante griego con mi prima y espero tomar algo delicioso.

1. Write the **Spanish** words for the numbers in each of the following:

(a) 79 manzanas _____

(b) el año 2011 _____

(c) ¼ de kilo _____

(d) 300 gramos _____

(e) el 30 de abril _____

(f) 1 fresa _____

(g) 550 _____

(h) son las 3:35 _____

(i) 6.713 _____

(j) 44 restaurantes _____

2. Write what you would say in **Spanish** in each of the following cases:

(a) Say that you like carrots but you don't like onions.

_____

Part Two: Written Expression

b) Say you prefer Spanish food to Irish food.

c) Say that your favourite dish is chicken and chips.

d) Say that you don't eat a lot for breakfast.

e) Ask your friend what his/her favourite dish is.

f) Say that you love fruit, especially bananas.

g) Say that when you are in Spain, you like to eat paella.

h) Say that yesterday you went to an Italian restaurant and you ate a pizza.

i) Ask your friend does he/she like vegetables.

j) Say that you usually have a cheese sandwich for lunch.

3. Write a letter/email in **Spanish** to your friend Belén, including all of the following points:
   - Tell her what you usually have for breakfast.
   - Say what your favourite dish is.
   - Tell her what you think about Spanish food.
   - Tell her what you had for dinner last night.
   - Ask her what her favourite dish is.
   - Ask her if she likes Irish food.

SECTION 11: Las Vacaciones

Me llamo Liam. Me gustan mucho las vacaciones porque no tengo que ir al colegio y puedo dormir mucho. Durante las vacaciones suelo levantarme tarde. Cada julio voy de vacaciones con mi familia. Normalmente vamos al campo en el oeste de Irlanda. Alquilamos una casa y pasamos dos semanas fantásticas allí. Hacemos muchas cosas: vamos a la playa, damos paseos por las montañas o visitamos algún museo. Lo pasamos fenomenal. Me gustaría mucho ir al extranjero pero cuesta mucho dinero. Es más barato pasar las vacaciones en Irlanda. Lo malo de Irlanda es que no hace buen tiempo y llueve a menudo.

¿Practicamos?

Hola, soy Alison. El año pasado fui de vacaciones a España. Pasé una semana inolvidable en la bonita ciudad de Málaga con mi familia. Nos alojamos en un pequeño hotel en el centro de la ciudad. El clima español es increíble y durante mi estancia hizo sol cada día. Nunca vi ni una gota de lluvia. Por eso, pasé mucho tiempo en la playa tomando el sol, nadando y relajándome. Me puse muy morena. A mi padre, no le gusta tomar el sol y pasó la mayoría del tiempo en la sombra leyendo. Los restaurantes malagueños son de muy buena calidad y por eso probé muchos platos españoles. Lo que más me gustó fue, sin duda, el gazpacho porque lo encontré muy refrescante. Conocí a un chico muy guapo que se llama Javier y hablo con él en el ordenador dos o tres veces por semana. Lo bueno de Málaga es que es una ciudad grande y hay mucho que hacer y ver. Un día, visité el museo Picasso con mi madre. Me interesa mucho el arte y pienso que Picasso es un pintor fantástico. Las tiendas en Málaga son estupendas y son más baratas que las tiendas en Irlanda. Me compré muchas cosas y claro compré algunos regalos para mis amigos. Me gustaría volver algún día a Málaga.

Me llamo Jason y tengo muchas ganas de ir de vacaciones este verano. Voy a pasar un mes con una familia española en Valencia. Viajaré solo en avión el tres de julio. Nunca he viajado en avión y creo que estaré un poco nervioso. La familia española se llama Pérez y son amigos de mi tía. Tienen dos hijos que se llaman Francisco y Juan. Juan tiene la misma edad que yo y espero llevarme bien con él. Cada mañana, iré a clases de español en una escuela de idiomas situada en el centro de la ciudad. Las clases durarán tres horas. Espero aprender mucho español. Por las tardes, estaré libre y me gustaría mucho conocer la ciudad de Valencia porque me han dicho que es muy bonita. Es una ciudad histórica con muchos museos, galerías de arte y edificios antiguos. Hay playas muy cerca de la ciudad y se puede ir en autobús. No voy a pasar mucho tiempo en la playa porque prefiero pasar mi tiempo mejorando mi español y aprendiendo más sobre la vida española. Lo pasaré fenomenal.

1. Write the **Spanish** words for the numbers in each of the following:

(a) 45 hoteles

(b) 268 playas

(c) el año 1978

(d) son las 3.50 pm

(e) 12 restaurantes españoles

(f) 700 extranjeros

(g) el 9 de agosto

(h) 10 regalos

(i) 23 helados

(j) a la 1:20 pm

Part Two: Written Expression

2. Write what you would say in **Spanish** in each of the following cases:

a) Say that every summer you go on holidays with your family.

b) Say that you love holidays because you don't have to go to school.

c) Say that when you are on holidays, you spend a lot of time on the beach.

d) Ask your friend what he/she does during the holidays.

e) Say that you went on holidays to France last year.

f) Say that when you were on holidays in Spain the weather was very good.

g) Ask your friend where she went on holidays last summer.

h) Say that you are going on holidays to Spain with your family next summer.

i) Say that you will go to the beach every day if the weather is good.

j) Say that you hope to go shopping and visit a museum during the Easter holidays.

3. Write a letter/email in **Spanish** to your friend Alonso, including all of the following points:

- Thank him for his email, which you received this morning.
- Tell him how you usually spend your summer holidays.
- Tell him **three** things about the last holiday you went on.
- Tell him where you are going on holidays this year.
- Say when you are going and who is going with you.
- Mention **three** things you will do while on holidays.
- Ask him what he is going to do during the holidays.

SECTION 12: El Fin de Semana

Me llamo Daniel y me encantan los fines de semana porque estoy libre y puedo hacer lo que quiero. No tengo que levantarme temprano para ir al colegio. Suelo quedarme en cama hasta las once. Me gusta mucho dormir y normalmente estoy cansado después de una semana muy larga en el colegio. Lo primero que hago cuando me levanto es ducharme y vestirme. Desayuno con mi madre y mi hermana. En nuestra casa, el sábado es el día para hacer las tareas domésticas. Tengo que pasar la aspiradora en la planta de abajo y planchar la ropa. Después, voy al supermercado con mi padre para hacer la compra. El sábado por la tarde, suelo quedar con mis amigos en el centro. Nos gusta comer en una hamburguesería, ir al cine o ir de compras. A veces, si hace buen tiempo, pasamos la tarde en el parque, jugando al baloncesto. Suelo volver a casa a las seis. Toda la familia cena junta y después vemos la televisión. De vez en cuando, voy a una fiesta o a una discoteca con mis amigos. Me levanto a las diez el domingo por la mañana y hago mis deberes. Cada domingo mis abuelos vienen para almorzar con nosotros. Mi padre suele preparar un almuerzo delicioso de pollo asado, patatas y verduras. Lo pasamos muy bien. Después de almorzar, paso un rato en el ordenador o mando mensajes de texto a mis amigos. Por la tarde, preparo mis cosas para la semana entrante y me acuesto temprano.

Soy Natalia y el fin de semana pasado, lo pasé estupendamente. El sábado, celebré mi cumpleaños y cumplí quince años. Me levanté bastante temprano y desayuné con mi familia. Luego, mi familia me dio regalos: recibí dinero de mis padres, una camiseta de mi hermana y una falda de mi hermano. Por la tarde, fui a la casa de mi mejor amiga y pasamos la tarde charlando, escuchando música y alisándonos el pelo. Volví a casa a las cinco y subí a mi dormitorio. Me puse mi nueva falda y me maquillé. A las siete, salimos en familia para cenar en mi restaurante favorito. Es un restaurante indio y está situado en el centro. Lo pasamos fenomenal y la comida estaba muy rica, sobre todo el arroz y el cordero. Para postre, tomamos un pastel de cumpleaños con quince velas. Volvimos a casa a las diez y vi la televisión con mis hermanos antes de acostarme. El domingo, me levanté a las once y fui al polideportivo. Jugué un partido con mi equipo de baloncesto y por suerte, ganamos. ¡Qué contenta me puse! Pasé toda la tarde en casa porque estaba lloviendo y no tenía ganas de salir. Antes de acostarme, hice mis deberes y estudié para un examen de geografía.

Me llamo Gabriela y tengo muchas ganas de que llegue el fin de semana. Estoy harta del colegio: los profesores son muy estrictos y cada tarde, tengo un montón de deberes que hacer. También, tengo que estudiar para los exámenes de fin del año, no es justo. El fin de semana que viene, voy a relajarme y divertirme mucho. Voy a olvidar todo lo relacionado con el colegio. El sábado por la mañana, voy a levantarme tarde. Después de ayudar a mis padres en casa, voy a quedar con mis amigos. Vamos a almorzar en McDonald's y luego, vamos a ir al cine. Tengo muchas ganas de ver la nueva película de Zac Efron. Creo que es muy guapo. El sábado por la tarde voy a hacer de canguro de los niños de mis vecinos. Tienen tres niños, de tres, cinco y ocho años y me llevo súper bien con ellos. El domingo, vamos a ir en familia al parque de atracciones en Sevilla que se llama Isla Mágica. Espero

Part Two: Written Expression

pasarlo fenomenal. Voy a subirme a todas las atracciones y tengo muchas ganas de subirme a la montaña rusa. Por la tarde, vamos a cenar en TGI Fridays, mi restaurante preferido. Me encanta la comida americana, sobre todo las hamburguesas y las patatas fritas. Me acostaré a eso de las once, contenta después de un fin de semana muy divertido.

1. Write the **Spanish** words for the numbers in each of the following:

(a) el año 2021 _____
(b) 67 helados _____
(c) la 2ª película _____
(d) son las 10:30 pm _____
(e) 9.999 _____
(f) 800 tiendas _____
(g) 3½ kilos _____
(h) 40 discotecas _____
(i) 1 hamburguesa _____
(j) a las 3:45 _____

2. Write what you would say in **Spanish** in each of the following cases:

(a) Say that you love weekends because you can get up late.

(b) Say that you usually sleep until midday on Sunday.

(c) Say that you like to go out with your friends at the weekend.

(d) Say that every weekend, you have to help your parents in the house.

(e) Ask your friend what he/she likes to do at the weekend.

(f) Say that last weekend you had a great time.

¿Practicamos?

(g) Say that you went into town last weekend and you bought new clothes.

(h) Say that this weekend you are going to go to the cinema with your cousins.

(i) Say that you are going to go to the beach next Saturday if the weather is good.

(j) Ask your friend if he/she would like to come to your house on Friday night.

3. Write a letter/email in **Spanish** to your friend Andrea, including all of the following points:

- Thank her for her email.
- Say you really like weekends and give **one** reason why.
- Tell her **three** things that you did last weekend.
- Tell her that it is your sister's birthday next weekend.
- Tell her what you will give her as a present.
- Mention **two** other things you plan to do next weekend.
- Ask her what she plans to do next weekend.
- Send your regards to her family.

SECTION 13: Invitaciones

Te mando este email para darte las gracias por tu amable invitación para pasar una semana contigo y tu familia en España. Me gustaría mucho ir pero por desgracia, no puedo. No tengo dinero y tengo que buscar un trabajo este verano. Necesito comprarme un ordenador portátil nuevo. Es una lástima porque tengo muchas ganas de visitar a tu familia y ver la ciudad de Valencia. Me han dicho que es una ciudad fantástica. ¿Te apetece venir a Irlanda durante las vacaciones de Navidad? Mis padres están de acuerdo y yo estaría muy contento si pudieras venir. La Navidad en Irlanda es estupenda y mis padres suelen dar una fiesta en casa en Nochevieja. Todos mis parientes vienen y lo pasamos estupendamente. Si vienes aquí, podríamos ir de compras al centro comercial cerca de mi casa y visitar el famoso Trinity College. También, si quieres, podríamos pasar una noche con mi abuela en el campo. Sé que te gustaría ver el campo irlandés. ¿Por qué no les preguntas a tus padres y me mandas un mensaje de texto más tarde?

Part Two: Written Expression

Muchísimas gracias por tu amable invitación para visitarte en España durante las vacaciones de Semana Santa. Estaré encantada de pasar una semana en Madrid. Tengo muchas ganas de pasar tiempo contigo, tu familia y tus amigos. Viajaré en avión y llegaré el 6 de abril a las tres y veinte de la tarde. ¿Podrías venir a buscarme al aeropuerto? Tengo muchas ganas de disfrutar del buen tiempo de España porque, como ya sabes, me encanta tomar el sol y quiero ponerme morena. ¿Qué tiempo hace normalmente en Madrid en abril? ¿Necesito llevarme mi traje de baño? Cuando vaya a Madrid, quiero dar un paseo por el Parque del Retiro y si te apetece, podríamos alquilar un bote con pedales para utilizarlo en el lago del parque. También, me gustaría ver la Plaza de Colón con su fuente y la enorme bandera española. Claro que, durante mi estancia, quiero ir de compras a la calle Fuencarral. Todo el mundo dice que las mejores tiendas están situadas allí. ¿Quieres pasar un día en el parque de atracciones Warner Bros? Mi mejor amiga Sarah me dijo que es genial. Saludos a tu familia y estoy muy contenta de poder conocerles cuando vaya a España.

1. Write the **Spanish** words for the numbers in each of the following:

   (a) el año 2010 _____

   (b) la 6ª calle _____

   (c) el 27 de agosto _____

   (d) 500 aviones _____

   (e) 163 _____

   (f) son las 11:05 am _____

   (g) 1 ciudad _____

   (h) 20 tiendas _____

   (i) 3.967 _____

   (j) 916 turistas _____

2. Write what you would say in **Spanish** in each of the following cases:

   (a) Thank your friend for his very kind invitation to spend two weeks with him in Spain.

   _____

   (b) Say you would love to go to Spain but you can't because your mother is sick.

   _____

   (c) Ask your friend if he/she would like to visit you in Ireland next summer.

   _____

   (d) Say that when you are in Spain you want to visit the Prado museum.

¿Practicamos?

(e) Ask your sister if she would like to go to the cinema with you tomorrow evening.

(f) Tell your friend you are sorry but you can't go out tonight because you have to study.

(g) Ask your friend what he/she would like to do during his/her stay in Dublin.

(h) Tell your friend you are writing to him/her to invite him/her to Ireland.

(i) Ask your friend where and at what time you will meet.

(j) Ask your mother if she feels like going for a walk this evening.

3. Write a letter/email in **Spanish** to your friend Cristián, including all of the following points:

- Thank him for his invitation to go to Spain at Christmas.
- Say you would love to visit him and his family.
- Mention **three** things you would like to do when you are in Spain.
- Ask him what the weather will be like.
- Ask him if he would like to come to Ireland next summer.
- Suggest **three** things that you could do during his stay in Ireland.
- Send your regards to his family.

SECTION 14: España

Me llamo Robbie. Tengo mucha suerte porque mis tíos tienen un apartamento en España y cada verano paso dos semanas allí. El apartamento está situado en un pequeño pueblo cerca de la ciudad de Barcelona. Cada año mi padre alquila un coche y hacemos excursiones a otras partes del país. Pienso que España es un país muy bonito con paisajes increíbles. La región de Galicia, que está situada en el noroeste del país, es bastante parecida a Irlanda. El paisaje es verde y llueve mucho en esta región. El paisaje del sur es más seco y las temperaturas son muy altas. Tengo que decir que me encanta la ciudad de Barcelona. Soy aficionado al arte y a la historia y esta ciudad tiene muchos museos muy interesantes. El año pasado visité el Museo de Historia de Cataluña, fue genial. Lo que más me gustó de Barcelona fue la catedral, la Sagrada Familia. Tengo muchos amigos españoles y son muy simpáticos. Me encanta practicar mi español con ellos. Pienso que la comida española es deliciosa y mi plato preferido es las gambas con las patatas bravas. En el futuro, me gustaría mucho vivir en España.

Part Two: Written Expression

Me llamo Karen y estudio español en el colegio desde hace tres años. Es mi asignatura favorita pero nunca he visitado España. Tengo muchas ganas de ir a España algún día para conocer más sobre el país y su gente. Mi profesora de español viene de Madrid y nos cuenta muchas cosas sobre la vida española. Parece que hay muchas diferencias entre Irlanda y España. Por ejemplo, el tiempo español es mucho mejor que el tiempo irlandés. En Madrid, durante el verano, las temperaturas pueden alcanzar los cuarenta grados. Los españoles comen una dieta mediterránea con mucho pescado, fruta y verdura y les gustan usar el aceite de oliva. Mi profesora dice que la comida española es más sana que la comida irlandesa. Tenemos rutinas diarias bastante diferentes también. A los españoles, les gusta levantarse más tarde y en algunas partes de España, duermen la siesta por la tarde, sobre todo cuando hace mucho calor. Los españoles comen más tarde que nosotros, suelen cenar a eso de las nueve. En España, las tiendas cierran entre las dos y las cinco de la tarde. En Irlanda, muchas familias viven en casas pero en España es más normal vivir en un apartamento. Espero ir a España muy pronto para ver como es la vida allí.

1. Write the **Spanish** words for the numbers in each of the following:

   (a) el 7° piso _____
   (b) 57 museos _____
   (c) el año 1679 _____
   (d) 900 toros _____
   (e) a las 1:55 pm _____
   (f) la 1ª vez _____
   (g) el 25 de diciembre _____
   (h) 238 _____
   (i) 93 playas _____
   (j) ¾ de kilo _____

2. Write what you would say in **Spanish** in each of the following cases:

   (a) Say that you love spending your holidays in Spain because it is a beautiful country.

   _____

   (b) Say that the weather in Spain is really good and that it's always sunny.

¿Practicamos?

(c) Say that you don't like Spanish food because they eat too much fish.

(d) Say that everything costs less in Spain than in Ireland.

(e) Say that you think Spanish people are very friendly.

(f) Ask your friend if he/she likes Spanish food.

(g) Say that your favourite subject at school is Spanish because you think it's an easy language.

(h) Say that you went to Spain on holidays last year and that you met lots of interesting people.

(i) Ask your friend if he/she would like to go on holidays to Spain.

(j) Say that Spanish people eat more vegetables than Irish people.

3. Write a letter/email in **Spanish** to your friend Lourdes, including all of the following points:

- Thank her for her invitation to visit her in Spain next summer.
- Say that you have never been to Spain and that you would love to go.
- Mention **two** things you would like to do when you are in Spain.
- Mention **one** dish you would particularly like to taste.
- Ask her what the weather is usually like in the summer in Spain.
- Ask her to answer your email soon.

SECTION 15: Saliendo Adelante en España

1. Write what you would say in **Spanish** in each of the following cases:
(1) Tell the waiter you would like a cup of coffee and a ham sandwich.

(2) Ask the shop assistant how much the black and red t-shirt is.

Part Two: Written Expression

3) Say you would like a kilo of apples and half a kilo of bananas.

4) Ask where the bank is.

5) Ask what date it is today.

6) Say that you would like a return ticket to Madrid for this afternoon.

7) Ask how you would get to the police station.

8) Ask how much it costs to send a postcard to Ireland.

9) Ask the hotel receptionist if there is a swimming pool in the hotel.

10) Tell the doctor that you don't feel well and that you have a headache.

11) Ask where you can buy credit for your mobile.

12) Ask what time it is.

13) Tell the dentist your tooth hurts.

14) Ask the waiter for the bill.

15) Ask the shop assistant where the changing room is.

¿Practicamos?

(16) Ask the chemist for a packet of aspirin.

(17) Ask if the train station is far away.

(18) Tell the hotel receptionist that the television in your room isn't working.

(19) Ask the shop assistant how much the black shoes are.

(20) Ask at what time the post office closes.

(21) Say that the magazine costs €3.55.

(22) Say that you cannot find the bakery and ask where it is.

(23) Tell the waiter you would like a table for three people.

(24) Ask what time the next train to Bilbao is at.

(25) Tell the receptionist that you would like to reserve a room for two people for three nights.

(26) Ask if you can pay with your credit card.

(27) Ask the hotel receptionist what time breakfast is at.

(28) Ask the shop assistant if they have newspapers in English.

(29) Ask your sister to pass the water.

(30) Ask how long the journey between Valencia and Barcelona takes.

GW01221158

LA VUELTA AL FÚTBOL EN 80 HISTORIAS

«No se olvida aquello que se ama.»

IKER RUIZ DEL BARCO
LA VUELTA AL FÚTBOL
EN 80 HISTORIAS

temas de hoy

© Iker Ruiz del Barco, 2024
Corrección de estilo a cargo de Harrys Salswach

por las ilustraciones, © Gastón Mendieta, 2024

© Editorial Planeta, S. A., 2024
temas de hoy, un sello editorial de Editorial Planeta, S. A.
Avda. Diagonal, 662-664, 08034 Barcelona (España)
www.planetadelibros.com

Primera edición: noviembre de 2024
Cuarta impresión: diciembre de 2024
ISBN: 978-84-10293-21-2
Depósito legal: B. 17.897-2024
Composición: Maria Garcia
Impresión y encuadernación: Huertas Industrias Gráficas, S. A.
Printed in Spain - Impreso en España

La lectura abre horizontes, iguala oportunidades y construye una sociedad mejor. La propiedad intelectual es clave en la creación de contenidos culturales porque sostiene el ecosistema de quienes escriben y de nuestras librerías. Al comprar este libro estarás contribuyendo a mantener dicho ecosistema vivo y en crecimiento. En **Grupo Planeta** agradecemos que nos ayudes a apoyar así la autonomía creativa de autoras y autores para que puedan seguir desempeñando su labor.

Dirígete a CEDRO (Centro Español de Derechos Reprográficos) si necesitas fotocopiar o escanear algún fragmento de esta obra. Puedes contactar con CEDRO a través de la web www.conlicencia.com o por teléfono en el 91 702 19 70 / 93 272 04 47.

PEFC Certificado

Este libro procede de bosques gestionados de forma sostenible

PEFC/14-38300305   www.pefc.es

Para mis padres,
por ser mis raíces y mis alas

ÍNDICE

CALENTAMIENTO
La inspiración: María Jesús del Barco   15
La pasión: Jesús María Ruiz   17

PRIMERA PARTE
1. El hombre que murió de pie: Roberto Baggio   23
2. El origen de la filosofía: Athletic Club   25
3. El milagro de Berna: Fritz Walter   30
4. Toni Kroos   37
5. El hombre que volvió a la vida: David Ginola   39
6. El bolígrafo   44
7. Hincha: Prudencio Reyes   46
8. La volea de Zidane   51
9. El último faraón: Mohamed Salah   52
10. El portero sin brazo: Winston Coe   57
11. El ángel que salvó a Italia: František Plánička   60
12. La vida pasa y King Kazu sigue ahí   65

13. Contra el cáncer y el Newcastle: Jonás Gutiérrez	68
14. El inventor de la chilena: Ramón Unzaga	74
15. El primer japonés en Europa: Yasuhiko Okudera	77
16. Panenka	83
17. La sonrisa del refugiado: Alphonso Davies	84
18. El hombre gol: Rafael María Moreno Aranzadi *Pichichi*	88
19. El Mozart del fútbol: Matthias Sindelar	93
20. Los dioses de Maradona	100
21. Morir en silencio: Oliver Khan	103
22. El fútbol como revolución: Académica de Coímbra	105
23. El amor que nació de una expulsión: Shona Shukrula y Jeff Hardeveld	109
24. México lindo	111
25. Tú no tienes enemigos: Marco Materazzi y Rui Costa	113
26. El milagro indeseado: Kim Vilfort	115
27. El visionario del fútbol moderno: Santiago Bernabéu	121
28. La jugada más surrealista de los mundiales: Mwepu Ilunga	123
29. ¿Por qué siempre Mario Balotelli?	129
30. Yo pertenezco a Jesús: Kaká	131
31. El genio que ignoraba la gloria: Hidetoshi Nakata	133
32. El jugador más viejo de la historia: *Chava* Reyes	135
33. El amor es tan libre como el miedo: Ramiro *Chocolatín* Castillo	138
34. El día que Drogba paró la guerra	144
35. El futbolista que nunca jugó: Carlos *Káiser* Raposo	149
36. El abrazo del alma	157
37. Talentos irrepetibles	159
38. La mujer que construyó un sueño: Cedella Marley	160
39. El hombre del disparo en el corazón: Abdón Porte	163

Segunda parte

40. El caballero del fútbol: Andrés Escobar — 169
41. Cuando el fútbol alcanzó la perfección: Cristiano Ronaldo — 177
42. ¿Dónde está dios? Piermario Morosini — 179
43. María y Félix: el origen de los Williams — 183
44. El primer portero en marcar un *hat-trick*: José Luis Chilavert — 187
45. El futbolista que fue en contra del genocidio: Martin Uher — 190
46. Vi en ti — 193
47. ¿Y si no puedo? — 195
48. 55 años de crueldad: la tragedia de Superga y Gigi Meroni — 197
49. El Escorpión: René Higuita — 207
50. El cisne de Utrecht: Marco van Basten — 209
51. El futbolista maldito: Michael Ballack — 211
52. El árbitro que se expulsó a sí mismo: Melvin Sylvester — 213
53. La víctima de maracanazo: Moacir Barbosa — 215
54. Maracaná — 220
55. El día que el fútbol provocó una guerra: El Salvador vs. Honduras — 221
56. Una amistad más allá del fútbol: Juan Román Riquelme y Pablo Aimar — 227
57. La promesa herida: Dele Alli — 228
58. La primera estrella del fútbol femenino: Lily Parr — 230
59. La mayor sorpresa de la historia de los mundiales: Corea del Norte — 233
60. El silencio imperdonable: Giuliano Giuliani — 237
61. El ángel de Panamá: Luis Tejada — 240
62. El fútbol es la cura: Sébastien Haller — 242
63. Al borde de la vida: Alexis Beka Beka — 245

64. El sucesor de Pelé	246
65. El hombre que resucitó para seguir jugando: Juan Hohberg	253
66. Minuto 93	258
67. Por y para la familia: Carlos Tévez	259
68. Democracia corinthiana: Sócrates	261
69. El jugador de la cara pintada: Darío Dubois	269
70. La leyenda olvidada: Larbi Ben Barek	274
71. De las calles a un récord Guinness: Alireza Beiranvand	280
72. El dolor de la traición: Salvador Cabañas	283
73. El último romántico: Marco Reus	286
74. Caras negras	287
75. La tregua de Navidad	288
76. Una amistad eterna: Andrés Iniesta y Dani Jarque	291
77. El portero de la gorra embrujada: Robert Mensah	300
78. ¿Cómo ganar el partido de tu vida? Justin Fashanu	304
79. El partido de la muerte: FC Start	310
80. No le digas «te quiero»	316

PRÓRROGA

Me dijo	321
Si yo tuviera un hijo	322
Oda al fútbol	324

PITIDO FINAL

Fin del viaje	329

Agradecimientos	333

CALENTAMIENTO

LA INSPIRACIÓN
María Jesús del Barco

Crecí rodeado de libros, pinturas y discos. Mi madre es una mujer apasionada con el arte y la cultura, por eso siempre quiso que sus hijos absorbieran toda la riqueza que hay en la creación humana. Creyó conveniente llenar mi habitación con clásicos como las aventuras de *Oliver Twist*, de Charles Dickens, o *La vuelta al mundo en ochenta días*, de Julio Verne, novela que ha inspirado el título de mi primer libro. Me apuntó al conservatorio de música y a clases de piano, y nuestras vacaciones se resumían en «ver iglesias y museos». Mi yo de diez años creo que se abrumó y maravilló con todo aquello.

María Jesús del Barco es una mujer leonesa que acabó en Bilbao por amor. Mi madre encontró en los libros una manera enriquecedora de acabar con los ratos de soledad. Muchas veces la veo leer en el sofá, completamente abstraída, y me pregunto qué será aquello que es capaz de transportar a mi madre a otra dimensión. He tenido esa inquietud desde pequeño.

Con el tiempo he comprendido el valor de la educación que ella me proporcionaba. A través de los libros descubrí mundos enteros que de otro modo nunca habría conocido. La música se convirtió en mi refugio, un lenguaje universal que podía entender sin esfuerzo. Y cada viaje pasó a ser una oportunidad única para conocer la manera de ver la vida de muchos otros artistas. A través de sus enseñanzas, he aprendido a ver la belleza del ser humano y a inspirarme en los lugares más inesperados del mundo.

Nunca olvidaré el día en que mi madre me leyó una frase que decía: «La muerte está tan segura de su victoria que nos da toda una vida de ventaja». Recuerdo pensar «¿ventaja para qué?». Me di cuenta de que uno lleva ventaja en la vida cuando sabe cómo vivirla. Y gracias a todo lo que ella me enseñó, aprendí a buscar la plenitud en cada experiencia, valorando cada instante como una oportunidad para crecer, amar y crear. Ese es el verdadero legado que me ha dejado mi madre.

LA PASIÓN
Jesús María Ruiz

Me enamoré del fútbol por dos cosas: por la pasión que me transmitió mi padre y por la volea de Zidane. Más bien fue la primera la que me hizo volverme un apasionado de este deporte. Mi padre siempre fue un gran amante de la historia del fútbol y por encima de todo un grandísimo madridista. Dicen que un padre no es el que da la vida, sino el que da el amor. Por eso creo que para entender mi amor por el fútbol primero hay que conocer la historia de, en este caso, mi padre.

Jesús María Ruiz es un humilde hostelero que regenta el bar Rompeolas de Sestao, aunque espero que para cuando se publique este libro ya se haya jubilado. Ha estado más de cuarenta años emitiendo en su local todos y cada uno de los partidos del Real Madrid, sin faltar nunca a la cita. Hasta el punto de formar un pequeño universo madridista en pleno corazón del País Vasco. Han sido cuarenta años en los que miles de aficionados merengues han compartido alegrías, tristezas y grandes momentos que quedarán guardados en sus memorias para siempre. Algunos tendrán la suerte de decir: «El gol de Ramos en la décima lo viví en el Rompeolas».

Nunca he sabido por qué mi padre le dio ese nombre al bar, pero me interesa saberlo. En su bar, el Rompeolas el Real Madrid era el protagonista, aunque esto no quitaba que el resto de clubes y selecciones no fuesen importantes. Abría desde las cuatro de la tarde hasta las cinco de la mañana. Algo que llamó mucho la atención de la comunidad latina, que encontraron en el bar de mi padre el lugar ideal donde ver a sus equipos de madrugada. Muchos fines de semana me quedaba allí hasta las dos de la mañana viendo partidos de Millonarios, Santos, Colo-Colo, River Plate o Boca Juniors, entre muchos otros. Los aficionados de aquellos equipos tenían algo distinto. Una manera diferente de vivir el fútbol, que hasta ahora solo he podido ver en los aficionados de Latinoamérica y en los de Bilbao, pero eso os lo contaré en otro capítulo. Con ellos aprendí a dar rienda suelta a mis emociones cuando veía un partido y comencé a empatizar con otros clubes del mundo. Ese fue el motivo por el que acabé sintiendo que yo era de todos los equipos y de ninguno a la vez. Esa sensación es extraña, ¿verdad? Pero así es como lo siento.

Lo que sí puedo decir es que esas largas tardes y noches en el bar de mi padre fueron fundamentales para forjar mi pasión por este deporte, así como mi aprecio por todas y cada una de las culturas futbolísticas. En cada partido, en

LA PASIÓN

cada celebración, encontraba una nueva razón para admirar la pasión que despierta el fútbol en cada rincón del mundo. Y así fue como descubrí que mi corazón era lo suficientemente grande para albergar el amor por todos los equipos, sin necesidad de elegir uno solo como propio. Ese es el verdadero legado que me ha dejado mi padre.

PRIMERA PARTE

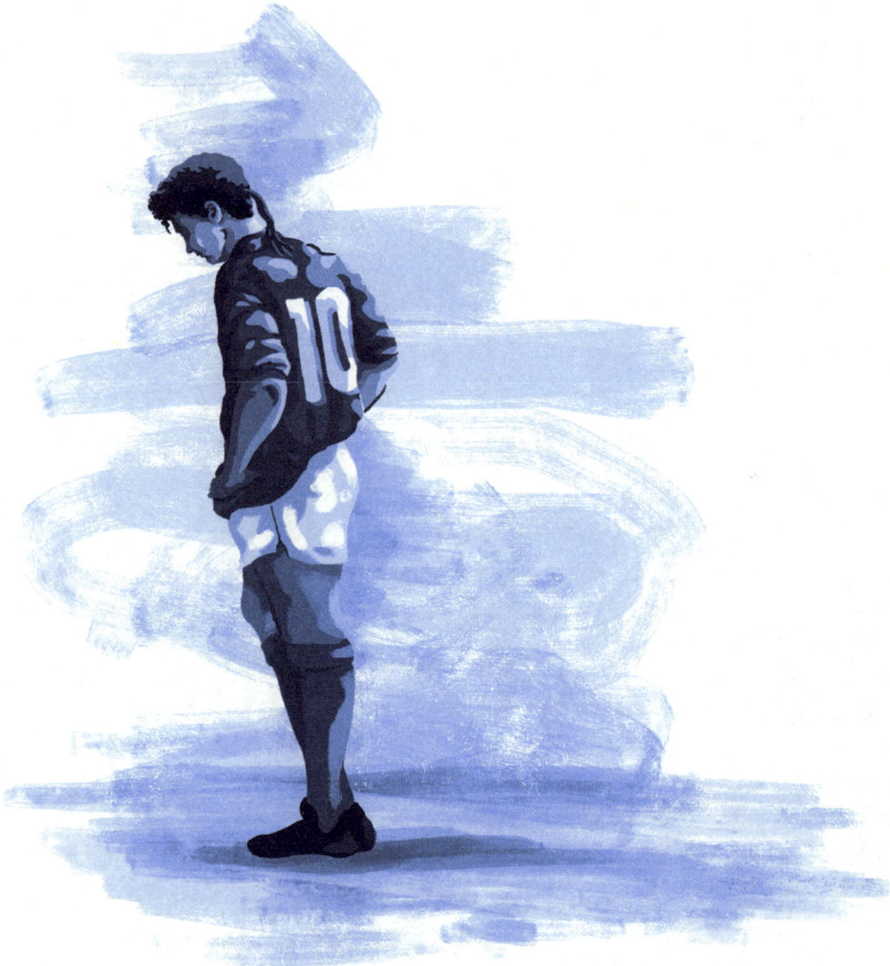

1

EL HOMBRE QUE MURIÓ DE PIE
Roberto Baggio

Año 1970. Fiorindo Baggio, padre de Roberto, no pudo esconder la cara de tristeza tras la derrota de Italia en la final del Mundial. Un doloroso 4-1 de aquella Brasil de Pelé, Jairzinho y Gerson, causó las lágrimas de un hombre que tuvo que ser consolado por su hijo de tan solo tres años. Robie, como le llamaban entonces, se abrazó a la pierna de su padre y le dijo: «Tranquilo, papá, venceré a Brasil, yo ganaré una copa del mundo para ti».

Y no sabemos si fue Dios o simplemente el azar, pero en 1994, el destino puso a Roberto Baggio en una final de la Copa del Mundo, y la casualidad que fuera contra Brasil. El partido terminó yéndose a los penaltis tras un tímido 0-0.

Brasil anotó tres de los primeros cuatro; Italia, solo dos. El quinto y último eran para él, Roberto Baggio, que venía de ganar el Balón de Oro esa misma temporada y había llegado a la final haciendo un mundial casi maradoniano. El hombre que le había prometido a su padre ganar una copa del mundo contra Brasil. Los ojos de todo el planeta estaban puestos en él. Era la última esperanza de Italia. Dio dos pasos hacia atrás, resopló, pero acabó mandando el balón por las nubes. El silencio invadió todas las casas de Italia. Sobre el campo, Roberto Baggio miraba hacia el suelo con los brazos en jarra. No era una simple imagen de derrota. Era como si aquel prodigio hubiese perdido su alma. Nunca antes se había visto una imagen tan desoladora sobre un campo de fútbol. En sus ojos podía verse la tristeza infinita. La representación de un sueño frustrado. La promesa rota de un niño que algún día le juró a su padre algo que nunca le pudo dar. Nada ni nadie pudieron consolarle durante más de cinco años. Llegó incluso a tener pesadillas con aquel penalti durante mucho tiempo.

Y es que, tras aquello, en Italia comenzó a popularizarse una frase que decía: «Sócrates murió envenenado, pero Baggio murió de pie».

2

EL ORIGEN DE LA FILOSOFÍA
Athletic Club

Año 1911. El fútbol español todavía estaba aprendiendo a andar. Ocho años atrás, en 1903, había nacido la primera competición oficial del país: la Copa del Rey, conocida en sus comienzos como Campeonato de España.

Un año antes, el Athletic Club se había proclamado campeón y exigió jugar la edición de 1911 en Vizcaya. El 9 de abril de ese mismo año, a pocas horas del comienzo del torneo, la Real Sociedad, con el nombre del Vasconia Sporting Club, denunció ante la Federación Española la presencia de dos futbolistas ingleses que no cumplían con el reglamento. Entonces, para que un extranjero disputase el Campeonato de España, debía demostrar que llevaba más de seis meses viviendo en el país. A Sloop y a Martin, delanteros británicos del equipo bilbaíno, les acusaron de incumplir la normativa. Ambos habían sido contratados de manera regular para este torneo, pero, según los vascos, llevaban más de seis meses en Bilbao.

La Federación les permitió seguir jugando el campeonato. Aquel 9 de abril ganaron 2-0 al Fortuna de Vigo, con goles del propio Sloop y de Andrew Veitch, un tercer futbolista inglés que sí pudo demostrar sus seis meses de residencia en España. Al día siguiente, la Federación Española de Clubes de Fútbol desestimó la denuncia de la Real Sociedad y los donostiarras decidieron retirarse del torneo. Horas después, el Barcelona vencía a la Gimnástica de Madrid 4-0, pero el equipo culé fue denunciado por alinear a cuatro jugadores extranjeros. Aunque la FECF ordenó repetir el encuentro para que se disputará solo con futbolistas españoles, el Barça se negó y decidieron retirarse de la competición.

En la semifinal, el Athletic vencía por 2-0 a la Gimnástica de Madrid, aunque el equipo de la capital decidió no salir al campo en la segunda parte. Los madrileños se marcharon, alegaron que iban a perder el tren de vuelta a casa. Más que aprender a andar, el fútbol español todavía gateaba. Era claramente una estructura *amateur* sin ningún tipo de cohesión entre los clubes. Los reglamentos y las normativas de las competiciones todavía se estaban formando y las discordancias entre unos y otros salían a relucir con frecuencia.

El 15 de abril de 1911 se disputó, en el campo de la Jolaseta de Getxo, la final entre Athletic Club y el Club Deportivo Español de Barcelona. Los bilbaínos, por miedo a que la Federación les impusiese algún tipo de sanción, decidieron salir al campo sin los polémicos Sloop y Martin. Andrew Veicht fue el único británico en las filas del equipo y, a su vez, el último futbolista extranjero en vestir la camiseta del Athletic Club. Los *txuri-gorris* acabaron ganando 3-1 en aquella final.

Con los clubes completamente divididos, la Federación buscó la manera de acabar con el conflicto en la temporada siguiente, e impidió la participación de futbolistas extranjeros. Además, retiraron al Athletic aquella copa y, aunque más tarde se la volvieron a validar, los bilbaínos se abstuvieron de presentarse en la edición de 1912 a modo de protesta.

Los años pasaron y el Athletic fue nutriéndose solo de futbolistas de la provincia de Vizcaya. A partir de 1926, comenzaron a incorporar jugadores guipuzcoanos, alaveses, navarros y algunos otros del territorio vasco. Entre 1947 y 1948, la dictadura franquista permitió a los clubes españoles fichar jugadores extranjeros. Fue entonces cuando equipos como el Real Madrid o el Barcelona empezaron a traer a jugadores como Puskas, Di Stéfano o Kubala. El Athletic, sin embargo, sumido en una delicada situación económica, notaba entonces que llevaba décadas jugando únicamente con futbolistas vascos y empezó a incorporar el relato de la «filosofía» hasta convertirse en la piedra angular de la identidad del club.

Cualquier *filosofía* nace de un viaje de crecimiento y descubrimiento. En el caso del Athletic Club, la semilla de su identidad arraigó en los campos de fútbol de una España que aún estaba aprendiendo lo que era este deporte. Antonio Machado decía: «Caminante, no hay camino, se hace camino al andar». Así fue como el Athletic empezó a trazar su propio sendero, con una identidad propia que ningún otro club en todo el mundo se ha atrevido a recorrer hasta convertirse en algo más que un equipo de fútbol: en un símbolo cultural para todo el pueblo vasco. Por eso Bilbao presume con orgullo de esta *filosofía*, de esta manera de soñar por la que además se ha mantenido en Primera División, lo que nos demuestra que los valores y la identidad están por encima de cualquier título. Porque al final del día son estos ideales los que nos definen y nos guían en nuestro camino.

Por eso cada vez que me preguntan qué es el Athletic Club, siempre respondo lo mismo: soñar.

Porque San Mamés se sigue llenando de sueños cada fin de semana.

Porque todos los niños de Bilbao sueñan con jugar en el Athletic.

Es el sueño que el abuelo le deja en herencia al nieto.

Es soñar con aquellos ídolos que dejaron huella en la historia del club.

Es soñar con el presente y con el futuro.

Es soñar con hacer feliz a más gente.

Es soñar con superar obstáculos, con desafiar expectativas.

Es soñar vivir con pasión, amar con intensidad, aunque sea por un instante, al desconocido a nuestro lado.

Es soñar con llevar el escudo en el pecho como un estandarte de orgullo.

Es soñar con jugar con los de la tierra, formar parte de una filosofía y morir con ella si hace falta.

Porque el Athletic Club es eso: una manera de soñar.

Lo del fútbol, creedme, es secundario.

3

EL MILAGRO DE BERNA
Fritz Walter

«Seguramente es el futbolista alemán más importante del siglo.» Esta frase la dijo el mismísimo Franz Beckenbauer cuando en su día le preguntaron por Fritz Walter, quien a los veinticinco años estaba destinado a un gulag, pero finalmente acabó siendo el protagonista de una de las gestas más épicas de la historia del fútbol: el milagro de Berna.

El 31 de octubre de 1920 nació, en Kaiserslautern, Friedrich *Fritz* Walter. Creció bajo el seno de una familia acomodada, propietaria de un restaurante en el centro de la ciudad. Aquello le permitió disfrutar del fútbol sin ningún tipo de preocupación. Tenía todo el tiempo del mundo y el respaldo de una familia que lo apoyaba.

Comenzó a jugar en equipos de barrio, pero muy pronto, a sus ocho años, el F. C. Kaiserslautern lo incorporó a su filial. Walter no tardó mucho en sorprender al mundo cuando, en 1937, debutó con el primer equipo a los diecisiete. Dos años más tarde, con diecinueve, tendría un debut de ensueño, al anotar en su primer partido con la selección alemana un *hat trick* ante Rumanía. Entonces en Europa no se había visto nada igual. Walter era un mediapunta ligero como una pluma, ágil y muy eléctrico con el balón en los pies. Tenía la sorprendente habilidad de ser un futbolista frío, calculador y caliente a la vez, algo que le permitía manejar la batuta del equipo. Lo que más destacaba de Walter, por encima de cualquier cualidad futbolística, era la capacidad de liderazgo que sacó a relucir durante sus tres primeros años en Kaiserslautern. Allí tuvo la suerte de jugar en el mismo equipo junto a sus hermanos Ottmar y Ludwig. Este segundo era el mejor de los tres, pero se tuvo que retirar prematuramente a causa de una mutilación de guerra contra el frente ruso.

Era 1940 y la Segunda Guerra Mundial llevaba ya un año llenando de sufrimiento las casas de Europa. La humildad y el carisma de Fritz Walter le sirvió para estar alejado un tiempo del conflicto armado. Sepp Herberger, el entonces seleccionador alemán, aprovechó su influencia para apartar a Fritz de los fusiles. Aquellos dos años fueron un espejismo en su vida; mientras varios de sus amigos y compañeros de equipo morían en el frente, él se dio cuenta de que estaba viviendo anestesiado con un balón en los pies. La idea de matar a otro ser humano le aterraba, prefería vivir alejado de la realidad que enfrentarla cara a cara. Sin embargo, los hilos que le protegían se rompieron en 1942. La guerra había empeorado y Herberger no le pudo seguir protegiendo. A Fritz Walter, a sus veinticinco años y en su mejor momento como futbolista, lo enviaron para formar parte del ejército.

Herberger, que tenía la intención de mantener a Walter lo más alejado posible de las armas, recomendó al mayor Hermann Graf que lo fichara para el equipo de fútbol de los Rote Jäger (Cazadores Rojos), una de las facciones de paracaidistas más importantes del Tercer Reich. Graf, aparte de ser uno de los mejores pilotos del ejército, era portero y también un gran amante del fútbol. Por supuesto, sabía quién era Fritz Walter y no dudó ni un segundo en incorporarlo a sus filas. Entonces era normal que cada facción militar contase con su propio equipo para animar al resto de los soldados. En sus quince meses de actividad, el equipo ganó treinta de los treinta y cuatro partidos, y anotó 142 goles a favor, con tan solo 47 en contra. La existencia del equipo, al inicio cuestionada por las autoridades nazis, fue finalmente aceptada y hasta promovida por ellas mismas. Vieron en el fútbol un medio eficaz para distraer a las tropas y mantener alta la moral. Los Rote Jäger jugaron partidos en muchos estadios de Europa.

En enero de 1945, tras la caída de Berlín y el avance imparable del Ejército Rojo, Fritz Walter, que entonces se encontraba en la frontera entre Hungría y Eslovaquia, fue capturado junto al resto de su equipo y cientos de combatientes alemanes. Su destino fue el campo de concentración de Máramarossziget, ubicado en Rumanía. Allí, en condiciones extremadamente duras, Walter contrajo malaria, una enfermedad que le afectaría de manera significativa, provocándole intensos dolores de cabeza y fiebre, sobre todo en los días soleados. La enfermedad debilitó su cuerpo, pero no su espíritu y, a pesar de que estuvo a punto de morir, consiguió recuperarse apenas sin ayuda en medio de un entorno hostil como es el de un campo de concentración. Allí siguió jugando al fútbol. Tuvo que cambiar el césped perfecto de los mejores estadios de Europa por el barro de aquel inhóspito lugar donde estaba encerrado por una causa que ni siquiera era la suya.

Pasaron las semanas en el campo de concentración, y la amenaza de ser trasladado a los temidos gulags de Siberia se cernía sobre los prisioneros. Siberia era conocida como un lugar del que pocos regresaban. El frío y las duras condiciones hacían de este viaje una aventura cruel sin billete de vuelta. Tristemente, Fritz Walter fue uno de los elegidos. Durante su traslado, en medio del caos de la posguerra, el tren que transportaba a Fritz Walter y a otros prisioneros se detuvo en Ucrania para abastecerse. La atmósfera de aquella expedición era tensa, llena de incertidumbre y mucho miedo, muchos sabían cuál era el destino final.

Algunos soldados húngaros decidieron improvisar un campo de fútbol en un terreno cercano para intentar aliviar la tensión y el cansancio. Para Walter, la visión de un balón de fútbol fue irresistible. A pesar de que su cuerpo estaba muy debilitado debido a la malaria, no pudo evitar unirse al juego. El fútbol había sido su refugio durante los tiempos difíciles, y ahora, en medio de la incertidumbre, se convirtió una vez más en su anestesia.

Mientras jugaban, uno de los soldados húngaros comenzó a observar a Walter con detenimiento. Había algo familiar en su forma de moverse, en su habilidad para controlar el balón. De repente, la memoria del soldado se aclaró. «Yo te conozco», dijo con asombro.

> **«Hungría 3-Alemania 5.
> Budapest, en 1942.
> Marcaste dos goles.»**

Walter, que ya casi había olvidado su pasado entre tanto sufrimiento, miraba boquiabierto a aquel soldado igual de sorprendido. Ese fue «el partido de su vida», según confesó más tarde. Al día siguiente, antes de reanudar la marcha del tren, el nombre de Fritz Walter había desaparecido de la lista de prisioneros destinados a los gélidos campos de trabajo de Siberia. El soldado aclaró que Walter era austriaco y no alemán, lo que le salvó de una muerte segura.

Poco después pudo volver a su ciudad, a su querida Kaiserslautern. Consiguió hacer campeón de la Bundesliga al equipo en dos ocasiones, en 1951 y 1953. Su regreso no solo fue un triunfo personal, sino también una fuente de inspiración para una Alemania que luchaba por reconstruirse y encontrar esperanza en medio de las ruinas de la guerra. Lo poco que quedaba del país estaba repleto de gente triste y desolada.

En 1954, a sus treinta y tres años y en el cenit de su carrera, lo convocaron como capitán de Alemania para disputar el mundial de Suiza. Allí los teutones llegaban como un equipo menor, mermado por el conflicto bélico. Hungría era la gran favorita con jugadores como Puskas, Kocsis y Czibor. El primero acabaría siendo una leyenda del Real Madrid, los dos siguientes del Barça. Alemania tuvo la mala suerte de enfrentarlos en fase de grupos y perdieron por un abrumador 8-3. Aun así, la victoria ante Turquía en el partido de desempate le valió a los germanos para pasar a cuartos. Aquella victoria aumentó la moral del equipo, que consiguió vencer 2-0 a Yugoslavia en el siguiente partido. En la siguiente ronda, ganaron 6-1 a Austria con dos goles de Walter, que les aseguró el pase a la final.

Pero de nuevo se enfrentarían a la bestia negra. Hungría había goleado al Brasil de Djalma Santos y Didi, e hicieron lo propio contra la Uruguay del «Maracanazo». El 4 de julio de 1954 caía una lluvia torrencial sobre Berna cuando el árbitro dio el pitido inicial. En los primeros minutos, parecía que la lógica prevalecería: Hungría anotó dos goles rápidamente, Puskas y Czibor daban a los alemanes un golpe de realidad. Tras el segundo gol, Walter reunió a sus compañeros y les recordó todos los años de privaciones, sufrimiento y lucha que habían tenido que pasar, que familias en casa habían perdido a sus hijos y que Alemania podía ser un poco más feliz si ganaban aquel partido. Dos minutos después, Max Morlock anotó a favor de Alemania, y luego Helmut Rahn igualó el marcador; todo en menos de diez minutos. El equipo, inspirado y dirigido por su capitán, se aferraba a la posibilidad de lo improbable. La lluvia caía todavía con más intensidad sobre Berna, como si el cielo mismo compartiera la tensión del momento. Hasta que en el minuto 84, Rahn soltó un fuerte golpeo desde el borde del área. Alemania, contra todo pronóstico, había conseguido ganar su primera Copa del Mundo.

Fritz Walter levantó el trofeo.

Dicen que hay dos Alemanias diferentes: la de antes y la de después de aquel día. La de antes era un país destruido e inundado por la tristeza; la de después se convirtió en una nación con esperanza. También hay dos milagros en esta historia: el más conocido es el de Berna, pero el más importante es el de la vida de Fritz Walter, rescatado del infierno gracias a la pasión que desborda el fútbol.

4

TONI KROOS

Cuando todo el mundo solo podía correr, Kroos era capaz de quedarse quieto.

Cuando todo el mundo solo podía quedarse quieto, Kroos era capaz de correr.

Cuando todo el mundo miraba el balón, Kroos ya había visto el espacio.

Cuando todo el mundo buscaba la jugada, Kroos ya había encontrado la solución.

Cuando todo el mundo veía caos, Kroos ponía orden.

Cuando todo el mundo perdía la calma, Kroos mantenía la serenidad.

Cuando todo el mundo se rendía, Kroos seguía caminando.

Cuando todo el mundo soñaba, Kroos hacía realidad sus sueños.

Kroos era diferente a todo el mundo. Por eso, en su mejor momento y en el mejor equipo del planeta, cuando todo el mundo habría seguido, Kroos decidió retirarse.

5

EL HOMBRE QUE VOLVIÓ A LA VIDA
David Ginola

Año 1999. El Tottenham había ganado la Copa de la Liga y quedado en la undécima posición cuando David Ginola recibió el premio al mejor jugador del año de la Premier League: era el primer jugador de la historia de los Spurs en conseguirlo. «Es el mejor jugador del mundo en activo», dijo en 1999 ni más ni menos que el mismísimo Johan Cruyff refiriéndose al francés.

Ginola, para los románticos como yo, es uno de esos futbolistas de culto que no se olvidan. Jugó de extremo izquierdo y de mediapunta. Destacaba por ser un futbolista elegante y con un golpeo increíble con ambas piernas, de esos por los que merece la pena pagar por entrar al estadio. Además, era un tipo de gran atractivo físico, con un carisma especial, y él lo sabía. Estaba inscrito en una agencia de modelos y durante su carrera como futbolista llegó a amasar una fortuna millonaria gracias a sus colaboraciones con

con diversas marcas comerciales. Cuidaba tanto su imagen deportiva como la personal y, gracias a esta combinación, que lo hacía parecer un ser divino, se ganó el apodo de «el Magnífico».

Sobre el campo, a Ginola se le recuerda por aquella dupla feroz que formó junto al primer Balón de Oro africano, George Weah. En aquel Paris Sant-Germain, muy distinto al que conocemos hoy en día pues todavía no contaba con los mismos fondos que en la actualidad, llegó a ganar una liga y alcanzó unas históricas semifinales de la UEFA al vencer por el camino al Nápoles y al Real Madrid. A sus veintisiete años estuvo cerca de fichar por el Real Madrid, pero Luis Fernández, que acababa de firmar como técnico del equipo de la capital francesa, bloqueó la operación. Aquello fue casi un consuelo para Ginola que quería formar parte del Barça de Cruyff. «Le dije a Cruyff que ficharía con ellos, pero tenían que desprenderse de muchos extranjeros para poder inscribirme. Esperé al Barça hasta el último momento y rechacé todas las ofertas», confesó en una entrevista en *Le Jornal du Dimanche* en 2013.

Todo parecía perfecto en la carrera de Ginola, pero en 1993, en un partido con la selección francesa, su carrera quedaría marcada para siempre. A los galos les valía con el empate contra Bulgaria para clasificarse para el Mundial, una derrota podría conducirlos a la eliminación. Sobre el papel eran favoritos Marcel Desailly, Laurent Blanc, Emmanuel Petit, Didier Deschamps, Jean-Pierre Papin y Eric Cantona. Nada malo podía pasar. El partido iba 1-1 cuando en el último minuto Francia sacó una falta a la altura del córner rival. Ginola recibió en corto, su equipo tuvo la intención de perder tiempo de juego para acabar el encuentro sin sustos. Sin embargo, en lugar de quedarse quieto esperando a que los segundos corriesen, Ginola puso un centro con la pierna derecha, que se acabó marchando largo. Bulgaria recuperó la posesión y marcó el 1-2 en el contraataque, en el minuto 91. Francia se quedó fuera de la Copa del Mundo de 1994. El seleccionador Gérard Houllier, para que el pueblo arremetiese contra Ginola, declaró: «Ginola ha mandado un misil al fútbol francés y ha cometido un crimen contra el equipo y el país».

Ginola apenas disputó diez partidos más con Francia. En 1996, se negó a jugar más con su país porque no lo habían convocado en un partido de clasificación para la Eurocopa ante Rumanía. En 1998, a pesar de ser uno de los mejores jugadores del planeta, Ginola tuvo que ver desde casa cómo Francia levantaba la copa en una selección donde podría haber jugado. «En la final del Mundial de 1998 yo era comentarista de la BBC. Vi a mis compatriotas levantar la Copa del Mundo, el sueño de todo futbolista. Sentí que debería haber estado allí. Cuando volví al hotel rompí a llorar. Sé que fui el único francés que lloró de tristeza aquel día», afirmó años después en el programa de la televisión pública francesa *Complément d'enquête*.

Finalmente, en 1995, acabó recalando en el Newcastle, donde formó una gran dupla con Alan Shearer, con quien estuvo cerca de ganar la Premier en dos ocasiones. Pero fue cuatro años más tarde, en el Tottenham, cuando alcanzó su mejor versión como futbolista, a sus treinta y dos años. David Ginola acabó retirándose del fútbol tras un breve paso por el Aston Villa y el Everton.

Pasaron los años y, aunque se alejó del fútbol profesional, el fútbol siempre estuvo cerca de él. En 2016, después de haber jugado un torneo benéfico de golf en el complejo deportivo francés de Mandelieu, Ginola y quince amigos decidieron jugar un partido de fútbol sala en las instalaciones. Lo que parecía ser una pachanga amistosa tomó un giro dramático y sombrío. Durante el partido, Ginola se desplomó. Sus amigos, incrédulos, pensaron que se trataba de una broma macabra. No había espectadores, ningún murmullo en las gradas, solo el eco de sus propias voces en una cancha vacía. Uno de ellos se percató de que David estaba inconsciente en el suelo y salió para llamar a emergencias. La asistencia sanitaria tardó nueve minutos en llegar, nueve minutos en los que su amigo Frédéric Mendy estuvo realizándole una maniobra de reanimación cardiopulmonar. Sin éxito. Las asistencias sacaron el desfibrilador y lo intentaron. Una, dos, tres y hasta cuatro veces. También sin éxito. El silencio y las caras de preocupación invadieron toda la cancha. Un silencio que se rompió con una frase, la de uno de los asistentes médicos: «Su amigo está muerto». Mendy, movido por una mezcla de desesperación y esperanza, se negó a rendirse. Con lágrimas en los ojos, el también exfutbolista siguió masajeando el corazón de su amigo y entonces, en un suspiro que parecía un susurro del destino, el pulso de Ginola regresó. Rápidamente el helicóptero llegó y trasladaron a Ginola hasta Múnich, donde tras una larga operación de seis horas, revivió. «El médico que me operó me dijo que estuve clínicamente muerto ocho minutos. Si no hubiera sido por la reanimación cardiopulmonar de Mendy, aunque hubiera sobrevivido, habría tenido lesiones cerebrales que habrían sido incompatibles con la vida», confesaría más tarde Ginola.

Aquel día, Mendy, con sus propias manos, no solo salvó una vida, sino también todas las historias que habitan en uno de los jugadores más queridos de los años noventa. Salvó a un padre, a un hijo, a un amigo y a un ídolo, y nos demostró que, a veces, los héroes son aquellos que en el silencio más aterrador, incluso en la situación más desesperante, se niegan a rendirse. Pues en los momentos de mayor oscuridad, la fe y el amor de la amistad pueden traer luz, esperanza y, sobre todo, una segunda oportunidad.

6
EL BOLÍGRAFO

A principios del siglo xx, la pluma estilográfica era el objeto de escritura más moderno de la época. Era un utensilio molesto: se atascaba muchas veces y dejaba rastros de tinta. Ladislao Biro, húngaro, periodista, emprendedor y sobre todo un gran observador, cambiaría para siempre la forma de escribir. Todo gracias al fútbol.

Era una tarde corriente en Budapest, por la mañana no había parado de llover. Biro aprovechó un breve claro de sol y salió a dar el rutinario paseo por la ciudad. Los gritos de emoción y las correrías de unos niños llamaron la atención del periodista; jugaban al fútbol. Uno de los chicos golpeó la pelota rasa y esta comenzó a rodar a través de un charco. Al salir el balón dejaba agua sobre la superficie seca mientras rodaba. Este sencillo fenómeno le dio a Biro la clave que necesitaba. Si una esfera podía arrastrar el agua de esa manera, ¿por qué no podría hacer lo mismo con la tinta?

Impulsado por esta idea, Biro comenzó a trabajar en un prototipo de pluma que utilizaba una pequeña bola giratoria para distribuir la tinta de manera uniforme. Presentó su invento en 1931 en la Feria Internacional de Budapest, pero no fue hasta 1938 que logró patentar el primer bolígrafo funcional.

La Europa de los años treinta y cuarenta no era un lugar seguro para él. Biro era judío y se enfrentaba a la creciente represión nazi. Fue el expresidente argentino Agustín Pedro Justo quien vio el potencial del invento y facilitó su migración a Argentina. En 1940, acompañado de su hermano mayor y su socio Meyne, Biro llegó a un nuevo continente en busca de libertad y oportunidades.

En un modesto garaje, con escasos recursos y la ayuda de cuarenta empleados, los hermanos Biro y Meyne perfeccionaron su invento y lo lanzaron al mercado bajo el nombre de «birome». Ocho años más tarde, Marcel Bich, un empresario francés, compró los derechos del bolígrafo y lanzó una versión de bajo coste con la marca Bic.

Quizás el bolígrafo tuvo su origen en el fútbol porque comparten una esencia fundamental: son instrumentos que siguen escribiendo historias trascendentales. Ambos nos han ayudado a que las vidas de miles de individuos jamás sean olvidadas. El trazo de una línea o un pase a la red tienen más en común de lo que nadie quiera creer.

7

HINCHA
Prudencio Reyes

Según la Real Academia Española, «hinchar» es «hacer que algo aumente de volumen, llenándolo con un fluido, normalmente aire». Entonces, ¿por qué al aficionado se le llama «hincha»? La respuesta la encontramos a principios del siglo XX: fue un utillero del Club Nacional de Uruguay quien cambió la historia de este deporte.

A nivel mundial, el fútbol, en sus inicios, era un pasatiempo practicado por la alta burguesía cuyos partidos se contemplaban desde la grada en silencio, algo así como el tenis. Para Prudencio Miguel Reyes Viola, conocido popularmente como el Gordo Reyes, este nuevo deporte conocido como *football* no podía disfrutarse como si de un entierro se tratase.

Prudencio Reyes nació en Montevideo el 28 de abril de 1882. En aquel entonces no existían los equipos de fútbol en Uruguay tal y como los conocemos hoy, la mayoría de ellos eran solo una rama más de los clubes de *cricket* de la época o de instituciones polideportivas como el Montevideo Rowing Club o el Montevideo Cricket Club. Fue en 1891 cuando se fundó el primer equipo enfocado únicamente a la actividad futbolística: el Albion Football Club.

Cuando Prudencio tenía diecisiete años, nació el Club Nacional de Football, equipo del que se hizo socio desde el primer momento. En su adolescencia comenzaron a llamarle «gordo» por su imponente forma física y su prominente bigote. Desde muy joven trabajó de talabartero, oficio artesano en el que se dedicaba a realizar aparejos, arneses y monturas para caballos. Su gran destreza con el cuero lo convirtió en todo un experto en el diseño, cosido y manipulado de presión de los nuevos balones de fútbol reglamentarios de la época. Además, se convirtió en todo un maestro de la hechura y reparación de botas para jugar al fútbol. Por eso, aprovechando el auge de este deporte y el dominio de las técnicas, creó su propia empresa.

El Gordo se pasaba todos los fines de semana en el Gran Parque Central de Montevideo viendo con pasión a su Nacional. La reglamentación cada vez era más dura con el estado de los balones y, en cuanto un miembro de la directiva del club se enteró de que Prudencio estaba todos los domingos en la grada, no dudó en ofrecerle un puesto dentro del equipo. Su tarea principal se centraría en cuidar el material de entrenamiento y preparar todo lo necesario para los partidos, lo que incluía inflar los balones a pleno pulmón, lo que requería de un considerable esfuerzo físico, pues no existían los hinchadores de hoy. El Gordo no se pensó ni un segundo la oferta y comenzó a formar parte del equipo de sus sueños. Su nuevo puesto le valió el apodo de «hincha», ya que pasaba mucho tiempo inflando los balones para que estuvieran en perfectas condiciones. Sin embargo, su contribución más notable fue mucho más allá de esta labor técnica.

A medida que se familiarizaba con el club y los jugadores, Prudencio se involucró emocionalmente con el equipo. Durante los partidos, no solo se limitaba a desempeñar su rol tras bambalinas, sino que se situaba cerca del campo y animaba vigorosamente al Nacional, con entusiasmo y energía: «Arriba Nacionaaaal», «Vamos Nacionaaaal, vamooooos». Los gritos de Prudencio, llenos de pasión, resonaban en todo el estadio y atraían la atención tanto de los jugadores como de los espectadores que, hasta ahora, estaban acostumbrados a mantener una actitud reservada y discreta en los eventos deportivos, en los que apenas se aplaudían tímidamente los goles o cuando el portero hacía una buena parada.

Poco a poco la influencia del Gordo se extendió. Personas de otras partes de Uruguay acudían al Gran Parque Central solo para ver a ese hombre corpulento y bigotudo animar como nadie lo hacía. Su fervor y dedicación contagiaron a otros aficionados, y empezaron a imitarlo. Así, sus gritos y cánticos se convirtieron en una parte de la experiencia del partido, para animar al equipo en momentos cruciales y crear una atmósfera vibrante única en el mundo. A medida que su fama crecía, la prensa local comenzó a referirse a él como el «hincha», un término que rápidamente se asoció no solo a su tarea de inflar balones, sino también a su rol a la hora de hinchar de pasión el corazón de la grada.

Desde entonces, todo aquel que se sumaba a los gritos de ánimo empezó a ser calificado con este apelativo, que se popularizó primero en Uruguay, se extendió por Argentina y el resto de América Latina hasta convertirse en un término común para describir a los aficionados de cualquier equipo de fútbol del mundo.

El Gordo Reyes, sin saberlo, había dado origen a un fenómeno cultural que trascendía al deporte. Los «hinchas», como se les conoce todavía ahora, son vistos como el corazón y el alma de los clubes de fútbol, personas cuya pasión y apoyo incondicionales pueden inspirar, motivar a los jugadores y afectar al resultado de un partido.

El legado de Prudencio Reyes lo reconoció oficialmente el Club Nacional de Football, que erigió una estatua en su honor en el Gran Parque Central y designó el 28 de abril como el Día Internacional del Hincha, en conmemoración del cumpleaños del Gordo.

Prudencio Miguel Reyes se convirtió en una figura icónica que cambió para siempre la forma en que se vive y se siente el fútbol. Puedo decir que gracias a él hoy estoy escribiendo este libro. La hinchada, el jugador 12, la afición… Nada sería igual sin su figura.

La vida, a veces, es dar rienda suelta a lo que uno siente. Aquel utillero que gritaba cuando todo el mundo estaba callado siguió gritando cuando todo el mundo se reía de él, hasta que consiguió transformar un espectáculo pasivo en la mejor experiencia deportiva del planeta. Prudencio Miguel Reyes decidió seguir gritando y, así, se hizo a sí mismo el primer hincha de la historia.

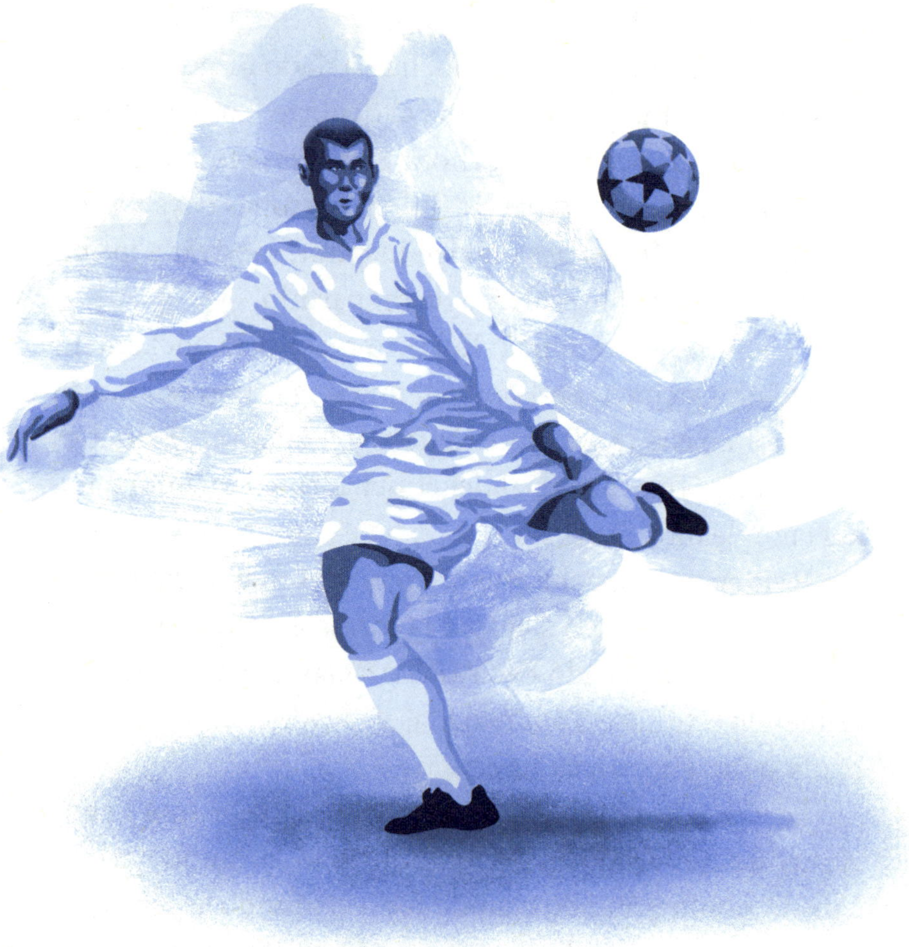

8
LA VOLEA DE ZIDANE

Me enamoré del fútbol por dos cosas: por la pasión que me transmitió mi padre y por la volea de Zidane.

En el año 2002, Zinedine Zidane se convirtió en el único futbolista de la historia capaz de congelar el tiempo. No sabemos si se disfrazó de mago o de escritor, lo que sí sabemos es que aquella volea resultó ser un poema en movimiento, donde la habilidad, la magia y la clase rimaban a la perfección. El Hampden Park de Glasgow más que en un estadio se convirtió en un museo, que desde entonces alberga una de las obras más bellas de la historia del fútbol, la volea de Zidane.

Aquel gol fue el que me enseñó a soñar. Una simple volea supo abrir mi corazón para que desde entonces el fútbol anidase en él. Y sí, podríamos decir que Zinedine Zidane me regaló la que es mi única pasión inquebrantable.

Porque aquella volea fue la que me hizo amar el deporte más bonito del mundo.

9

EL ÚLTIMO FARAÓN
Mohamed Salah

Egipto era, y sigue siendo, un país todavía por explorar en lo que al fútbol se refiere. Es curioso cómo a pesar de tener una gran cultura futbolística y ser el país que más veces ha ganado la Copa de África, apenas cuatro de sus veinticinco internacionales juegan en las grandes ligas europeas. Es cierto que dentro del continente africano son una gran potencia, el Al-Ahly de El Cairo es el equipo que más veces ha ganado la Liga de Campeones de la CAF, conocida como la Champions africana, en once ocasiones, seguido del Zamalek, también egipcio, que la ha ganado cinco veces. Uno podría pensar que el fútbol de élite está plagado de egipcios, pero nada más lejos de la realidad. Su fútbol suscita tan poco interés para los ojeadores del mundo que Mohamed Salah (sí, habéis leído bien) podría haberse quedado toda la vida jugando en su país de no haber sido por una de las mayores tragedias de la historia del fútbol: la tragedia de Port Said.

1 de febrero de 2012, estadio Port Said, el árbitro acaba de pitar el final del partido. El Al-Masry se acaba de proclamar en su casa campeón de Egipto al vencer 3-1 al todopoderoso Al-Ahly. Los hinchas locales saltan al campo para linchar a los perdedores y la afición rival responde con otra invasión. Las autoridades presentes en el estadio, al ver la violencia de los hechos, deciden no intervenir por miedo, a pesar de ser más de tres mil agentes. La batalla campal en medio del césped deja 74 muertos y más de 250 heridos, muchos de ellos solo son hinchas que habían saltado al campo para abrazar a los suyos. Cientos de energúmenos que utilizan el fútbol para desahogar su agresividad acaban de dibujar uno de los capítulos más oscuros de la historia del deporte. La FIFA decide intervenir y suspende momentáneamente la actividad futbolística en todo el país.

En medio del panorama sombrío que arropaba a la nación, el Basel suizo, conmovido por la tragedia, organiza un amistoso con la selección egipcia sub-23 para ayudar a las víctimas y a sus familias. Entre los suplentes de aquel encuentro se encontraba un joven talentoso de veinte años: Mohamed Salah. Entonces jugaba en El-Mokawloon, uno de los equipos más humildes de Egipto. Su futuro parecía ser el de cualquier otro futbolista egipcio: fichar por el Al-Ahly y hacer allí su carrera. Sin embargo, su destino cambió en aquel partido benéfico.

Ni siquiera era titular: entró en la segunda parte y dejó completamente atónito a Heiko Vogel, entonces entrenador del Basel. Salah anotó un doblete en menos de veinte minutos y le dio la victoria a su selección. Los suizos acababan de encontrar un diamante en medio del desierto. Aquella plantilla, con jugadores como Sommer, Xhaka o Shaqiri, acababa de ser aplastada por un chico anónimo que apenas se ganaba la vida con el fútbol.

Salah nació en Nagrig, un pueblo agrícola de menos de nueve mil habitantes a 129 kilómetros de El Cairo. Venía de una familia humilde y desde pequeño le habían inculcado la importancia del estudio. Salah tenía más devoción por la pelota que por los libros. Su padre, que había sido futbolista en un club local, era consciente de la precariedad de los sueldos de los jugadores en Egipto y llegó a prohibirle jugar para que se centrara en sus estudios. Él y su hermano se pasaban todo el día viendo vídeos de jugadores como Zidane o Totti. Las prohibiciones sirvieron de poco; sus notas eran muy bajas pero cada vez que tocaba el balón dejaba boquiabiertos a todos. A medida que iba destacando en el terreno de juego, empezó a recibir el apoyo de sus padres. Y así, tras aquel partido contra el Basel, a Mohamed Salah le ofrecieron una prueba de quince días que culminó en la firma de su primer contrato en Europa, lo que inició su emocionante aventura en el viejo continente.

En su primera campaña ganó la Superliga de Suiza y fue galardonado con el premio a mejor futbolista de la temporada. Comenzó a destacar rápidamente en la Champions League, donde sus actuaciones atrajeron la atención de varios clubes importantes. Meses después, el Chelsea lo fichó. La estancia en el club londinense fue complicada. Bajo la dirección de José Mourinho, Salah no encontró muchas oportunidades para demostrar su valía y lo cedieron a la Fiorentina. Allí eligió el dorsal 74 en honor a las víctimas de la tragedia de Port Said, una muestra de su profundo respeto y conexión con su país y su gente. Su éxito en la Serie A de Italia llamó la atención de la Roma, donde coincidió con uno de sus ídolos: Francesco Totti.

El año 2017 fue un punto de inflexión en la carrera de Salah, cuando fichó por el Liverpool, donde alcanzó la cúspide de su carrera. Lo ganó absolutamente todo y se convirtió en uno de los mejores jugadores africanos de la historia.

Fue precisamente ese mismo año cuando Salah le devolvió a su país toda la alegría que el fútbol le había quitado cinco años antes. El 8 de octubre su equipo se jugaba la clasificación al Mundial de Rusia de 2018. A Egipto solo le valía la victoria para asegurar su lugar en la competición, algo que no lograba desde 1990. El partido se jugó en el Estadio Borg El Arab en Alejandría, y los egipcios iban ganando 1-0 gracias a un gol de Mohamed Salah. Sin embargo, Congo empató el partido en el minuto 87 y las gradas comenzaron a llenarse de lágrimas. La esperanza parecía desvanecerse como un espejismo en medio del desierto.

Quizás fue obra de Isis, diosa de la magia, pero en el minuto 93 Trezeguet recibió un agarrón de Tobias Badila y el árbitro pitó penalti para Egipto. «¡Alá es grande!», gritaban los narradores del país. El banquillo egipcio saltó al campo como si estuviesen celebrando ya la clasificación. El país entero fue invadido de una alegría fugaz. Las sonrisas y los gritos de entusiasmo se enmudecieron justo cuando Mohamed Salah agarró el balón y lo puso en el punto de penalti. Todavía quedaba una barrera más que superar para alcanzar el sueño mundialista. Y sería él, el talento que emergió de la tragedia, quien estaba solo a once metros de convertirse en héroe o villano. El hombre que llevaba en sus espaldas los llantos de todas las familias que perdieron a alguien en Port Said. Mientras Salah acomodaba el balón, los narradores de la OnSport de Egipto empezaron a rezar:

**«En el nombre de Dios,
el Compasivo, el Misericordioso.
Por favor Mohamed Salah, por favor».**

Tomó impulso y disparó con la pierna izquierda un trallazo desesperado, como si la tensión le hubiese impedido apuntar. Aquel tiro desató un estallido de alegría incontenible. Egipto volvía a un Mundial dieciocho años después. Fue una victoria más allá del deporte, fue una reivindicación histórica, un mensaje al mundo de que Egipto, a pesar de las tragedias y las adversidades, seguía en pie, luchando y soñando más que nunca. Mohamed Salah, el niño de Nagrig, le devolvió a su país la alegría que el fútbol le había arrebatado y se convirtió en el faraón del pueblo. En aquella noche mágica de octubre, el niño que emergió de la desgracia se consagró como el mayor héroe, recordándonos que, a veces, de las cenizas del dolor puede surgir la llama más brillante.

10

EL PORTERO SIN BRAZO
Winston Coe

Argentina todavía era tierra de mortales en 1906. El fútbol se vivía como un mero entretenimiento. La idea de profesionalización ni siquiera estaba en la cabeza de quienes jugaban. En Lanús se acababa de fundar un nuevo club: Barracas Athletic.

En su primera temporada consiguieron ascender a la máxima categoría del fútbol argentino. El equipo se convirtió en un club de mitad de tabla al que, muy de vez en cuando, le daba por tantear el liderato. Barracas estaba lleno de grandes jugadores, sobre todo su portero, José *Buruca* Laforia.

Pero la vida, como el fútbol, está llena de giros inesperados. Laforia, que era el único portero, fue transferido al poderoso Alumni, lo que dejó a Barracas sin su guardián, justo antes de un partido crucial. La plantilla entró en estado de alarma, incapaz de encontrar un sustituto, por lo que empezó un proceso de pruebas a todos los jugadores para ver quién podría jugar bajo los palos. Uno de ellos destacó por encima del resto: Winston Coe. Era el lateral titular; no era de los fundadores del club, pero tenía una gran peculiaridad: no tenía brazo izquierdo. Sus compañeros, al principio, miraron con escepticismo la decisión, pero conocían bien la valentía y la determinación que caracterizaban al irlandés.

El día del partido contra el equipo de Estudiantes de Buenos Aires, Winston Coe se colocó bajo los tres palos, desafiante y seguro. La multitud, curiosa y expectante, observaba cada movimiento. Desde el primer momento, quedó claro que Coe no sería un portero corriente. Con el único brazo que tenía y una voluntad de acero, detuvo tiro tras tiro. Los espectadores se quedaron boquiabiertos al ver que Coe se lanzaba al suelo, se tiraba y hacía paradas que parecían imposibles para el fútbol de la época. Winston sustituyó el brazo que le faltaba con la valentía de su corazón.

Sin embargo, y a pesar de una actuación heroica, Barracas perdió por un ajustado 2-1. Aun así, la prensa y los aficionados no pudieron ignorar el milagro que habían presenciado. Winston Coe había redefinido lo que era posible en el campo de fútbol.

En los partidos siguientes, el irlandés continuó defendiendo la portería de Barracas. A pesar de enfrentarse a equipos fuertes y perder algunos partidos por amplios márgenes, su reputación creció. Las derrotas por 11-0 y 5-0 no mermaron la admiración que la gente sentía por él. La mayoría sabía que, sin sus intervenciones, los resultados habrían sido aún más humillantes.

Coe regresó más tarde a su posición original en la defensa, pero su breve y audaz carrera como portero quedó guardada en la memoria de todos los que tuvieron la suerte de verlo jugar. En los años siguientes, su historia se convirtió en leyenda y se contó y recontó, cada vez más adornada, cada vez más increíble, quizá como la estás leyendo en este libro. Quizá porque Coe le dejó al mundo la valiosa lección de que la fuerza no está en el cuerpo, sino en el espíritu. Porque demostró al mundo que la grandeza no está en lo que tenemos, sino en lo que hacemos con lo que tenemos.

11

EL ÁNGEL QUE SALVÓ A ITALIA
František Plánička

En 1934 Europa acogía por primera vez la Copa del Mundo en la Italia de Mussolini. Era la segunda edición del campeonato tras la primera celebrada en Uruguay cuatro años antes. Checoslovaquia llegaba como una de las principales potencias, bajo los palos estaba el que muchos consideraban el mejor guardameta de la década: František Plánička.

Nació en Praga, en 1904, que entonces todavía pertenecía al Imperio austrohúngaro. Su infancia estuvo marcada por la violencia de la Primera Guerra Mundial. Plánička rápidamente encontró la paz en la pelota. Pese a ser un hombre de baja estatura —hacía apenas un metro setenta—, fue enamorándose poco a poco de la posición de portero.

Era un tipo con mucho carisma y liderazgo, virtudes que combinaba perfectamente con su gran agilidad y reflejos. Quizás, por ello, el equipo más importante de su ciudad, el Slavia de Praga, lo fichó con tan solo diecinueve años. Poco a poco fue haciéndose un hueco en el equipo, hasta que su increíble desempeño bajo los palos le llevó a ser apodado «el Gato de Praga». Ganó ocho ligas con el club y se convirtió en una de sus mayores leyendas.

Pero la huella de Plánička va más allá de los títulos. En 1934, Checoslovaquia llegaba al Mundial como una de las principales potencias europeas. Aquella selección estaba plagada de jugadores del Slavia y el guardameta, ya con treinta años, ejercía de capitán. En esos tiempos parecía que solo existían dos porteros sobre la faz de la tierra: František Plánička y Ricardo Zamora. El español no pudo avanzar de cuartos al caer contra Italia, en un partido en el que se pudo ver que el torneo estaba sospechosamente preparado para los anfitriones. Dos goles anulados a Regueiro y Quincoces hicieron que los locales pasasen a la semifinal bajo suspicacia. Italia acabó por clasificarse para la final tras vencer 1-0 a la Austria del «Mozart del fútbol», Matthias Sindelar, con un polémico tanto en el que los austriacos se quejaron de una posible falta sobre su portero.

Por su parte, Checoslovaquia fue pasando rondas de manera sufrida. En octavos tuvieron que remontar el 1-0 inicial de los rumanos, con una segunda parte en la que Plánička repelió numerosos disparos de los rivales. Volvió a ser protagonista en el encuentro de cuartos, y acabaron venciendo a Suiza 2-3. Checoslovaquia había sufrido más de la cuenta contra rivales que, *a priori*, eran inferiores a ellos. En semifinales hicieron su mejor partido, un triplete de Oldrich Nejedly y un colosal Plánička dejaron a los alemanes impotentes.

El 10 de junio de 1934 se enfrentaron los dos finalistas. En el viejo Stadio Torino, oficialmente conocido como Estadio Nacional del Partido Nacional Fascista, no cabía ni un solo alfiler. Más de cincuenta mil italianos se habían congregado para animar a los suyos. La esperanza del pueblo era palpable. Para Mussolini aquel título era más que una obligación, utilizaba el fútbol como propaganda: quería vender al exterior los logros y valores del fascismo italiano. Una noche antes de la final el dictador visitó a los jugadores. Lo que muchos pensaban sería una simple arenga resultó ser un discurso amenazante en el que le dijo al seleccionador Victor Pozzo: «Señor Pozzo, usted es el único responsable del éxito, pero que Dios lo ayude si llega a fracasar», según *El gran libro de los mundiales* de Mark Bushell. Concluyó aquella intervención con la frase «vencer o morir». Más tarde, Luis Monti, un jugador argentino que Mussolini había nacionalizado aun cuando había competido siendo titular en la final del Mundial cuatro años antes con su país de nacimiento, declaró: «En 1930, en Uruguay, me querían matar si ganaba, y en Italia, cuatro años más tarde, si perdía».

Aquel día, a las cinco y media de la tarde, sonó el pitido inicial. La tensión de lo mucho que estaba en juego podía sentirse en el aire, sobre todo para los locales. Italia intentó aprovechar la baja estatura de Plánička, pero el meta supo repeler todos los balones aéreos. El partido estaba igualado hasta que, en el minuto 71, Antonín Puč anotó el primer tanto para Checoslovaquia. El estadio entero se quedó mudo. El equipo italiano encaraba la recta final del encuentro con los nervios de alguien que sabe que se está jugando más que un simple partido de fútbol. Milagrosamente, a nueve minutos para el final, Raimundo Orsi, otro de los argentinos nacionalizados por el dictador, anotó el tanto del empate y el partido se fue a la prórroga.

En el minuto cinco del alargue llegó la jugada que lo cambiaría todo. Angelo Schiavio recibió un balón mordido en la banda derecha, a pocos metros de la línea de fondo. Apenas sin ángulo, Schiavio soltó un disparo tímido y sin fuerza. Sin embargo, aquel golpeo pareció sorprender a Plánička, que terminó recibiendo el gol de la victoria y desató la alegría en todo el estadio. Schiavio se quedó perplejo mirando hacia el portero, incrédulo por el fallo que acababa de cometer Plánička. Aquel disparo despertó sospechas, pero aun así Italia se había convertido en campeón de la Copa del Mundo de 1934.

Aquello fue interpretado como un simple error del Gato de Praga, que siguió jugando con su selección durante varios años más. Su último servicio fue en el Mundial de Francia 1938, en el que Checoslovaquia volvió a hacer un gran papel. Fue protagonista en el partido más sangriento de la historia del fútbol. Ocurrió en los cuartos de final de aquel campeonato en su partido contra Brasil. Al encuentro se le conoció como la Batalla de Burdeos, ya que fue lo más similar a la guerra dentro de un campo de fútbol. El partido acabó con tres expulsiones y un puñado de futbolistas lesionados de gravedad, entre ellos Plánička, que terminó el partido con la clavícula lesionada y el brazo fracturado. Y aunque los cariocas vencieron, el partido del checoslovaco fue de tal magnitud que sería elegido el mejor portero del campeonato.

František Plánička se retiró meses después a sus treinta y cuatro años, pero siguió ligado al fútbol hasta el último día de su vida. Fue entrenador de porteros y más tarde directivo de honor del Slavia de Praga. Murió un 20 de julio de 1996, a los noventa y dos años, reconocido como el último superviviente de aquella final de 1934. Su familia, al ordenar todas sus pertenencias, encontró algo que les llamó sumamente la atención. Se trataba de la medalla de oro del Mundial de Italia. En el trofeo estaba serigrafiado el nombre de Angelo Schiavio y pegado a él había una nota, firmada por el italiano, que decía:

«Gracias por salvarnos la vida».

Plánička guardó durante toda su vida el secreto de aquel gol. Nadie sabe si fue un error o, si de alguna manera, se enteró de las amenazas de Mussolini a los futbolistas. El gesto de Schiavio nos hace pensar que František Plánička salvó más que un gol: salvó vidas, salvó almas, salvó a la humanidad misma del abismo de la propia crueldad humana. Y demostró que la vida está muy por encima de cualquier trofeo.

12

LA VIDA PASA Y KING KAZU SIGUE AHÍ

Año 1986, Kazuyoshi Miura debuta en el Club Atlético Juventus de la segunda división de Brasil. Desde entonces han pasado infinidad de cosas:

Año 1986, la mano de Dios y el Mundial de Argentina.

Año 1987, Maradona gana su primer *scudetto* con el Napoli. Nace Leo Messi.

Año 1988, Holanda gana la Eurocopa y Van Basten el Balón de Oro.

Año 1989, la tragedia de Hillsborough.

Año 1990, Alemania gana la Copa del Mundo y Lothar Matthäus el Balón de Oro.

Año 1991, la UEFA anuncia la creación de la Champions League.

Año 1992, Dinamarca consuma el milagro y gana la Eurocopa. Nace Neymar.

Año 1993, se inaugura la nueva Premier League.

Año 1994, Roberto Baggio *muere* de pie.

Año 1995, se retira Van Basten y se aprueba la ley Bosman.

Año 1996, la Nigeria de Okocha, por sorpresa, gana el oro olímpico.

Año 1997, se retira Maradona.

Año 1998, Francia gana el Mundial y Zidane el Balón de Oro. Nace Mbappé.

Año 1999, México gana la Copa Confederaciones.

Año 2000, Riquelme gana su primera Copa Libertadores. Nazco yo.

Año 2001, Owen gana el Balón de Oro y Zidane ficha por el Madrid.

Año 2002, la volea de Zidane y el debut profesional de Cristiano Ronaldo.

Año 2003, Ronaldinho ficha por el Barça, Beckham por el Real Madrid.

Año 2004, Grecia gana la Eurocopa y el Porto de Mourinho, la Champions.

Año 2005, sucede «el milagro de Estambul» y Messi debuta como profesional.

Año 2006, Italia gana la Copa del Mundo y Zidane se retira.

Año 2007, Kaká se convierte en el último, hasta el momento, Balón de Oro brasileño.

Año 2008, España gana la Eurocopa y Cristiano su primer Balón de Oro.

Año 2009, el Barcelona de Guardiola gana el «sextete» y Messi su primer Balón de Oro.

Año 2010, España gana su primer Mundial.

Año 2011, el Barça gana la Champions y se retira Ronaldo Nazario.

Año 2012, España gana su tercera Eurocopa y Messi anota 91 goles en un solo año.

Año 2013, Neymar ficha por el Barça y se retira David Beckham.

Año 2014, Alemania gana el Mundial y Ramos marca el gol de la Décima.

Año 2015, el Barça del tridente gana el triplete y Chile la Copa América. Riquelme se retira.

Año 2016, el Leicester gana la Premier League; Portugal, la Eurocopa y Chile, la Copa América.

Año 2017, Cristiano gana su quinto Balón de Oro. Se retiran Kaká, Totti y Pirlo.

Año 2018, el Real Madrid gana la Champions y Cristiano se marcha del club.

Año 2019, el Liverpool gana la Champions y Messi, su sexto Balón de Oro.

Año 2020, el fútbol se ve afectado por el covid. El Bayern gana la Champions.

Año 2021, Italia gana la Eurocopa y Messi se marcha del Barcelona.

Año 2022, la Argentina de Messi gana el Mundial.

Año 2023, Messi gana su octavo y último Balón de Oro y se marcha a la MLS y España gana su primer Mundial femenino.

Año 2024, Kazuyoshi Miura aún sigue jugando como profesional a sus cincuenta y seis años.

13

CONTRA EL CÁNCER Y EL NEWCASTLE
Jonás Gutiérrez

«Esta vez el Barbas eligió mal», dijo Maradona en un mensaje público en apoyo a Jonás Gutiérrez. Para Diego, Dios había sido injusto al permitir que, al entonces futbolista del Newcastle, le detectasen un cáncer testicular. «Mira que hay gente hija de puta en Argentina. Tendría que haber elegido a otro», afirmó el Pelusa.

Jonás era un interior izquierdo de esos que ya no quedan: potente, veloz y con una gran capacidad de desborde. Por algo le apodaron el Galgo desde pequeño. El argentino se formó en las inferiores de Vélez Sarsfield, donde debutó como profesional a los dieciocho años. Poco a poco fue estableciéndose como uno de los mejores futbolistas de la competición hasta resultar campeón de Argentina en 2005 con Vélez y despertó el interés de varios clubes europeos.

Fue el Mallorca el equipo que pagó tres millones y medio por su pase. En España Jonás se consagró en el fútbol de élite. Demostró que, gracias a su ética de trabajo, podía jugar en varias posiciones tanto en el mediocampo como en la defensa, y de esa manera se hizo hueco en una plantilla con leyendas del club como Pierre Webó, Dani Güiza y el mago Juan Arango, con el que muchas veces competía por la posición.

Fue en 2008 cuando empezaría realmente su mejor etapa. Fichó por el Newcastle United y, aunque la primera temporada el equipo descendió a segunda división, su segundo año en Inglaterra fue espléndido. Empezó a desempeñarse como carrilero izquierdo gracias a su físico y a su gran capacidad para recorrer distancias. El equipo ascendió al primer puesto de la categoría y Jonás se convirtió en uno de los futbolistas más queridos del club. Aquel año consiguió disputar el Mundial de Sudáfrica en el que Maradona llegó a deshacerse en elogios y declaró que la selección de Argentina era «Mascherano, Messi, Jonás y ocho más». Con los años, siguió desempeñando un papel importantísimo en el Newcastle hasta conseguir la clasificación en la Europa League en 2012.

Su vida cambiaría radicalmente un año más tarde. En mayo de 2013, en pleno Newcastle-Arsenal, Jonás recibió un duro golpe de Bacary Sagna que lo dejó renqueante. El encontronazo le provocó un pequeño dolor en la zona de los testículos, aunque los médicos del club no le dieron mayor importancia. Durante sus vacaciones empezó a sentir malestar en el lugar del golpe y, tras una pequeña inflamación, decidió ir al médico de nuevo, y fue cuando recibió la peor de las noticias. En los sondeos los doctores encontraron un tumor en el testículo izquierdo y decidieron intervenir rápidamente. La noticia dejó boquiabierta a toda la Premier League. Jonás se marchó a Argentina para pasar por quirófano en octubre de 2013. El club ni siquiera le costeó los gastos de la operación, aun cuando su contrato estaba en vigor y era uno de los titulares indiscutibles.

No tardó mucho en recuperar la forma y volver a los entrenamientos. A mediados de diciembre, el entonces entrenador Alan Pardew le comunicó que no iban a seguir contando con él. Jonás se quedó completamente frío. Se sintió traicionado, preguntándose a sí mismo cuál era el delito que había cometido para recibir un desprecio tan inhumano por parte del que parecía el club de sus amores. Cuando más ayuda necesitaba, el presidente Mike Ashley y la directiva del Newcastle le dejaron de lado. Acabó la temporada jugando como cedido en el Norwich City donde tan solo disputó cuatro partidos.

En su vuelta a Newcastle, con todavía año y medio de contrato por delante, volvió a recibir una mala noticia en una de sus revisiones. Le encontraron una inflamación en los ganglios suprarrenales y la única manera de intentar detenerla era sometiéndose a quimioterapia. Esta vez el riesgo era mucho mayor. Y a pesar de la sucesión de desgracias y desprecios, Jonás afrontó este nuevo reto con la misma valentía de siempre. Luchó con cada fibra de su ser, y enfrentó una batalla que esta vez parecía amenazarle con arrebatárselo todo.

«Siempre mirando hacia delante, Jonás», con ese mensaje en una camiseta celebró su compañero Papiss Cissé, para enviar ánimos a su compañero en una situación tan delicada. Cuando caminaba por las calles de Newcastle, todos los aficionados le mostraban su preocupación y su cariño. «Dos cosas que he aprendido de mi enfermedad es cómo puedes apoyar al jugador (como lo hicieron los aficionados del Newcastle) y cómo puedes dejarle solo (como hizo la directiva)», escribió más tarde el argentino en su cuenta de Twitter. Tal era el desprecio de la directiva que la propia madre de Jonás llegó a declarar que esta estuvo cerca de suicidarse delante del estadio como símbolo de rebelión ante el trato tan atroz que recibió su hijo.

Aficionados, compañeros y rivales dejaron de lado sus diferencias rendidos ante la fragilidad humana. Y cuando el mundo estaba pendiente de él, el 3 de noviembre de 2014, Jonás publicó un mensaje en Twitter que hizo exhalar de alivio al mundo:

«Hoy me dieron el alta médica».

El 4 de marzo de 2015, Jonás volvió a pisar un campo de fútbol. Entonces ya habían destituido a Alan Pardew y estaba John Carver, su segundo, como interino. Aunque a diferencia de Pardew, Carver no se dejó influenciar por las órdenes de Mike Ashley y puso a Jonás a jugar. Ashley quería deshacerse del argentino, ya que consideraba que al pasar por un cáncer iba a perder dinero si Jonás seguía en el equipo. En el minuto 65 del Newcastle-Manchester United, todo el St. James' Park se puso en pie para recibir al Galgo. Ambas aficiones se unieron para arropar en un manto de aplausos a un luchador ejemplar. Su gran amigo y capitán, Fabricio Coloccini, se acercó a él y le puso el brazalete de líder. Jonás, sin saberlo, había servido de inspiración para sus compañeros durante su lucha.

Aunque desde entonces las Urracas no ganaron ninguno de los siguientes nueve partidos, y llegaron a la última jornada a dos puntos del descenso y con la necesidad de ganar sí o sí el último encuentro.

Jonás empezó como titular aquel 24 de mayo de 2015, sabía que sería su último partido en el club. Al inicio de la segunda parte el argentino puso un centro precioso y milimétrico para que Moussa Sissoko hiciera el primero. El Newcastle ganaba, pero estaba sufriendo los ataques del West Ham. Si los *hammers* marcaban podía complicarse la permanencia. Hasta que en el minuto 85, Jack Colback vio a Jonás solo en la banda izquierda. El argentino recibió, levantó la cabeza y decidió disparar desde los veinte metros. En aquel balón imprimió toda la rabia contenida: las lágrimas de sus seres queridos en cada sesión de quimioterapia, el desprecio de la directiva y la frustración de haber sido víctima de un destino tan cruel. Todo aquello no puede caber en una pelota, pensarían algunos. Pero cuando el balón tocó la red, el estadio estalló por los aires. Aquellos que estuvieron implicados en la lucha de Jonás celebraron ese gol con más energía, no porque su equipo se mantuviese en primera, sino porque aquel tanto representaba el renacer de un héroe.

Aquel al que su club le había dejado de lado fue el encargado de anotar el tanto de la salvación. En honor a él, a su familia y a los colores que representaban el calor de la afición, para devolver todo su apoyo en forma de gol y demostrar que el amor es lo único que crece cuando se reparte. «El hombre que conoce el verdadero significado de sobrevivir se ha asegurado de que el Newcastle sobreviva», se dijo en Sky Sports.

Durante la celebración, Jonás se quitó la camiseta, se dirigió hacia la banda y mirando al palco presidencial de Mike Ashley gritó: «¡La concha de tu madre!». Aquella frase se convirtió en un símbolo para la afición, harta de la gestión del magnate inglés. Al año siguiente, Jonás abandonó el club y el Newcastle descendería a la segunda división.

El Galgo dio sus últimos pasos en Argentina donde la vida le tenía reservada una última alegría. Con el Independiente de Avellaneda fue campeón de la Copa Sudamericana en 2017, y ganó su segundo y último título como profesional.

Jonás levantó solamente dos títulos como profesional. Sin embargo, su mayor triunfo no tuvo forma de trofeo sino de lección de vida. Nos demostró que, aunque seamos presos de un destino cargado de dificultades siempre habrá, por muy pequeña que sea, una luz al final del túnel. Pues la única manera de alcanzar esa luz es aceptando la injusticia y luchando hasta el final, haciendo honor a la mítica frase del Loco Bielsa que dice:

«No reclamen nada. Traguen el veneno.
Acepten la injusticia,
que todo se equilibra al final».

14

EL INVENTOR DE LA CHILENA
Ramón Unzaga

Hugo Sánchez tuvo un romance empedernido con ella. Diablos como Garnacho o Rooney dejaron varias estampas para el recuerdo. Tipos como Rivaldo, Van Basten o Ronaldinho hicieron de su ejecución una obra de arte. Gracias a ella, Ibrahimović anotó uno de los mejores goles de la historia; Bale decidió una final de Champions y con Cristiano alcanzó la perfección. Es el sueño de todo futbolista y hay quienes se retiran sin haberla conseguido.

Me refiero a la chilena.

Corría el año 1938. En pleno partido de los cuartos de final del Mundial de Francia, Leônidas da Silva, el Diamante Negro, ejecutó un increíble remate acrobático para darle a Brasil la victoria sobre Checoslovaquia. Entusiasmado ante esta acción, el periodista francés Raymond Thourmagem escribió en la revista *Paris Match*:

> **«Este hombre de goma posee un don diabólico. Los goles de Leônidas te hacen tener la sensación de estar soñando».**

El Diamante Negro hizo de aquel remate su sello distintivo. Los franceses no estaban acostumbrados a ver la chilena, o bicicleta, como la llaman en Brasil. Desde entonces, a Leônidas se le empezó a atribuir la creación de este disparo. Sin embargo, los registros históricos sitúan el origen de la chilena justamente veinticuatro años atrás, en 1914, y cómo no, en Chile.

Para ser precisos, fue un vasco quien la inventó. Ramón Unzaga nació el 18 de julio de 1892 en Deusto, Bilbao. A los doce años, emigró con su familia a la ciudad portuaria de Talcahuano en Chile. Allí no tardó mucho en llamar la atención como futbolista. Arrián Pickett, director del Museo de la Memoria Deportiva de Chile, lo define como un «superatleta». La primera chilena de la historia se realizó el 16 de enero de 1914, en el Estadio El Morro. Unzaga, de veinticuatro años, elevó su cuerpo en el aire y, de espaldas al suelo, golpeó el balón con una patada hacia atrás. A los habitantes del puerto de Talcahuano se les conoce como «choreros» y por eso el primer nombre que recibió aquel acrobático remate fue la «chorera». Cuatro años más tarde, en el clásico entre Talcahuano y Concepción, Unzaga repitió la acción, esta vez como recurso defensivo. Un periodista allí presente del diario *El Sur,* bautizó esta acción como la «travesada».

Unzaga no solo fue un futbolista talentoso, sino también una figura comprometida con su comunidad. Trabajó como contador y bombero, y también contribuyó al desarrollo del puerto de la ciudad. A los treinta y un años de edad Ramón Unzaga murió a causa de un paro cardíaco.

Cuatro años después de su muerte, Colo-Colo hizo una breve gira por Europa. En el viejo continente, su delantero David Arellano exhibió el movimiento creado por Unzaga. Los periodistas españoles, impresionados, lo bautizaron como la chilena por su lugar de procedencia.

Sin embargo, en algunas partes de Sudamérica también es conocida como «chalaca». (En el municipio portuario de Callao, Perú, se utiliza el gentilicio de chalaco, por lo que se cree que este podría ser su verdadero origen.) El historiador Jorge Basadre decía que fue un habitante de Callao, Perú, quien realizó con éxito la acrobacia, en un partido celebrado en el puerto contra marinos ingleses en 1892. Sin embargo, no existen registros oficiales ni evidencias de que aquello fuese así. Venga de Brasil, Perú o Chile, lo que es casi seguro es que aquel mítico movimiento nació en Sudamérica.

Sea quien sea el que algún día la inventó, lo único cierto es que fue alguien que se atrevió a jugar con su imaginación. Alguien que en un instante de creatividad se dio cuenta de que el fútbol también se juega en el cielo. Gracias a una persona así, nació la chilena, la forma de expresión más bonita de este deporte. Una jugada que todos quisimos hacer de niños y que nos demuestra que el fútbol es una poesía escrita con los pies y soñada con el corazón.

15

EL PRIMER JAPONÉS EN EUROPA
Yasuhiko Okudera

Todo el mundo desconoce quién fue el primer samurái de Japón. Sería una pregunta absurda que probablemente jamás podamos responder. Sin embargo, en el fútbol una pregunta de esta naturaleza sí puede ser resuelta.

No fue hasta la década de los noventa cuando el fútbol nipón comenzó a estar en el ojo del mundo. Dos desconocidos llamados Zico y Gary Lineker encontraron en la recién creada J-League un lugar ideal para su retiro. No sería hasta 2001 cuando Hidetoshi Nakata se convertiría en la primera superestrella moderna de su país al ganar una histórica Serie A con la Roma. Después vinieron otros como Shunsuke Nakamura, quien se convirtió en una leyenda del Celtic de Glasgow, o Keisuke Honda, ganador de una Supercopa de Italia con el Milan. En la actualidad ya es normal ver a un japonés jugar en las grandes ligas europeas, pero en los setenta todavía no había ninguno. En aquellos años, el fútbol en Japón era un deporte *amateur*. La sociedad estaba más interesada en el béisbol y las artes marciales. La historia tampoco había ayudado a que el deporte rey se volviera popular en el país.

Corría el año 1907 cuando, bajó influencia británica, se jugó el primer partido íntegramente entre equipos japoneses, dando pie a una proliferación de torneos entre escuelas e institutos que culminaría en 1921 con la fundación de la Asociación Japonesa de Fútbol (JFA). Ese mismo año se creó la primera competición nacional, hoy conocida como Copa del Emperador. La JFA decidió acudir a los Juegos Olímpicos de 1936 y, a pesar de su eliminación, dejaron al mundo boquiabierto al remontar un 0-2 y vencer 3-2 a Suecia, una de las selecciones favoritas del torneo. Tras aquello, el fútbol comenzó a ganar una popularidad notable hasta que en 1939 estalló la Segunda Guerra Mundial. Japón, alineado con el eje, fue por un tiempo excluido por la FIFA, lo que significó un paréntesis en su evolución futbolística que duró hasta 1950. Durante esos años, los soldados norteamericanos ocuparon el país y promovieron el béisbol, que se convirtió en el deporte dominante.

No obstante, Japón quería volver a jugar al fútbol para las Olimpiadas de Tokio de 1964. Es entonces cuando la JFA contrató, bajo consejo de la Alemania Occidental, a un exfutbolista llamado Dettmar Cramer, que más tarde se convertiría en un entrenador legendario del fútbol alemán al ganar dos veces la Copa de Europa con el Bayern de Múnich.

Cramer no tardó mucho en encontrar las carencias del fútbol nipón y poco a poco trabajó en mejorar el nivel de la selección. Aunque no consiguió clasificarse para el Mundial de Chile de 1962, para los Juegos Olímpicos de Tokio el combinado japonés llegó a un nivel altísimo. Consiguió los cuartos de final tras vencer por 3-2 a Argentina.

Tras la cita olímpica, Cramer dejó Japón, pero no sin antes recomendarle a la JFA la creación de una liga en la que los equipos pudiesen competir regularmente. Así, en 1965, se creó la Japan Soccer League, una competición de aficionados de ocho equipos, todos ellos propiedad de las empresas más importantes del país. Tal y como había previsto Cramer, el nivel del fútbol japonés empezaba a ser más alto hasta el punto que, en los Juegos Olímpicos de 1968, consiguieron un histórico bronce. Allí, Kunishige Kamamoto, máximo goleador del torneo, se consagró como la primera estrella del fútbol de su país.

El fútbol cada vez movía más dinero y las empresas comenzaron a realizar una mayor inversión. En 1972 debutó en uno de aquellos equipos, el Furukawa Electric, un joven centrocampista llamado Yasuhiko Okudera. Su impresionante despliegue físico y su gran golpeo de larga distancia le valieron para que lo convocaran a la selección ese mismo año. Su carrera, al igual que la de Kamamoto y cualquier otro futbolista japonés de la época, parecía estar destinada a jugar toda la vida en su país.

Pero su vida dio un giro inesperado en 1977. El Furukawa Electric, siguiendo otro de los consejos de Cramer, comenzó una gira de pretemporada para jugar contra varios clubes de Alemania. Okudera dejó boquiabiertos a varios ojeadores del FC Koln, que rápidamente llamaron al entrenador Hans Weisweiler para que lo viera. El legendario técnico alemán se quedó por completo atónito con el desparpajo del nipón. Ese mismo verano le ofrecieron un gran contrato y la oportunidad de mudarse con su familia a Colonia. Okudera se convirtió así en el primer futbolista de la historia de Japón en jugar en Europa.

La prensa de la época cuestionó en un primer momento el fichaje, muchos decían que era solo un principiante japonés. Su inicio en la Bundesliga fue complicado, los problemas de adaptación a la cultura occidental y el cambio drástico a un fútbol completamente profesionalizado no le ayudaron en sus primeros partidos. Sin embargo, a falta de tres jornadas y compartiendo la cima de la tabla con el Mönchengladbach, Okudera anotó cuatro goles en los últimos tres partidos. El FC Koln ganó la liga, empatado a puntos con el Mönchengladbach, pero con una diferencia de tres goles. El nipón fue clave aquel año: no solo ganó la Bundesliga, sino también la Copa. Este fue el primer y único doblete de la historia del club.

Un año después, con Okudera ya completamente adaptado al equipo, consiguió llegar a las semifinales de la Copa de Europa, y a pesar de caer ante el Nottingham Forest de Brian Clough, se convirtió en el primer futbolista asiático en marcar un gol en la competición de clubes más importante del planeta.

Aparte de sus cuatro temporadas en Colonia, Yasuhiko Okudera jugó seis años más en Alemania, uno en el Hertha de Berlín y cinco en el Werder Bremen. No tuvo la suerte de conseguir más títulos fuera de su país, pero su valentía para marcharse de Japón y su gran nivel futbolístico lo convirtieron en una de las once leyendas reconocidas oficialmente por la Bundesliga.

Ya en el ocaso de su carrera todavía tuvo tiempo para hacer historia.

En 1986, al volver a su país, consiguió ganar con el Furukawa Electric la Liga de Campeones de Asia, conocida como la Champions League de Asia. Convirtió al Furukawa en el primer club japonés en lograr el título de clubes más importante del continente.

La historia de Okudera va más allá de los goles y los trofeos. Con su valentía no solo se convirtió en el primer samurái del fútbol japonés, sino que también construyó un puente invisible tendido entre culturas, un sendero trazado a través de océanos y continentes por el que ahora transitan jóvenes promesas con sueños similares a los suyos. Hoy la selección de Japón está compuesta por futbolistas que juegan en las grandes ligas europeas, mayormente en la Bundesliga. Y todo porque un día hubo un chico que se atrevió a soñar por encima del resto.

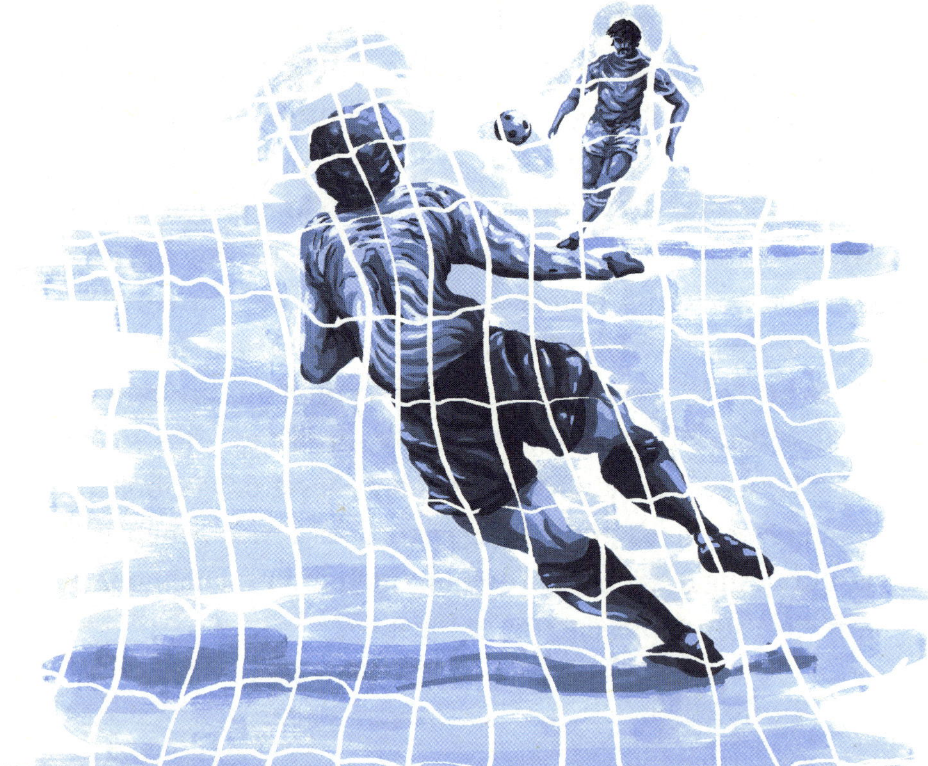

16

PANENKA

Estadio Rajko Mitić, Serbia, año 1976. Final de la Eurocopa entre Checoslovaquia y Alemania. El partido es un auténtico espectáculo ofensivo. El gol sobre la bocina de Hölzenbein empata el encuentro llevándolo a los penaltis. Ambas selecciones anotan los tres primeros, solo Alemania falla el cuarto.

Todo depende de Antonín Panenka. Bajo los palos, el legendario Sepp Maier.

El mundo entero tiene los ojos puestos en el televisor.

El árbitro silba. Panenka toma carrera con pasos calculados, pero no acelera. Mientras Maier se lanza a un costado, anticipando un disparo feroz, el pie de Panenka acaricia el balón con una sutileza inesperada. Un toque divino, una caricia etérea. Un acto de elegancia y arrogancia al mismo tiempo. Fue la primera vez que un jugador se disfrazó de poeta para escribir su nombre en la eternidad del fútbol. Desde aquel instante el fútbol se elevó a la categoría de arte.

17

LA SONRISA DEL REFUGIADO
Alphonso Davies

Liberia estaba envuelta en uno de sus mayores conflictos históricos. El último dictador del país, Samuel Kanyon Doe, había sido asesinado, y aquel vacío de poder provocó una sangrienta guerra civil que dejó más de 250.000 víctimas.

Victoria y Debeah Davies, un joven matrimonio liberiano, habían huido del país. A lo largo de varios días, viajaron cientos de miles de kilómetros a través de África Occidental hasta llegar al campamento de refugiados de Buduburam, cerca de Accra, Ghana. Allí, bajo una atmósfera triste y pesimista, nació Alphonso Davies, un 2 de noviembre del año 2000.

La vida en el campamento no era fácil: el calor y el caos lo convertían en un lugar hostil. La familia vivía en un habitáculo hecho a base de chapas desechadas y restos de un gallinero abandonado. Aquella casa improvisada no era más grande que un coche. Y en esas condiciones difíciles, el pequeño Alphonso comenzó a soñar, sin saber que esos sueños lo llevarían muy lejos.

En Buduburam vivían más de 50.000 refugiados y de forma gradual fueron construyéndose escuelas, tiendas, comisarías de policía y cómo no, campos de fútbol. La mayoría eran áreas diáfanas donde se improvisaban las porterías con dos garrafas. Entre los dos barracones más grandes del campamento, el sitio que más se parecía a un campo de fútbol era el Pupu Park, hecho con cemento y dos porterías sin redes. Allí, Alphonso y su primo Aloysius, que llegó poco después, se permitían el lujo de aislarse de la tristeza con un balón en los pies. El fútbol se convirtió en una medicina para el alma de Alphonso y poco a poco fue llenándose de optimismo imaginando un futuro mejor. De hecho, el joven Davies ya destacaba entre todos los niños allí presentes.

Cuando el pequeño tenía cinco años, la familia Davies recibió una noticia que cambiaría sus vidas: su petición había sido aceptada y podían marcharse como refugiados a Canadá. El frío de Edmonton contrastaba fuertemente con el calor de Ghana, pero también simbolizaba un nuevo comienzo. En este nuevo hogar, Alphonso encontró en el fútbol una pasión que seguía manteniendo vivo su espíritu. Sin embargo, el miedo hacia este nuevo horizonte provocó que el pequeño Davies se volviese un niño tímido, por lo que su principal forma de expresión siempre ocurría con un balón en los pies. Uno de los niños de su nuevo barrio le sugirió que fuese a probar suerte al Edmonton Strikers, un equipo pequeño de la ciudad. Davies fue a su primer entrenamiento sin botas ni camiseta de fútbol, pero el entrenador quedó impresionado con el pequeño «niño refugiado».

Su velocidad era más la de un atleta que la de un futbolista. No le costó mucho convertirse en el líder del equipo y, muy pronto, jugar en las divisiones más bajas del fútbol canadiense se le quedó muy corto. Solo tenía diez años. En 2012 fichó por la Saint Nicholas Junior High Soccer Academy, una escuela donde se desarrollaban los mejores talentos de Edmonton. Durante los tres años que estuvo, Davies ganó el campeonato de Liga, e incluso hoy se puede ver su imagen en la portada del folleto de la academia.

Durante aquella etapa, Alphonso tenía que cuidar de sus dos hermanos pequeños, que nacieron ya en Canadá, mientras sus padres trabajaban. Su vida se resumía en estudiar, jugar al fútbol y hacer de niñera, mientras sus éxitos deportivos le hacían soñar en grande, y no hay nada como un sueño para crear un futuro. Ese sueño se materializó a los quince años, cuando el Vancouver Whitecaps, equipo de la MLS, lo fichó. Alphonso Davies se convirtió en el segundo jugador más joven del club en firmar un contrato profesional. Pocos meses después, en julio de 2016, debutó en la MLS a los quince años y 257 días. Su velocidad vertiginosa, habilidad con el balón y madurez en el campo lo distinguieron rápidamente. No pasó mucho tiempo antes de que el mundo del fútbol comenzara a tomar nota del joven canadiense.

Hasta que, en 2018, su vida cambió completamente. El Bayern de Múnich pagó diez millones de euros por él en un traspaso que dejó sorprendido a todo el mundo. Uno de los mejores clubes de Europa acababa de pagar una millonada por un canadiense desconocido. En el Allianz Arena, Davies no solo se adaptó casi sin esfuerzo, sino que floreció como lateral izquierdo. Su desempeño en la Champions League de 2020 fue espectacular, y contribuyó a que el Bayern de Múnich ganara el título con actuaciones memorables como la carrera deslumbrante contra el Barça en aquel 2-8. Un partido que nos dejó una jugada espectacular con Davies regateando al mismísimo Messi y a Arturo Vidal.

Actualmente, a sus veintitrés años, el canadiense lo ha ganado absolutamente todo en Alemania. El mismo que de niño corrió descalzo en las polvorientas tierras del campo de refugiados de Buduburam, ahora corre bajo las luces brillantes de los estadios más prestigiosos del mundo. Un tipo que juega al fútbol sonriendo, que es una inspiración para todos aquellos niños que están huyendo de una guerra y que convirtió su fútbol en una prueba viviente de que, sin importar de dónde vengamos, nuestros sueños pueden llevarnos a lugares extraordinarios.

18

EL HOMBRE GOL
Rafael María Moreno Aranzadi *Pichichi*

¿Cómo un tipo que solo jugó durante nueve años como profesional pudo dejar un legado tan grande? ¿Cómo un tipo que murió en 1922, con apenas veintinueve años, es conocido por todos los niños de Bilbao?

Mi ciudad es distinta a las demás.

Para los puristas de este deporte, Bilbao es algo así como la meca del fútbol europeo; no es casualidad que a San Mamés lo llamen «la catedral». Este mote lo diferenciaba del asilo que estaba al lado. Le pusieron nombre de templo. Por algo será. Como ya habéis visto, el fútbol aquí es una religión, con su templo en forma de estadio y sus mandamientos en forma de *filosofía*. Y como en muchas religiones, también hay dioses. El busto del dios «Pichichi» da la bienvenida a los jugadores al terreno de juego al salir de los vestuarios. El jugador medía metro cincuenta, participó solo en nueve temporadas como profesional, murió de forma extraña a los veintinueve y se convirtió en uno de los mayores exponentes del fútbol español.

Rafael María Moreno Aranzadi nació en Bilbao, en 1892, en el seno de una familia acomodada de la ciudad. Su padre, Joaquín Moreno Goñi, era un respetado abogado y exalcalde de la capital vizcaína. Su madre, Dalmacia Aranzadi, era prima carnal de Miguel Unamuno, uno de los filósofos y escritores españoles más importantes del siglo XX. Durante su infancia, Rafael correteaba por la antigua Campa de los Ingleses de Bilbao, donde jugaba al fútbol con gente mucho más mayor que él. Se dice que fue entonces cuando le pusieron el apodo de Pichichi. Se desconoce el origen de este mote, pues no significa nada en euskera, como muchos pensaban en Madrid. Lo que se cree es que pudo ser su hermano Raimundo quien se refiriese de esta manera al aspecto diminuto de Rafael.

Por sus raíces, Pichichi tenía un camino predestinado entre los juzgados y la política. Pero desde sus días en los Escolapios de Bilbao, Rafael demostró poco interés por los libros. La universidad no fue diferente; el Derecho no pudo competir con la atracción hacia el balón. Rafael acabó por suspender todas las asignaturas y dejó la carrera. Quería cambiar los estudios y el trabajo por los goles. Sin embargo, su padre seguía empeñado en hacer de su hijo un hombre provechoso y que, al igual que él, pudiese dejar huella en la ciudad al ocupar un cargo importante. Joaquín le consiguió un trabajo como funcionario en el ayuntamiento de Bilbao. Rafael no duró mucho en el ayuntamiento. Ya hacía tiempo que era consciente de que aquello de los papeles y los trámites burocráticos no eran para él. Su corazón latía al ritmo de un balón, no al tictac monótono de un reloj de oficina.

A pesar de sus estudios, nunca dejó de lado la pasión por el fútbol y para cuando acabó su etapa como funcionario, Pichichi ya había debutado con el Bilbao FC, entonces considerado como una especie de filial del primer equipo. Jugó uno de esos partidos de la famosa copa de 1911 contra el Athletic, y Pichichi, a pesar de la derrota, consiguió anotar un gol.

Él era la antítesis de todo lo que se había visto hasta la fecha en un delantero. Bajito, rápido, habilidoso y muy astuto. Fue el primer gran maestro del engaño del fútbol español. Gritaba de dolor al recibir una falta leve, fingía estar cansado para luego desmarcarse a toda velocidad y pisaba a los defensas en los córneres para que no pudiesen saltar. Esas solo eran algunas de las pillerías que se cuentan en sus historias. Las realizaba con su característico pañuelo blanco atado a la cabeza con el que jugaba.

El Athletic lo acabó fichando en 1912 y justo un año después, el 21 de agosto, tras completarse la construcción del estadio de San Mamés, Pichichi se convirtió en el primer jugador en marcar en la catedral, ante el Racing de Irún. Aquello lo llevó a convertirse en uno de los grandes ídolos de la ciudad hasta el punto de que en 1915 le invitaron a torear un novillo en la Plaza de Toros de Vista Alegre. Era un gran apasionado de la tauromaquia y aquel día consiguió «marcarse» otro tanto y se llevó dos orejas.

En sus nueve años como futbolista del Athletic anotó 84 goles en 91 partidos. Entonces no existía la liga española, solamente el Campeonato de España (la Copa del Rey), que ganó en cuatro ocasiones, además de algunos campeonatos regionales. Ya en el ocaso de su carrera, en 1920, cuando entre la afición le comenzaba a aparecer algún detractor, le llamaron para disputar los Juegos Olímpicos de Amberes de 1920. Pese a estar bajo de forma, disputó el primer partido de la historia de la selección española ante Dinamarca. En la final de los Juegos anotó su primer y único tanto con La Roja, pero acabó perdiendo 3-1 contra los Países Bajos.

Jugó una temporada más y acabó por colgar las botas en 1921, a los veintinueve años. Cuando todo el mundo pensaba que se convertiría en entrenador, tomó la insólita decisión de trabajar como árbitro. Pocos meses después falleció. Su muerte fue todo un misterio. Aparentemente fue causada por unas fiebres tifoideas que contrajo al comer ostras en mal estado. Lo único cierto es que toda España lloró su muerte. Rafael acabó convirtiéndose en un tipo que dejó una huella imborrable en la ciudad, como había deseado su padre. Bilbao acababa de perder a su mayor mito, y el luto por su pérdida duró años. El sentimiento de nostalgia se apoderó de Bilbao, hasta el punto de que cuatro años después de su muerte, el Athletic Club y la ciudad de Bilbao le rindieron homenaje erigiendo un busto en San Mamés, donde cada nuevo equipo que visita el estadio por primera vez sigue la tradición de ofrecer flores a la leyenda de Pichichi. Un acto en el que no solo se honra la memoria de una leyenda, se demuestra el amor por el juego y el respeto por quienes hicieron del fútbol algo tan grande.

En 1953 el diario *Marca* creó unos premios para el máximo goleador de la liga española. El director del periódico, Luis del Álamo, le dio el nombre de «Pichichi» al premio del máximo goleador. Aquello se instaló en la sociedad hasta el punto de que en toda España empezó a utilizarse el término «Pichichi» para referirse al máximo goleador de cualquier liga. Una costumbre que se sigue manteniendo, por eso su nombre es sinónimo de gol. Y aunque los niños de hoy en día sueñan con ser «el pichichi» y no «Pichichi», la memoria de Rafael Moreno Aranzadi sigue viva, y late con fuerza desde el corazón de Bilbao hasta los rincones más recónditos del país.

19

EL MOZART DEL FÚTBOL
Matthias Sindelar

A principios de los años veinte, la ciudad de Viena todavía se estaba reconstruyendo tras la Primera Guerra Mundial. Las ruinas y los andamios contrastaban con la elegancia de los edificios de siglos pasados. La ciudad estaba en plena efervescencia cultural y artística. Mientras que la ópera seguía siendo el templo de la música clásica de Mozart y Strauss, en las calles se empezaban a escuchar las primeras notas de *jazz*. Los cafés eran puntos de encuentro para grandes intelectuales como el padre del psicoanálisis Sigmund Freud, o el escritor Stefan Zweig. Este último llegó a afirmar que Viena era un microcosmos, un reflejo del mundo en toda su diversidad y complejidad. Y en una tierra donde Dios dio genios de tantas disciplinas, creció uno de los mayores talentos de la historia del deporte rey: Matthias Sindelar, el único futbolista que le plantó cara a Hitler.

Nacido el 10 de febrero de 1903 en Kozlov, hoy parte de la República Checa, Sindelar se trasladó a Viena con su familia cuando era un niño. En los barrios humildes, el joven Matthias encontró en el fútbol su pasión. Desde una edad temprana mostró una habilidad extraordinaria para el juego, una elegancia y una destreza que lo diferenciaban. En los campos de tierra de la ciudad, comenzó a forjarse la leyenda del hombre que haría del fútbol un arte. Por aquel entonces, en Viena comenzaban a ganar peso los clubes deportivos. Era la época de entreguerras, y la mejor manera de amenizar la reconstrucción de la capital era con el fútbol. Los equipos empezaron a captar talento joven; así fue como el Hertha de Viena fichó a Sindelar con tan solo quince años. Matthias todavía era un simple estudiante que combinaba el fútbol con un trabajo de cerrajero a tiempo parcial. Su cuerpo delgado y sus movimientos ágiles y ligeros le llevaron a ganarse el apodo de *Der Papierene* («Hombre de Papel»), apodo que, gracias a su virtuosismo, con los años pasó a ser el «Mozart del Fútbol».

Sus inicios en el Hertha no fueron sencillos. La superioridad que imponía ante compañeros y rivales fue opacada por las repetidas lesiones de rodilla que sufrió en plena etapa de crecimiento. El equipo desapareció por problemas económicos y administrativos, pero Sindelar fichó por el que sería el club de su vida: el Austria de Viena.

Era 1924, Matthias tenía veintiún años y estaba en su mejor momento como futbolista. Ganó la Copa dos años consecutivos y consiguió levantar una liga en 1926. Ese mismo año, debutó con la selección nacional de Austria en un

EL MOZART DEL FÚTBOL

partido contra Checoslovaquia, donde anotó uno de los goles en una victoria por 2-1. Este fue el comienzo de una gran carrera internacional, durante la cual se convirtió en la estrella del Wunderteam («equipo maravilloso»), la legendaria selección austriaca de los años treinta. El apodo proviene del dominio que imponía aquella selección en todo el continente europeo. Era un equipo peculiar, su entrenador, Hugo Meisl, desarrolló un estilo de juego novedoso basado en un fútbol de pases cortos y fluidos. Aparte de Sindelar, en aquella plantilla había otro hombre destacado: Josef Bican, tercer máximo goleador de la historia del fútbol solo por detrás de Cristiano y Messi. La Austria de Sindelar es considerada la primera gran selección de la historia del fútbol.

Sin embargo, la carrera de Sindelar no estuvo exenta de conflictos. Entre 1928 y 1931, no jugó durante catorce partidos de la selección a causa de desacuerdos con el seleccionador. Hugo Meisl criticaba el estilo de juego de Sindelar, al que de vez en cuando le daba por llevar el balón ignorando la *filosofía* de juego de los pases cortos. Los problemas entre ambos estallaron tras un partido ante Alemania, en el que el Mozart del Fútbol perdió muchos balones a causa del césped nevado. Sin embargo, la presión de los aficionados y los periodistas finalmente propició su regreso en 1931 y fue así como volvió a brillar y liderar al equipo austriaco a nuevas alturas.

Una vez de vuelta, Sindelar se convirtió en el alma del famoso Wunderteam, y contribuyó significativamente al éxito de Austria en la Copa Internacional de Europa Central de 1931-1932 (uno de los torneos que preceden a la

Eurocopa, creado por el propio Meisl), cuando anotó cuatro goles para ayudar al país a ganar su primer título internacional.

En el escenario de la Copa del Mundo de 1934, Sindelar volvió a tener un papel fundamental. Anotó en el primer partido de Austria para una victoria por 3-2 contra Francia en el tiempo de descuento, y el jugador demostró su capacidad para lucir su talento decisivo en momentos cruciales. En cuartos de final el equipo se impuso a Hungría con otra actuación individual brillante. En semifinales jugó contra la anfitriona, Italia, con la presencia en la grada de Benito Mussolini, primer ministro italiano y líder del movimiento fascista. San Siro estaba en malas condiciones debido a una intensa lluvia, lo que dificultó el juego fluido de los austriacos y favoreció el estilo más físico de los locales.

La Azzurra se adelantó en el minuto 19 con un gol de Enrique Guaita, uno de los argentinos nacionalizados por el dictador. Sin embargo, el tanto estuvo teñido de controversia. El portero austriaco, Peter Platzer, fue obstruido en su intento de detener el balón, lo que llevó a muchas protestas por parte de los jugadores y aficionados austriacos. El árbitro sueco Ivan Eklind validó el gol, una decisión que fue muy criticada por la prensa de la época, sobre todo tras la victoria de Italia contra España en cuartos por dos goles dudosamente anulados a su favor. Italia, como parecía esperarse, se clasificó para la final.

Tras el Mundial, Matthias Sindelar continuó brillando con el FK Austria Viena y con la selección. Revolucionó la historia del fútbol al convertirse en el primer jugador en protagonizar una campaña de publicidad. Sindelar se convirtió en la imagen de varios productos de lo más variopintos. Su popularidad le permitió patrocinar balones de fútbol que llevaban su nombre, así como una línea de ropa con su firma en una reconocida tienda de moda vienesa, Tlapa. Al poco, también apareció en carteles publicitarios de productos como el yogur Fru-Fru o el valioso reloj Alpina Gruen Pentagon, que reflejaba éxito y estilo.

En 1938, Sindelar participó en una película húngara llamada *Roxy and Her Wonder Team,* en la cual se interpretó a sí mismo, lo que todavía subrayó más su estatus de estrella tanto dentro como fuera del campo. Estas apariciones en el ámbito de la publicidad y del cine no solo le proporcionaron ingresos adicionales, sino que también consolidaron su imagen como una figura pública respetada y admirada en toda Europa.

Pero la vida de Sindelar cambiaría completamente el 12 de marzo de 1938. Austria fue anexionada a la Alemania nazi. Sindelar, de ascendencia judía, había crecido rodeado de compañeros judíos. Su equipo, el Austria de Viena, tenía una gran influencia judía: directivos, jugadores y aficionados compartían la misma identidad cultural. Las propiedades judías fueron confiscadas y muchas personas del club, así como aficionados, fueron deportados o asesinados durante el Holocausto. El club mismo fue «arianizado» y perdió su identidad distintiva bajo el control nazi. El reclutamiento forzoso de jugadores en el ejército y la expulsión de los judíos de la entidad acabaron por frenar a la generación dorada del fútbol austriaco.

Tras la anexión de Austria, el régimen nazi intentó integrar a los mejores jugadores en el equipo alemán. Sindelar se opuso firmemente. El 3 de abril de 1938, solo semanas después de la anexión, se organizó un partido entre Austria y Alemania en el Estadio Prater de Viena, conocido como el «partido de la reunificación». Este partido estaba destinado a simbolizar la unidad germánica bajo el régimen nazi. Durante el encuentro, los jugadores austriacos en principio se mostraron reticentes a marcar, pues seguían la aparente directriz de no imponerse al combinado alemán. Sin embargo, en la segunda mitad, Sindelar rompió con este teatro barato. Anotó el primer gol del encuentro y corrió al centro del campo a celebrarlo. Se postró ante la grada donde estaban los oficiales del Tercer Reich y, con una sonrisa en su rostro, comenzó a bailar.

El estadio, repleto de personas que sabían del peso y significado de ese acto, se llenó de murmullos. Los oficiales nazis no podían ocultar su descontento. Aquel baile no era solo una celebración del gol, era un rechazo visceral a someterse a la voluntad del régimen. Los aficionados austriacos se quedaron mudos, eran conscientes de que ese gesto podría tener consecuencias severas. Pero en esos instantes, Sindelar era invencible. El fútbol le había convertido en el mayor icono de Viena, y él lo sabía. No podía permitir que los nazis tratasen a los suyos con tanto desprecio. Su compañero Karl Sesta anotó el segundo gol. Austria acababa de cometer uno de los mayores actos de rebeldía contra el ejército nazi, todo sobre un campo de fútbol.

Este partido fue el último en el que Sindelar jugó oficialmente. Tras el encuentro, continuó en contacto con figuras judías del fútbol austriaco, lo que aumentó las sospechas y la vigilancia del régimen nazi sobre él. Hasta que el 23 de enero de 1939, Sindelar y su novia, Camilla Castignola, fueron encontrados sin vida en su apartamento de Viena. La causa oficial de la muerte fue intoxicación por monóxido de carbono, aunque las causas exactas siguen siendo un misterio. Algunos creen que fue un suicidio provocado por las presiones del régimen sobre el jugador. Lo que todo Viena creyó fue que la muerte de Sindelar fue un asesinato ordenado por el régimen nazi debido a su abierta oposición.

El Mozart del Fútbol defendió a su pueblo no con armas ni discursos, sino con la magia que hacía con el balón en sus pies. El régimen nazi amenazaba con apagar las luces de Viena. Sindelar se convirtió en el faro de esperanza del pueblo austriaco, pues demostró que el espíritu humano es ingobernable. Me llaman la atención los futbolistas que son más que solo futbolistas, y Sindelar fue mucho más que eso. Un tipo capaz de luchar siempre por lo correcto, incluso cuando el costo es demasiado alto. Matthias Sindelar era al fútbol lo que Wolfgang Amadeus Mozart a la música; ambos eran de Viena y ambos dejaron una huella imborrable, uno por sus geniales composiciones musicales y destreza con el piano, y el otro con su talento futbolístico y sus valores humanos.

20
LOS DIOSES DE MARADONA

Hay quien dice que Maradona era un dios, sin embargo, yo siempre he pensado que todos los dioses habitaron en su interior.

Dentro de Maradona vivió Zeus, porque Diego también alcanzó el cielo con su mano.

Vivió Afrodita en él, porque nadie nunca fue capaz de repartir tanto amor en Argentina.

Vivió Ares, porque supo que la guerra contra los ingleses no había terminado en Malvinas.

Vivió Hera, en el abrazo que daba cada mañana a sus hijos.

Vivió Hermes, porque su fútbol era un mensaje de alegría.

Vivió Apolo, porque el sol que lo iluminaba fue el que le acabó quemando.

Vivió Eros, en el deseo desmedido y en los vicios descontrolados.

Y vivió Hades, porque su carácter lo fue arrastrando poco a poco hacia el infierno.

Maradona era un panteón en sí mismo, una constelación de dioses que se manifestaban a través de su increíble talento, pasión desmedida y vida desordenada. Una leyenda en la que residía el poder de lo divino y la fragilidad de lo humano.

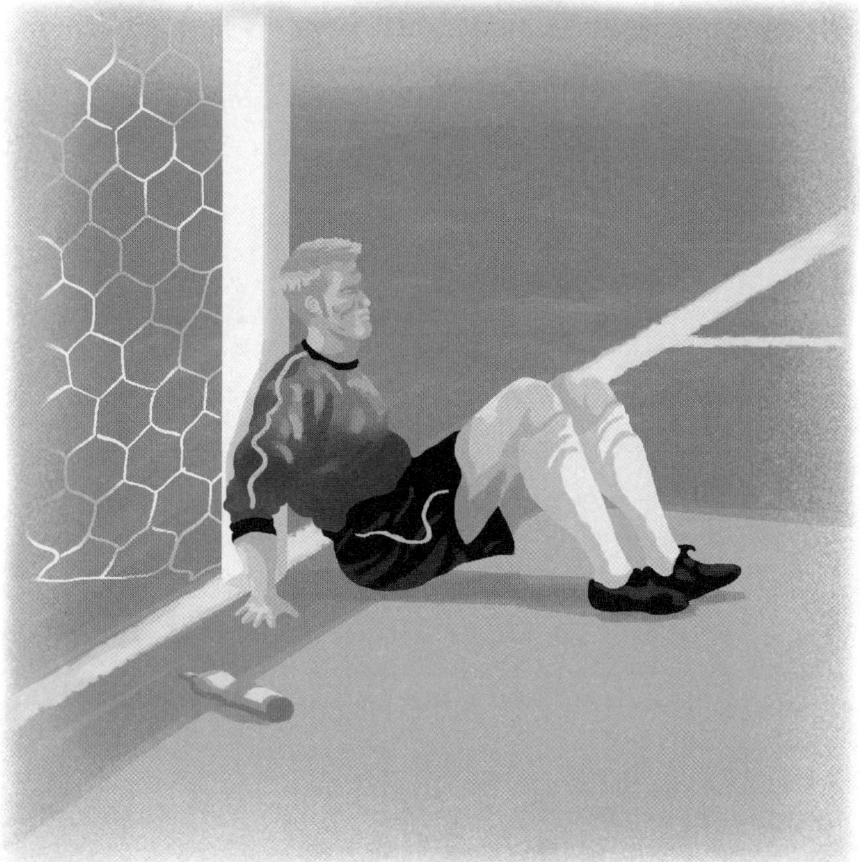

21

MORIR EN SILENCIO
Oliver Kahn

En el año 2002, Alemania llegaba al Mundial con uno de los mejores porteros de la historia en su equipo. Oliver Kahn, o el Káiser como le llamaban algunos, venía de ganarlo absolutamente todo con el Bayern de Múnich. En aquella Copa del Mundo, Kahn logró una hazaña histórica: dejó la portería a cero en cinco de los siete partidos, incluyendo los cuartos de final y las semifinales.

En la final, se enfrentaron a una selección de Brasil plagada de estrellas. Los ojos de todo el planeta estaban puestos en aquel enfrentamiento. Ronaldo Nazario contra Oliver Kahn, los dos mejores en sus respectivas posiciones. El partido tenía una igualdad máxima hasta que en el minuto 67, toda aquella gloria sembrada en el campeonato, todos aquellos aciertos, se esfumaron. Oliver Kahn cometió un grave error que Ronaldo no perdonó: Alemania perdió cruelmente aquel partido. Aquello fue lo más cerca que el Káiser estuvo de ganar una Copa del Mundo.

Minutos después del pitido final, Kahn todavía seguía encerrado en la portería, devastado y con la mirada perdida. Era como si aquellos tres palos le hubiesen condenado de por vida. Dicen que la peor forma de llorar es cuando no sueltas una sola lágrima. Y así fue como a Oliver Kahn, con los ojos completamente secos, se le iban llenando de lágrimas poco a poco en el corazón, lo que dejó dentro de sí una herida irreparable.

Como un náufrago muriendo en la orilla, Kahn recibió el Balón de Oro en aquel Mundial, y se convirtió en el primer y único portero de la historia en conseguirlo. Le daban igual sus muchos aciertos, aquel fallo se le quedó grabado en lo más profundo del alma para el resto de su vida.

22

EL FÚTBOL COMO REVOLUCIÓN
Académica de Coímbra

Desde 1926 hasta la Revolución de los Claveles en abril de 1974, Portugal estuvo sometido a la dictadura más longeva de Europa Occidental en el siglo xx. El camino hacia la libertad comenzó en 1969, cuando un club de fútbol se convirtió en el primer símbolo de esperanza del país.

En la década de los sesenta, el fútbol portugués experimentó un auge significativo gracias a los talentos provenientes de sus colonias africanas. Uno de esos talentos fue Eusébio. El país estaba bajo el yugo del Estado Novo, liderado por António de Oliveira Salazar, quien, entre muchas otras cosas, odiaba el fútbol. Aun así, Salazar sabía que este deporte tenía una grandísima influencia en la sociedad y tomó medidas al respecto. El régimen prohibió la venta de los mejores jugadores portugueses al extranjero al considerarlos propiedad del Estado. Eusébio jamás pudo abandonar el Benfica hasta que cayó la dictadura en 1974 y se marchó a Estados Unidos. Salazar obligó a cambiar el himno y apodo del Benfica, el equipo más importante del país, para evitar cualquier asociación con el comunismo. Así, los de Eusébio dejaron de ser conocidos como los Rojos y pasaron a llamarse los Escarlatas.

El régimen se aprovechó todo lo posible de aquel Mundial de 1966, en el que Portugal consiguió un increíble tercer puesto y dejó por el camino al Brasil de Pelé. Eusébio se consagró, con ocho tantos en el torneo, como uno de los mejores futbolistas del mundo. Salazar decidió aprovechar este fenómeno incluyéndolo en las tres efes que promovían la imagen de Portugal en el extranjero: Fado, *Futebol* y Fátima, lugar de peregrinación católica.

En paralelo, dentro del país crecía un descontento general por las guerras coloniales. Entre los focos principales de disidencia estaban las universidades, particularmente la Universidad de Coímbra, la más prestigiosa del país y una de las más antiguas del mundo. Las guerras contra los levantamientos coloniales africanos comenzaron en 1962 y los estudiantes que no lograban graduarse se los reclutaba para ir a África a luchar. Aquello produjo huelgas y protestas antigubernamentales. Comenzó a instaurarse un sentimiento revolucionario en todo el panorama universitario, con el foco principal en Coímbra. Cuando Salazar sufrió un derrame cerebral en 1969, encomendó a su sucesor, el ministro Marcelo Caetano, la tarea de sofocar estas revueltas.

En ese tiempo, la Académica de Coímbra, el club de fútbol de la universidad, era un símbolo de resistencia política. Muchos jugadores que aspiraban a obtener un título universitario se unían al equipo mientras estudiaban, antes de fichar para clubes más grandes. Jugar en aquel equipo te libraba de enviarte al frente. Por eso, todos los que defendían aquellos colores sabían que tenían una responsabilidad mayor que la de cualquier otro futbolista: vestir la camiseta negra significaba ser un icono de la libertad, de la justicia y de todas las protestas estudiantiles contra el régimen.

Todos los jóvenes de Coímbra se volcaron con el equipo, que se convirtió en una plataforma de protesta significativa para los estudiantes. Durante el torneo, los jugadores de Académica habían mostrado su solidaridad guardando treinta segundos de silencio antes de un partido contra el Vitória Guimarães. En la semifinal contra el Sporting, cambiaron su uniforme tradicional negro por uno blanco con brazaletes negros en señal de luto. Hasta que, en el verano de 1969, la Académica alcanzó su cuarta final de la Taça de Portugal (Copa de Portugal), ante el Benfica de Eusébio, que se celebraría en el histórico Estádio Nacional do Jamor de Lisboa.

Casi cuarenta mil estudiantes de las universidades de Coímbra y de Lisboa llenaron las calles de la capital para apoyar a su equipo el día de la final. Las calles y el estadio se llenaron de pancartas con mensajes revolucionarios. Los estudiantes repartieron octavillas a los aficionados del Benfica para explicarles la situación. Lisboa se había convertido en el foco del país y el régimen decidió cancelar la emisión del partido por televisión. Ni Caetano ni cualquier otro funcionario del régimen acudió aquel día al estadio.

Los jugadores de Académica entraron al campo con túnicas negras, caminando lentamente como portadores de un féretro, en un poderoso gesto de solidaridad. Toni, centrocampista del Benfica, que había jugado para Académica cuatro años antes, explicó la situación a sus compañeros. Ellos también entraron al campo de manera pausada y llegaron al acuerdo de celebrar juntos el título, sobre todo si Académica ganaba.

Los jugadores de Coímbra tomaron la delantera en el minuto 81; pero la alegría duró poco. Simões empató para el Benfica en el minuto 85 y Eusébio anotó el gol de la victoria en tiempo extra. A pesar de la derrota, los jugadores del Benfica, fieles a su palabra, intercambiaron camisetas y levantaron el trofeo. Vestían la camiseta negra de Académica, en un acto de respeto hacia los estudiantes y todas las víctimas de los conflictos coloniales del país. Muchos de ellos, aun al tanto de las posibles represalias, sacrificaron sus carreras futbolísticas. A ninguno de los jugadores de aquel Académica les llamaron para volver a jugar con la selección portuguesa, y acabaron retirándose a pesar de su juventud. Algunos de ellos se convirtieron en grandes políticos y figuras importantes en la Revolución de los Claveles de 1974.

El sacrificio de los jugadores fue mucho más allá de las gradas del estadio. Su acto de valentía y solidaridad se convirtió en una luz de esperanza y cambio para una nación entera. Aquel día, los jugadores de Académica plantaron las semillas de los claveles que florecieron en los fusiles de abril de 1974. Quizás no ganaron la copa entonces, pero nos enseñaron que la verdadera victoria se encuentra en la lucha por la justicia y la libertad.

23

EL AMOR QUE NACIÓ DE UNA EXPULSIÓN
Shona Shukrula y Jeff Hardeveld

El amor no tiene casa ni horario, es apátrida, errante e inesperado. Hay amores que empezaron con una mirada furtiva en una fiesta, que surgieron en un viaje imprevisto o que florecieron a través de una amistad a lo largo de los años. Pero este amor, del que daré cuenta, comenzó de la manera más inusual: con una tarjeta roja.

Todo empezó el 13 de agosto de 2021, durante un partido de la Eerste Divisie (segunda división holandesa) entre el FC Emmen y el FC Eindhoven. Los locales perdían 0-1 cuando, en el minuto 91, Jeff Hardeveld, defensor del Emmen, frenó el contragolpe del equipo rival y fue expulsado por derribar al último hombre.

Cuando la frustración y el cansancio pesan, la ira tiene las puertas abiertas. Eso fue lo que le pasó a Hardeveld: se enfadó con el árbitro y fue discutiendo con sus rivales hasta retirarse del césped. Al llegar al túnel de vestuarios se topó con la cuarta árbitra del encuentro: Shona Shukrula, famosa por ser la primera mujer en arbitrar un partido profesional en Holanda. Jeff no pudo contener la rabia y discutió fuertemente con ella. Los gritos de ambos inundaron la zona interior del estadio, y la bronca cada vez era más agresiva hasta que, de pronto, hicieron silencio. Shona consiguió tranquilizar la situación mirando directamente a los ojos a Jeff, y este abandonó su cabreo por una bonita sonrisa. En ese breve cruce de miradas algo más profundo y significativo se gestó.

El encuentro fue breve, pero les dejó una impresión duradera. Para Jeff, la figura de Shona, con su autoridad tranquila y su saber estar, fue un contraste ante la agitación del momento. Para ella, la pasión y la determinación de Jeff por defender a su equipo despertó su interés. No mucho tiempo después de ese partido, se conocieron mejor, y descubrieron una atracción que traspasaba el rectángulo de juego.

Cuatro meses después, Jeff y Shona decidieron hacer pública su relación. Lo anunciaron en redes sociales, y compartieron con el mundo la felicidad que habían encontrado juntos. En mayo de 2022, Jeff le propuso matrimonio a Shona. La respuesta fue un rotundo «sí».

Así fue como el destino entrelazó las vidas de Shona Shukrula y Jeff Hardeveld, en un campo de fútbol, bajo las luces intensas y la tensión de un partido. Ambos encontraron en el otro un refugio y una razón para creer en los milagros del amor.

La tarjeta roja que un día alejó a Jeff del campo fue la misma que acercó su corazón al de Shona.

24

MÉXICO LINDO

Cuando los porteros solo jugaban en el área,
Jorge Campos se atrevió a salir de ella.

Cuando los delanteros remataban desde el suelo,
Hugo Sánchez se atrevió a hacerlo desde el aire.

Cuando todos levantaban el balón con un pie,
Cuauhtémoc decidió hacerlo con los dos.

Cuando nadie se atrevía a soñar,
Chicharito era el único que lo hacía.

Cuando todos veían el fútbol como su pasión,
Carlos Vela lo veía como un simple trabajo.

El futbolista mexicano es así.
Cuando el mundo se vuelve ordinario,
se atreven a cambiarlo todo.

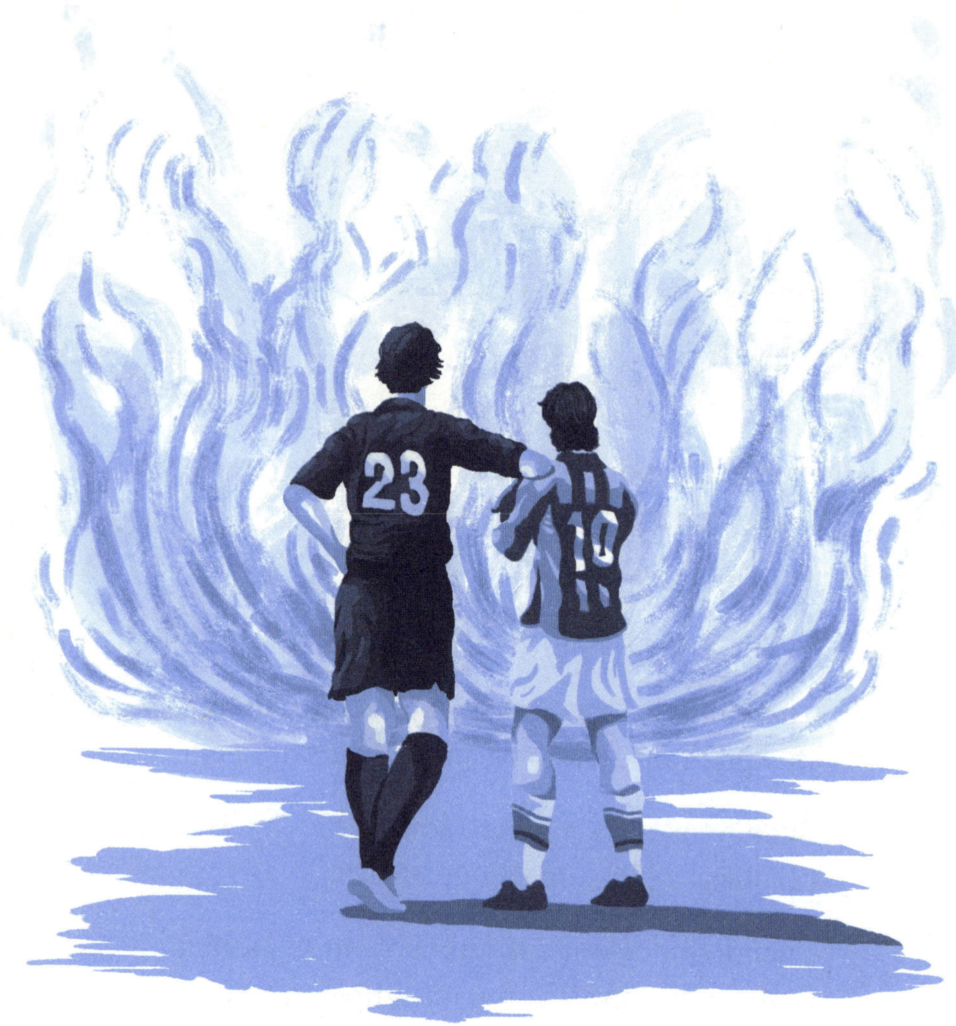
23

25

TÚ NO TIENES ENEMIGOS
Marco Materazzi y Rui Costa

Ocurrió en medio de un mar de humo rojo.

El 12 de abril de 2005, con el Milan ganando 3-0, el partido de cuartos de Champions quedó suspendido. La afición del Inter de Milán, indignada con las decisiones del árbitro Markus Merk, comenzó a arrojar bengalas y objetos al campo. En aquel instante, cuando todos los jugadores corrían hacia el túnel de vestuarios para refugiarse, el fotógrafo Stefano Rellandini capturó una de las imágenes más icónicas de la historia del fútbol. En medio de aquel desastre, dos futbolistas, de espaldas a la cámara, miraban hacia las gradas. Matterazzi se apoyaba sobre el hombro de Rui Costa y ambos se postraron durante unos segundos a mirar todo aquel caos. Decidieron buscar la paz en medio de la guerra más feroz.

Las rivalidades apasionadas no son más que algo efímero, y el vínculo que nos une con los demás es para siempre. En el fragor de la batalla, existe un espacio para la admiración mutua, para entender que al final del día todos formamos parte de un mismo deporte.

Aquella foto me enseñó a valorar la belleza de una rivalidad vivida con honor y a reconocer que, en el corazón del fútbol, siempre debe brillar la luz del respeto y la hermandad.

26

EL MILAGRO INDESEADO
Kim Vilfort

A diez días de empezar la Eurocopa de Suecia de 1992, Yugoslavia fue descalificada debido al conflicto bélico que tenía lugar en el país. La selección danesa, que había quedado en segundo lugar en su grupo de clasificación para la Eurocopa, ocupó la vacante. El entrenador Richard Moller Nielsen tuvo que reunir a los jugadores en muy poco tiempo, sin una preparación adecuada para un evento de tal magnitud. A la mayoría de los jugadores aquella noticia les pilló en la playa de vacaciones probablemente a todos, menos a uno: Kim Vilfort, que estaba en el hospital acompañando a su hija de siete años en la lucha contra la leucemia.

El centrocampista del Brondby decidió acudir a la competición con la condición de que, tras cada partido de la fase de grupos, le permitiesen regresar a Dinamarca a ver a su hija, así lo acordó en un primer momento con su federación.

El 11 de junio, Dinamarca debutó con empate ante la Inglaterra de Gary Lineker, que sorprendió a todo el mundo. Vilfort y sus compañeros, sin apenas preparación, habían dado la cara ante una de las selecciones más fuertes del torneo. Tras aquello, Kim decidió que lo mejor era seguir concentrado y mantenerse en el equipo, al menos hasta el siguiente partido; que acabaron perdiendo 1-0 ante Suecia. Al acabar el partido, Kim Vilfort recibió una llamada, su hija estaba empeorando. A la mañana siguiente cogió un vuelo a Dinamarca para estar cerca de su familia. Un punto entre los dos partidos hacía presagiar lo peor. Vilfort, que encima era titular, se tenía que perder el último partido del grupo ante Francia. Pero aquel tipo, que estaba sufriendo, tenía dentro de sí un inmenso poso de esperanza. Se marchó diciéndoles a sus compañeros que volvería pronto para jugar la final.

Es probable que fuese un farol que Vilfort les lanzó a los dioses. Un comentario bromista fruto del pesimismo que se respiraba tras los dos primeros partidos. Henrik Larsen, un jugador del modesto Pisa italiano, sustituía al centrocampista del Brondby. Enfrente estaban: Blanc, Deschamps, Cantona y Jean-Pierre Papin. Esta historia va de milagros y el primero tuvo al propio Larsen como protagonista en el minuto 8 de partido. Flemming Povlsen, delantero formado en el Real Madrid Castilla, estaba haciendo lo que quería con Laurent Blanc. La suya fue la primera asistencia. La Francia entrenada por Platini, era una bomba de relojería, una selección capaz de lo mejor y de lo peor. Entre Peter Schmeichel y la defensa de cinco, poco a poco frustraron los escasos ataques de los galos. En la segunda mitad la cosa fue diferente, Cantona empezó a entrar más en juego y, en el 60, Papin puso el empate. Dinamarca tenía que marcar otro gol y esperar a que Inglaterra perdiese para poder pasar de fase. Los daneses siguieron resistiendo las embestidas, algo dentro de ellos les obligaba a no bajar los brazos: querían luchar por Vilfort y por su hija Line. El segundo milagro fue de la mano de Lars Elstrup. El delantero del humilde Odesa danés salió en la segunda mitad y, en el minuto 78, Povlsen filtró un pase al punto de penalti y Elstrup supo ver el hueco en la defensa. El tercer milagro llegó con Tomas Brolin, en el otro partido del Grupo A, que en el 82 anotaba el 2-1 para Suecia al certificar su clasificación y la de los daneses. Inglaterra y Francia, las dos favoritas, se quedaron fuera del torneo.

Kim Vilfort regresó para el siguiente partido, su hija empeoraba y el pronóstico era muy grave. Se prometió a sí mismo demostrarle lo magnífico que era su padre jugando al fútbol. Quería darle una última alegría a su hija. Dinamarca se enfrentaba a Holanda en la semifinal. Aquella selección de Rinus Michels venía de ganar la edición de 1988 y contaba entre sus filas con leyendas como De Boer, Koeman, Rijkaard, Gullit, Bergkamp y Marco Van Basten. Eran los favoritos para ganar el torneo, a su lado los daneses parecían ser David postrado ante Goliat.

¿Os acordáis del modesto Larsen? Pues anotó dos goles. Bergkamp, en el 23, y Rijkaard, en el 87, igualaron el marcador. Los holandeses no hicieron más que atacar, pero Schmeichel hizo una actuación pocas veces recordada en una Eurocopa. Ese fue el cuarto milagro. Era sorprendente ver cómo aquellos tipos que no tuvieron ni diez días de preparación estaban dando la cara ante los mejores jugadores del mundo. Ronald Koeman lanzó el primer penalti de la tanda, era un especialista y lo demostró. Larsen siguió dando la cara y anotó también el primero. El siguiente milagro (por si habían sido pocos) vino cuando Schmeichel le paró el segundo penalti al cisne de Utrecht, Marco Van Basten. Los daneses anotaron todos los penaltis, Vilfort, que tiró el cuarto, también marcó. Dinamarca acababa de alcanzar la primera final de su historia.

Ya en el hotel, Kim Vilfort recibió una noticia desgarradora: la leucemia había ganado la batalla. La enfermedad que atacaba a su hija había entrado en un punto de no retorno. Ahora, él y su familia solo podían esperar la tragedia.

El 26 de junio de 1992, en Gotemburgo, daba comienzo la tan esperada final. A la gente le gustan las historias de superación, por eso el mundo iba con Dinamarca y los alemanes con Alemania. Las apuestas, como de costumbre, apuntaban como favoritos a los germanos que venían de ganar el Mundial de 1990 ante la Argentina de Maradona. Illgner, Brehme, Klinsmann, Sammer… Daba vértigo leer aquella alineación.

Los daneses salieron poseídos por una fuerza misteriosa. Quizás el pensamiento recurrente de que aquello jamás se volvería a repetir los llevó a afrontar el encuentro con tanta intensidad. Pero había algo más dentro de sus corazones: la misión de hacer que Line pudiese ver a su padre levantando el trofeo. Probablemente Vilfort jamás se habría imaginado un escenario así; pero en una crisis familiar la imaginación era más importante que el conocimiento. La única manera de que Line pudiese marcharse con un recuerdo feliz era jugando ese partido con el corazón. El sexto milagro de esta historia llegó en el minuto 18, cuando Faxe Jensen reventó la escuadra con un disparo al borde del área. Schmeichel, de nuevo, se convirtió en el guardián de los sueños daneses, mientras repelía continuamente las embestidas de Klinsmann.

Y el milagro de los milagros, el séptimo, llegó en el minuto 78. Christiansen ganó un duelo aéreo en el centro del campo y la pelota le cayó a Vilfort. Iba botando; se trataba de uno de estos balones feos, difíciles de controlar. Tenía delante a dos defensores, Brehme y Helmer, pero Kim, que nunca había destacado por sus regates, se sacó del corazón un recorte que dejó a ambos clavados en el césped. Su cuerpo entró en uno de esos momentos de sinergia perfecta, cuando, sin saber cómo, se transformó durante una micra de segundo en el mejor jugador del mundo. Todo el dolor y el sufrimiento que albergaba en su pecho se canalizaron en un golpeo sublime. El balón salió fuerte, golpeó en el palo y entró. El mundo entero estalló de alegría. Se acababa de escribir una de esas épicas epopeyas del deporte. Vilfort acababa de hacer campeón a Dinamarca con uno de los goles más emotivos de la historia. Todos sus compañeros le abrazaron y él, tirado en el suelo, comenzó a llorar. Había cumplido el último sueño de su hija, darle la oportunidad de ver a su padre campeón.

Diez días después de aquella final, Line Vilfort falleció a los ocho años de edad. Para Kim, el verdadero milagro no fue ganar la Eurocopa, sino haber podido cumplir el último deseo de su hija. En su corazón, hubiera preferido cambiar cada trofeo, cada aplauso y cada momento de gloria por un milagro diferente, uno que le devolviera a su pequeña Line.

27

EL VISIONARIO DEL FÚTBOL MODERNO
Santiago Bernabéu

Los ingleses trajeron el fútbol a Europa y Bernabéu lo exportó al mundo.

Quizás esa frase no sea del todo cierta. Lo que sí es cierto es que mucho de lo que disfrutamos en el fútbol de hoy fue creado por Santiago Bernabéu de Yeste, hace casi ochenta años.

Solo Wembley y el Hampden Park de Glasgow podían considerarse grandes estadios de fútbol, ambos en el Reino Unido. Santiago Bernabéu construyó el primer gran estadio moderno del continente, el primero dedicado únicamente a un club, en 1947. El primer campo del mundo con oficinas para los trabajadores, salas de prensa, palcos y butacas en todo el estadio.

Tras la Segunda Guerra Mundial, Bernabéu vio en el fútbol la oportunidad de fortalecer los lazos internacionales y de elevar el nivel del balompié europeo. Junto al apoyo de Gabriel Hanot, periodista de *L'Équipe,* y de los dirigentes de la UEFA (Union of European Football Associations), crearon una competición llamada Copa de Europa.

Bernabéu convirtió al Real Madrid en el mejor equipo de Europa. Aun cuando tuvo una plantilla repleta de estrellas, fue el primer presidente de un club español que trabajó en el desarrollo de las categorías inferiores, al crear una cantera de talentos que ha producido numerosos jugadores de clase mundial.

Fue un pionero en la internacionalización del fútbol, llevó al Real Madrid a giras globales que no solo difundieron la marca del club, sino que universalizaron todavía más este deporte en una época donde el *cricket* y el atletismo todavía seguían siendo los deportes más seguidos del mundo. Bernabéu llevó el espectáculo al máximo nivel cuando consiguió juntar a cuatro de los mejores jugadores del mundo en el mismo equipo: Puskas, Di Stéfano, Kopa y Gento. Aquello atrajo la atención de inversores que ayudaron a que los futbolistas pudiesen vivir del deporte, ya que en la época eran todos semiprofesionales.

Quizás Bernabéu no llevó el fútbol al mundo, pero sí lo convirtió en el deporte más grande.

28

LA JUGADA MÁS SURREALISTA DE LOS MUNDIALES
Mwepu Ilunga

La cita mundialista es apasionante. No solo por ver a las grandes estrellas competir por su país, sino por las increíbles historias que surgen. El Mundial de 1974, celebrado en Alemania Occidental, es recordado por muchos momentos clave, como la mítica final entre la Alemania de Beckenbauer y la Holanda de Johan Cruyff o la jugada enigmática de Mwepu Ilunga, el defensa de Zaire (la actual República Democrática del Congo), que fue objeto de burla durante décadas y que dejaría boquiabierto al mundo entero al revelarse su verdad.

En 1974, apenas cinco años después de independizarse de Bélgica, Zaire se había convertido en el primer país subsahariano en clasificarse para un Mundial. El país estaba bajo el régimen autoritario de Mobutu Sese Seko, que buscaba reafirmar su identidad y marcar presencia en el escenario internacional. Sese Seko, consciente del poder del deporte para unir y dar prestigio a una nación, invirtió recursos significativos en los Lopards, el club de fútbol del país. La visión de su entrenador Blagoje Vidinić y la mano dura del dictador llevaron al equipo a ganar la Copa Africana de Naciones en 1974, lo que aseguró su lugar en el Mundial.

Los Leopards llegaron a Alemania Occidental con grandes esperanzas y un peso enorme sobre sus hombros. Liderados por el entrenador yugoslavo Blagoje Vidinić, los jugadores sabían que no solo representaban a su país, sino también a todo el continente africano. Sin embargo, la realidad del Mundial pronto se mostró brutal. En su primer partido, dieron la cara ante Escocia y perdieron 2-0, un resultado más que decente, si tenemos en cuenta la clara superioridad física y técnica de los escoceses. Pero fue su segundo encuentro, una derrota devastadora de 9-0 ante la —todavía entonces— selección de Yugoslavia en fase de grupos. La derrota fue tan humillante que generó controversias y sospechas sobre los jugadores, si se habían dejado ganar a propósito.

En el tercer y último partido, se enfrentaron ante el todopoderoso Brasil de Mario Zagallo, vigente campeón del mundo, aunque ya sin Pelé. Como era de esperar la *canarinha* dominó prácticamente todo el encuentro. Zaire perdía 0-3, pero daban una imagen más que digna comparada con la paliza que sufrieron ante los yugoslavos.

En el minuto 80, el árbitro Nicolai Rainea concedió un tiro libre a favor de los sudamericanos. Los jugadores de Zaire formaron una barrera mientras Jairzinho y Rivelino, dos de los jugadores más temidos de Brasil, se preparaban para ejecutar la falta. Entonces, ocurrió lo inesperado: el congoleño Mwepu Ilunga salió corriendo de la barrera y pateó el balón lejos, antes de que se efectuara el tiro libre. Los espectadores y comentaristas se quedaron atónitos, estos últimos interpretaron el gesto como una muestra de ignorancia de las reglas. Durante muchos años, Ilunga fue objeto de burlas dentro de la comunidad futbolera; muchos bautizaron aquella acción como «la jugada más surrealista de la historia de los mundiales».

Sin embargo, detrás de esta jugada había una realidad mucho más sombría. Ilunga no estaba actuando por desconocimiento, sino como un acto desesperado de protesta y de búsqueda de atención. Años más tarde, se descubrió que Mobutu Sese Seko había amenazado a los jugadores diciéndoles que, si perdían por más de cuatro goles ante Brasil, jamás podrían regresar al país con sus familias. Su acto no nació del desconocimiento, sino de una protesta silenciosa contra las amenazas recibidas y la difícil situación que enfrentaba su equipo. Ilunga y sus compañeros estaban aterrorizados, conscientes de que un resultado negativo podría tener graves consecuencias para ellos y sus familias al regresar a Zaire. Aquel gesto fue un acto de valentía y enojo, una protesta sorprendente contra un régimen opresivo y una situación insostenible.

Brasil finalmente ganó 3-0, se evitaron así las represalias más severas. La experiencia dejó una marca imborrable en los jugadores. Varios futbolistas de Zaire, que tenían en mente quedarse en Alemania para huir de la dictadura, sufrieron amenazas contra sus familiares y amigos si no regresaban.

Después del Mundial, los jugadores de Zaire decidieron regresar a casa, aunque el fútbol en el país nunca volvió a ser el mismo. Mobutu, desilusionado y enojado, retiró el apoyo financiero al equipo y Zaire no volvió a clasificarse para una Copa del Mundo. En 1997 el régimen de Mobutu fue derrocado y el país pasó a llamarse República Democrática del Congo.

Ilunga continuó vinculado al fútbol después de su retiro, fue entrenador de jóvenes talentos en el Mazembe, club de la actual primera división del país, hasta que en 2015 falleció a los 66 años.

Durante muchos años, la imagen de Mwepu Ilunga corriendo para despejar un balón antes de tiempo fue motivo de sorna y malentendidos. Pero el mundo descubrió que, detrás de un gesto aparentemente sin sentido, puede anidar un significado complejo y profundo, ser signo de lucha y resistencia. A pesar de las duras amenazas que caían sobre él y sus compañeros, Ilunga nos demostró que la valentía no consiste en no tener miedo, sino en actuar a pesar de tener miedo.

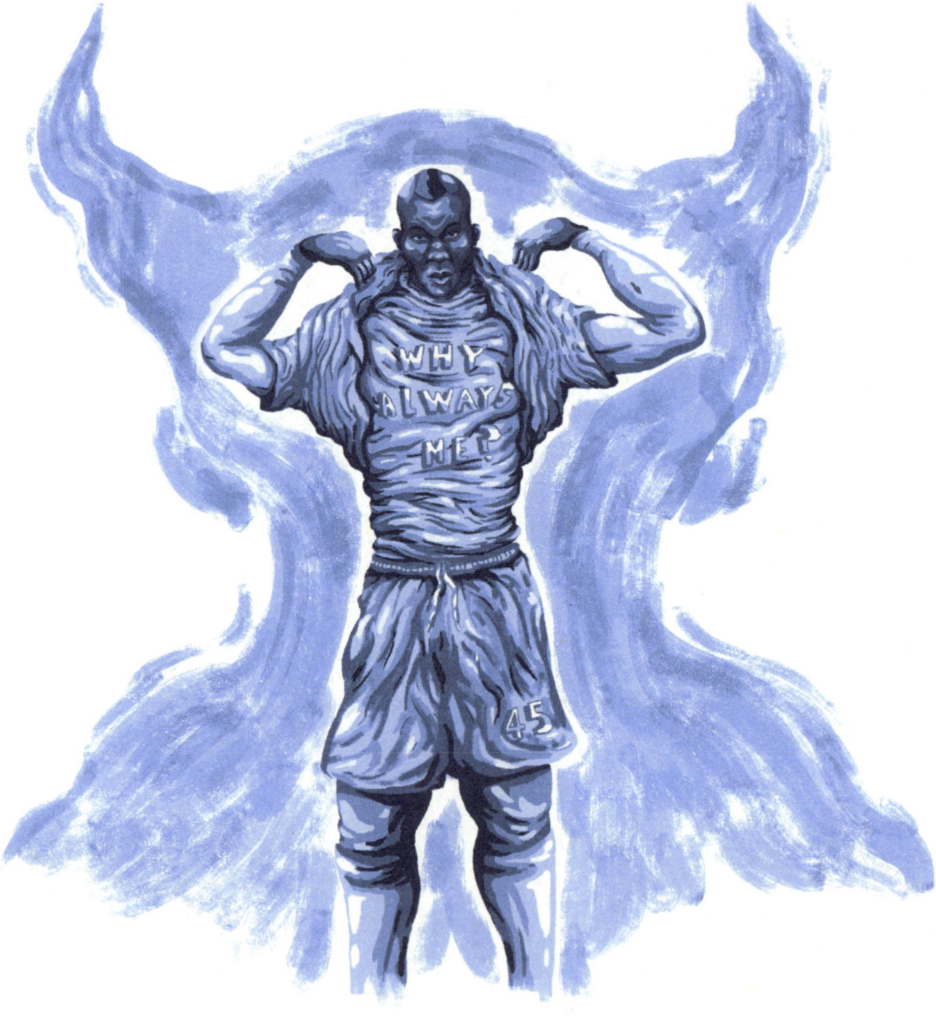
WHY
ALWAYS
ME?
45

29

¿POR QUÉ SIEMPRE MARIO BALOTELLI?

¿Por qué me abandonaron mis padres?
¿Por qué me llamaban «mono»?
¿Por qué me insultan siempre?
¿Por qué me siento observado?
¿Por qué me critican?
¿Por qué parezco siempre el villano?
¿Por qué me siento incomprendido?
¿Por qué…
¿Por qué…
¿Por qué…
¿Por qué…
¿Por qué…
¿Por qué…
¿Por qué…
¿Por qué siempre yo?

¿Por qué te hiciste tantas preguntas, Mario?

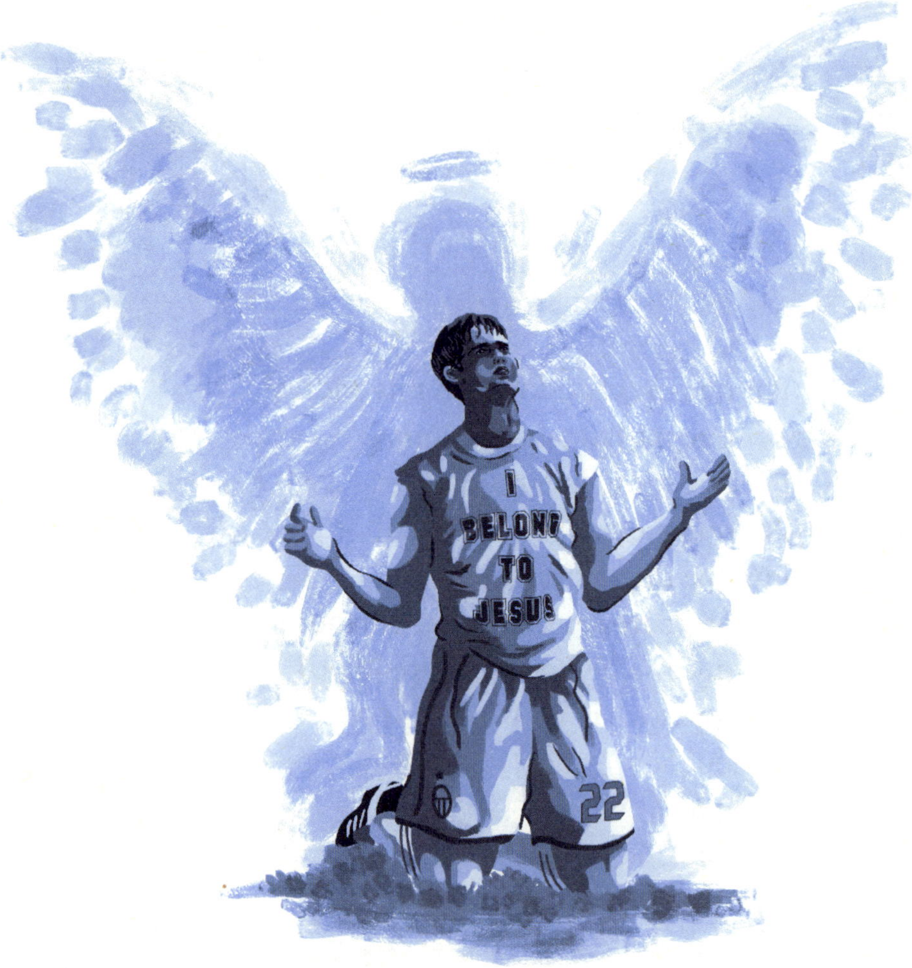
I BELONG TO JESUS
22

30

«YO PERTENEZCO A JESÚS»
Kaká

«Yo pertenezco a Jesús.» Con esta frase, Kaká celebraba los goles, con la cabeza hacia arriba y los brazos mirando al cielo. Porque hubo un día, a sus dieciocho años, en el que Ricardo Kaká estuvo a punto de quedarse tetrapléjico.

La mayoría de los jugadores brasileños vienen de familias humildes y se crían en la pobreza. Ese no era su caso, quien nació en una familia acomodada y su talento le abrió muy joven las puertas del São Paulo. Pero aun con todas estas facilidades, Kaká no tuvo una infancia fácil. A los doce años los doctores le detectaron un problema de crecimiento en los huesos. Era el jugador más bajito y delicado de su equipo. Sin ningún tipo de terapia ni medicación, Kaká comenzó a desarrollar su cuerpo hasta llegar al metro ochenta. A sus dieciocho años, cuando había empezado a entrenar con el primer equipo y estaba muy cerca de cumplir su sueño de debutar como profesional, Kaká tuvo un trágico accidente mientras saltaba de un trampolín: rotura de cuello. En el hospital le dijeron que, tras esa terrible fractura, la médula espinal había quedado intacta, por lo que pudo recuperarse sin problema. Los médicos lo catalogaron de milagro.

Tras el accidente y la recuperación, Kaká reforzó su fe. Le dio las gracias a Dios por salvar su carrera en dos ocasiones, cuando padeció problemas de crecimiento y su rotura de cuello. Llevó siempre con él el mítico mensaje de su camiseta. La altura, el talento y el dominio con el balón lo llevaron a que muchos lo comparasen con una especie de dios, y fue gracias a su fe cuando Kaká fue bautizado en Brasil como «el hijo de Dios».

El resto de su carrera está inscrita en la historia, lo ganó absolutamente todo: Champions, Mundial y Balón de Oro. Nunca sabremos si Kaká era o no el hijo de Dios, lo único que nos demostró es que su fútbol fue un milagro y sus pies, una bendición.

31

EL GENIO QUE IGNORABA LA GLORIA
Hidetoshi Nakata

17 de junio de 2001. La Roma acaba de ganar la Serie A dieciocho años después su último *scudetto*, la tercera en toda su historia, la primera del gran Francesco Totti. Con todo el Estadio Olímpico de Roma llorando de alegría, el hijo pródigo de la ciudad corre hacia Nakata y le grita al oído: «¡Eres un mito, Hide!». El nipón, abrumado por tanto contacto físico, lanza una sonrisa tímida y le suelta un simple: «Gracias, Francesco».

La fiesta sigue y Totti, entre abrazos y cánticos de victoria, entra al vestuario con sus compañeros. Allí, en el más puro de los silencios, encuentran a Nakata solo, leyendo un libro.

Muchos dicen que reprimir las emociones es un rasgo muy japonés, pero la emoción no entiende de nacionalidades ni de estereotipos. El problema de Nakata fue que no le gustaba el fútbol. A pesar de su enorme talento, nunca fue capaz de entregarse por completo al juego. Se retiró joven, a los veintinueve años, dejando atrás una carrera que para muchos habría sido un sueño, pero que, para él, solo era un capítulo más, como los de aquel libro que leía en el vestuario mientras sus compañeros celebraban la consecución del *scudetto*.

No hay nada más triste que sentirse esclavo de un destino que nunca has elegido. Un futbolista sin pasión es como un pájaro sin alas.

32

EL JUGADOR MÁS VIEJO DE LA HISTORIA
Chava Reyes

¿Qué es realmente la edad sino un número arbitrario que intenta encasillar la esencia infinita del espíritu humano? En realidad, es tan solo una construcción, una referencia cronológica que no puede contener la verdadera vitalidad y el potencial que reside dentro de cada uno de nosotros. La juventud no está en la frescura de la piel, sino en la capacidad de soñar, reír y enfrentar cada día con la curiosidad y la pasión de un niño. Solo pensando de esta manera, uno puede convertirse en el futbolista más viejo de la historia. El *Chava* Reyes, a sus 71 años, demostró que la verdadera edad no está en los años que pasan, sino en la fuerza del corazón que los vive.

Salvador Reyes Monteón, más conocido como Chava, es una de las mayores leyendas del fútbol mexicano, un nombre escrito con letras doradas en la historia del Club Deportivo Guadalajara, el equipo de sus amores. En 1943, su padre, Luis Reyes, firmó por las Chivas, donde jugó durante cinco años. Aquel tiempo fue suficiente para que el joven Chava se enamorase del espíritu y la filosofía de aquel equipo. Durante su niñez, llegó a ser el recogepelotas en los partidos locales del Rebaño y poco a poco cultivó su amor por el club.

Destacó en las categorías inferiores del fútbol mexicano como un excelentísimo goleador hasta que, finalmente, su sueño se cumplió en 1953, cuando firmó su primer contrato profesional con las Chivas, al igual que lo hizo su padre en el pasado. El Chava fue uno de los mejores delanteros que el país había visto, y lideró al Club Deportivo Guadalajara hacia una época dorada, hasta alcanzar un total de siete ligas que le valieron, a él y al club, ganarse el sobrenombre del Campeonísimo. Con la selección mexicana llegó a disputar tres mundiales: el de Suecia 1958, el de Chile 1962 y el de Inglaterra 1966, en los que jugó todos los partidos posibles.

Después de retirarse en 1967, Reyes dejó un legado imborrable en el fútbol mexicano. Sin embargo, el destino le tenía reservada una última sorpresa. En 2008, más de cuarenta años después de su retiro, las Chivas rindieron homenaje a su legendario delantero de una manera única: lo inscribieron en un partido de la Liga MX.

El 19 de enero de 2008, el Estadio Jalisco se llenó de una emoción indescriptible. Las tribunas estaban abarrotadas de aficionados que venían a presenciar un hecho histórico: Salvador Reyes, a sus 71 años, regresaría al campo para disputar un partido oficial contra Pumas de la UNAM. El momento fue mágico y simbólico, un tributo a la grandeza de un jugador que había dado todo por el club. Con una sonrisa y los ojos brillando con la misma pasión que lo habían acompañado durante su carrera, *Chava* Reyes pisó nuevamente el césped del Jalisco con la camiseta de sus amadas Chivas. Lo hizo con el número 57 a la espalda, año en el que el club se proclamó campeón de México por primera vez, con él como principal figura. Desde la grada, su padre Luis, ya con 94 años, lo miraba con lágrimas en los ojos.

El silbato sonó y, por unos breves segundos, el tiempo pareció retroceder. Salvador Reyes se convirtió en el futbolista más veterano de la historia en jugar un partido oficial. El Chava tocó el balón una última vez de manera oficial, como si se estuviera despidiendo del fútbol, con un pacto silencioso de gratitud y respeto. Fue una jugada sencilla, un pase, un toque, pero en ese instante, Salvador Reyes no estaba solo jugando al fútbol, inmortalizaba el amor eterno entre él y su club. A los cincuenta segundos, fue sustituido por Omar Bravo, el máximo goleador de la historia del Rebaño solo por detrás de Salvador. Así, las Chivas homenajeó a una de sus mayores leyendas de la mejor forma posible. Su padre, Luis Reyes, falleció ocho días después de aquel encuentro, feliz y lleno de orgullo por haber visto a su hijo convertirse en leyenda.

Chava Reyes nos dejó en diciembre de 2012, pero su legado perdura en cada niño que sueña con vestir la camiseta de las Chivas. Su historia es la de un hombre que vivió por y para el fútbol y que, en su último toque, nos enseñó que la grandeza no se mide solo en goles, sino en la pasión con la que se juega cada minuto de la vida.

33

EL AMOR ES TAN LIBRE COMO EL MIEDO

Ramiro *Chocolatín* Castillo

Cuando estaba en la universidad tuve el placer de hacer, a mis diecinueve años, la mejor entrevista en el ámbito del fútbol que he hecho en mi vida. El protagonista era Xabier Azkargorta, el legendario entrenador vasco que se convirtió en toda una leyenda en Bolivia al clasificar a la selección para el Mundial de 1994, y que resultó ser la segunda y última participación en una Copa del Mundo para el país altiplano.

Azkargorta fue toda una institución en España a finales de los ochenta, donde entrenó a equipos como el Espanyol, el Valladolid o el Sevilla. Pero lo que le hace especial es su faceta como pensador más allá de los terrenos de juego. La entrevista fue en plena época de pandemia y sus reflexiones sobre la situación del momento me dejaron pensando durante varios días.

«La mejor vacuna para cualquier pandemia es el calor humano.»

Fueron un par de horas de charla donde me quedé impresionado con su lucidez y su capacidad reflexiva. Aparte de ser entrenador era licenciado en Medicina y Cirugía, pero la sensación que tuve al escucharle era la de estar hablando con un filósofo. Hablamos muy poco de fútbol, pero hubo una respuesta que me congeló. Cuando le pregunté por el futbolista más talentoso que había entrenado en Bolivia me dijo: «Hubo varios muy buenos, Etcheverry era especial, probablemente el más talentoso, por algo le llamaban "diablo", pero al que yo consideraba mago era a Ramiro Castillo». «Disculpe mi ignorancia, señor Azkargorta, ¿quién es Ramiro Castillo», le pregunté.

Ramiro Castillo nació el 27 de marzo de 1966 en Coripata, una pequeña localidad en la región de los Yungas, Bolivia. Jugaba descalzo en las calles empinadas de su pueblo, donde el terreno irregular y la falta de recursos no impedían que su talento sobresaliera. Lo conocían con el apodo de Chocolatín por su color de piel y su baja estatura. A medida que crecía, su destreza con el balón llamaba la atención de clubes locales, y pronto se unió a equipos juveniles como el Mariscal Braun o el Municipal, donde fue puliendo sus habilidades. A lo largo de todo el proceso formativo su madre fue el apoyo más importante. Era una familia humilde, Ramiro y sus cinco hermanos apenas tenían para llevarse a la boca. A pesar de todo, su madre no dejó de apoyarlo.

Gracias a ello y a su talento, Ramiro consiguió debutar en el fútbol profesional con The Strongest, uno de los equipos más importantes de Bolivia, en 1985. Castillo rápidamente destacó por su velocidad, capacidad de regate y habilidad para luchar contra rivales con una mayor complexión que la suya. Con Chocolatín en la mediapunta, The Strongest se convirtió en un equipo temido, y Castillo se ganó el cariño de la afición, que veía en él a un jugador que representaba la tenacidad y el orgullo boliviano. En su último año en el equipo ganó la Bota de Oro como máximo goleador del campeonato en 1989.

El éxito en su país natal pronto lo catapultó a una carrera internacional. Ese mismo año, Castillo se trasladó a Argentina, donde jugó para equipos de renombre como el Instituto o los Argentinos Juniors. Fue durante estos años cuando su madre falleció y Ramiro cayó en su primera depresión. Sin embargo, Chocolatín nunca dejó de luchar hasta que River Plate se hizo con él en 1990. En River, Castillo vivió uno de los momentos más memorables de su carrera al marcar un gol en el clásico frente a San Lorenzo, lo que lo consolidó como uno de los jugadores favoritos de la hinchada. Su talento y carisma lo llevaron a ser portada de la revista argentina *El Gráfico*, un honor reservado para los grandes del fútbol argentino. Gracias a su consistencia y a su regularidad, se convirtió en el futbolista boliviano con más apariciones en la liga argentina, con un total de 146 partidos disputados. A lo largo de su carrera, Castillo también dejó su huella en el fútbol chileno, jugando para el Everton. Luego, regresó a Bolivia para vestir las camisetas de The

Strongest y el Bolívar, donde brilló hasta el final de sus días como futbolista.

El punto culminante de la carrera de Castillo llegó en 1993, cuando la Verde venció a Brasil en un histórico partido por 2-0 en el Estadio Hernando Siles de La Paz. Aquel día, Bolivia entera se llenó de ilusión y alegría. El país entero soñaba con volver a un Mundial cincuenta años después, hasta que, tras un agónico empate en la última jornada ante Ecuador, Xabier Azkargorta consiguió clasificar a la selección Altiplana para la Copa del Mundo de 1994 en Estados Unidos. Castillo fue una pieza clave en lo que se conoce como la «generación dorada del fútbol boliviano». Aunque no lograron avanzar más allá de la fase de grupos, el solo hecho de participar en el Mundial fue un logro monumental para el país, y Castillo se convirtió en un héroe nacional.

Chocolatín fue también pieza fundamental en la Copa América de 1997, cuando no solo jugó, sino que también ganó todos los partidos contra selecciones como Venezuela, Perú, Uruguay y Colombia. Además, marcó el gol en las semifinales ante México, lo que valió a Bolivia el alcance de la segunda final americana.

El 29 de junio de 1997, mientras Castillo se encontraba en plena concentración con la selección boliviana para disputar la final de la Copa América contra Brasil, recibió la devastadora noticia de que su hijo mayor, Juan Manuel, de tan solo siete años, había sido hospitalizado de urgencia debido a una hepatitis fulminante. Castillo abandonó el equipo de inmediato y se dirigió al hospital para estar a su lado. A pesar de los esfuerzos médicos, Juan Manuel falleció dos días después. Castillo se sumió en un dolor inconmensurable.

La muerte de su hijo fue un golpe del que nunca pudo recuperarse. Castillo comenzó a vivir una nueva batalla interna contra la depresión. El hombre que alguna vez había sido símbolo de orgullo y alegría para Bolivia se vio atrapado en un oscuro abismo del cual no pudo escapar. Intentó seguir adelante y abrió varias academias de fútbol para formar y ayudar a los más pequeños, pero el dolor de la pérdida de su hijo se convirtió en una carga demasiado pesada para él.

El profe Azkargorta me dijo algo que no se me olvidará nunca: «Lo mejor y lo peor de esta vida es que el amor es tan libre como el miedo».

El 18 de octubre de 1997, apenas cuatro meses después de conseguir el subcampeonato en la Copa América, Ramiro Castillo decidió poner fin a su sufrimiento. Lo encontraron, ahorcado, en su casa de Achumani, en La Paz. La noticia de su muerte sacudió a todo el país. Bolivia, que unos meses antes había celebrado sus hazañas en el campo, se sumió en un luto nacional por la pérdida de uno de sus ídolos más queridos. El Gobierno decretó treinta días de luto nacional.

El fútbol, refugio y escape de Ramiro, no pudo salvarlo del abismo. Su camino estuvo lleno de luces y sombras, hasta que todo fue sombras. María del Carmen Crespo, su mujer, confesó que Chocolatín nunca había pedido ayuda psicológica porque creyó que podía lidiar con todo él solo, como lo había hecho en el pasado con la muerte de su madre.

El amor es el motor de la vida, es algo intangible que se mueve con libertad por todos los rincones de nuestro ser. Pero junto a esa libertad, surge el miedo. El miedo, que también es libre, capaz de transformar el amor en algo incierto, que duele, que hiere. El miedo a perder lo que amamos nos obliga a construir murallas donde antes solo había puertas. Aquellas murallas, como me dijo el profe Azkargorta, no le permitieron ver la luz nunca más a una persona tan admirada como Ramiro Castillo.

34
EL DÍA QUE DROGBA PARÓ LA GUERRA

Año 2005. Era el primer año de Didier Drogba en el Chelsea. Sus 16 goles habían ayudado al equipo a ganar la Premier League y la The Emirates FA Cup. A 4.800 kilómetros, en la ciudad marfileña de Abiyán, en esas fechas, la guerra civil ya había dejado más de tres mil muertos y 750.000 personas habían tenido que huir de sus hogares. Fue entonces cuando el costamarfileño empezó el partido más complicado de su vida. ¿Un solo hombre puede frenar una guerra? Drogba nos demostró que sí.

Desde 2002, Costa de Marfil estaba sumida en una terrible y sangrienta contienda entre civiles. El conflicto se inició cuando los militares de la oposición y los rebeldes aprovecharon la ausencia del entonces presidente Laurent Gbagbo, mientras este se encontraba en Europa. Intentarían hacerse con el control. El golpe de Estado no llegó a ejecutarse en todo el país, pero sí que se instauró en algunas regiones, sobre todo en Bouaké, una de las ciudades más importantes de la nación. La primera parte del conflicto dejó a cientos de militares asesinados y al país dividido. El norte pasó a estar al mando de los rebeldes, mientras que el sur seguía en manos del Gobierno.

Paradójicamente, durante aquellos años emergía la mejor generación de futbolistas de la historia de Costa de Marfil. Los hermanos Kolo y Yaya Touré, Emmanuel Eboué, Arouna Koné, Arthur Boka o Kanga Akalé, entre otros, eran los abanderados de una selección liderada por Drogba. En octubre de 2005, los Elefantes estaban a un partido de clasificarse por primera vez en la historia para la Copa del Mundo, en una noche cargada de tensión y expectativas donde se vieron las caras ante la selección de Sudán. Daba igual el bando, rebeldes y aliados del Gobierno estaban pendientes de aquel partido. El fútbol, una vez más, estaba siendo capaz de unir lo que la política no había podido. El equipo selló una victoria por 3-1. Los goles de Koné y Dindane consiguieron que los fusiles y las lágrimas se sustituyeran, al menos por una noche, por celebraciones y sonrisas en todos los rincones de Costa de Marfil. Los medios de comunicación accedieron al vestuario para inmortalizar la celebración de los jugadores. Cualquier otro futbolista se habría dejado llevar por la euforia, pero Drogba detuvo la celebración por un instante. Tomó un micrófono y, con todo el país pegado a la televisión, el futbolista del Chelsea pronunció, tal vez, el discurso más importante de la historia del fútbol:

Marfileños y marfileñas, del norte al sur, del centro al oeste. Ya han visto hoy que todo Costa de Marfil puede convivir, puede jugar en conjunto con el mismo objetivo: clasificarse para el Mundial. Les habíamos prometido que esta fiesta iba a reunificar al pueblo. Hoy les pedimos, por favor, poniéndonos de rodillas: perdonen, perdonen, perdonen. El único país de África que tiene todas estas riquezas no puede hundirse así en la guerra. Por favor, bajen las armas, convoquen elecciones. Organicen las elecciones y todo saldrá mejor. Queremos divertirnos, suelten sus fusiles.

La imagen de Didier Drogba y sus compañeros de equipo, arrodillados en el vestuario después de clasificarse para su primer Mundial, se convirtió en un poderoso símbolo de unidad y esperanza. En un país desgarrado por la guerra, ver a sus ídolos, representantes de todas las regiones y etnias, suplicar juntos por la paz, conmovió profundamente el corazón de todos los marfileños.

Aquellas palabras dejaron en entredicho a ambos bandos. Sin embargo, los disturbios y las muertes no terminaron del todo. En 2006, tras ser nombrado mejor jugador africano del año por la Confederación Africana de Fútbol, a Drogba le invitaron para que se reuniera con el Gobierno marfileño. En su discurso, con varias de las mayores autoridades del país y todas las televisoras presentes, la estrella del Chelsea pidió permiso para visitar Bouaké, la capital rebelde.

Al llegar, el pueblo y los militares miraron con entusiasmo su figura. Daba igual la posición social, el cargo político o la riqueza, todos admiraban a Drogba. El costamarfileño desfiló por las calles de Bouaké exhibiendo el trofeo, mientras la población y varios miembros de las tropas opositoras lloraban al verlo. Aquellas personas habían sido víctimas de una de las guerras más sangrientas del continente y, más que un futbolista, Didi se había convertido en un símbolo de paz para el pueblo.

En Bouaké, Drogba no solo fue recibido como un héroe, sino que también logró reunirse con el líder rebelde. Adelantó las conversaciones de paz y demostró que la reconciliación era posible. Con todo el pueblo presente, prometió que el partido de clasificación para la Copa África ante Madagascar se disputaría allí, en Bouaké.

El 3 de junio de 2007, varios ministros del Gobierno, totalmente escoltados, entraron en el territorio rebelde para asistir al encuentro. Cuando sonó el himno del país, el presidente del Gobierno y el líder rebelde cantaron uno al lado del otro. En ese momento, al mirar hacia la grada, Drogba supo que la guerra había terminado. Las armas se habían levantado varios meses antes, pero la paz se había sellado ahí, en un estadio de fútbol. Costa de Marfil ganaba 4-0, cuando, en el minuto 87, Drogba anotó el quinto y definitivo. El estadio estalló en júbilo, no solo por la victoria en el campo, sino por la victoria en busca de la vida. Didi levantó los brazos al cielo, consciente de que ese momento era más que un simple gol. En el corazón de Bouaké, Didier Drogba había logrado lo que parecía imposible: unir a un pueblo dividido y sellar la paz.

El fútbol puede tocar el alma de una nación, unir corazones divididos y superar las barreras que a veces la política no puede derribar. Tiene la capacidad de sanar heridas profundas y recordar a la humanidad que, en esencia, todos somos parte del mismo equipo.

35

EL FUTBOLISTA QUE NUNCA JUGÓ
Carlos *Káiser* Raposo

En el mundo del fútbol las historias de talento y superación abundan.

No es el caso de Carlos Henrique Raposo. No era famoso por sus habilidades, ni siquiera tenía nivel para ser futbolista, pero consiguió jugar durante trece años en los mejores clubes de Brasil. Se convirtió, posiblemente, en el mayor farsante de la historia del fútbol.

Káiser, como era conocido por su supuesto parecido con Beckenbauer, nació el 2 de abril de 1963 en Brasil. Siempre soñó con vivir como una estrella del fútbol. No obstante, a diferencia de cualquier jugador profesional, carecía del talento necesario para triunfar. Lo que le faltaba de habilidad, lo compensaba con carisma, astucia y una red de contactos más extensa para la época que la de cualquier agente.

En aquel entonces, los mejores del mundo eran Zico, Bebeto y Romario. No había nadie que les hiciera sombra.

Hasta el día en el que apareció Renato Gaucho, un joven extremo derecho del Flamengo que comenzó a brillar por su velocidad y su regate. Fuera del campo, Renato era un auténtico galán: alto, guapo, rico... Se convirtió en el amor platónico de mucha gente. Carlos Raposo, que ya había fracasado en el fútbol juvenil en Botafogo, admiraba mucho a Renato. Su figura simbolizó una utopía para él. Káiser comenzó a vestirse y a cortarse el pelo como su ídolo. Su parecido era tal que por las calles de Río la gente le pedía autógrafos y, en ocasiones, solían montarse aglomeraciones en torno a él. La calidad de las retransmisiones televisivas daba pie a que la gente dudase al verle. Lo invitaban a restaurantes y lo cierto es que además ligaba con mucha más facilidad que antes. Poco a poco se fue creyendo su propia película. En Río de Janeiro se corrió la voz de que existía un clon de Renato.

En uno de los viajes de liga, Gaucho tuvo la curiosidad de conocer a su clon. Le había llegado la noticia acerca de la existencia de alguien que se acostaba con mujeres haciéndose pasar por él, y aquello le generaba curiosidad. El Gaucho se asombró la primera vez que tuvo a Raposo delante. La altura, la ropa, el pelo... todo era idéntico. Káiser se había asegurado de cada detalle para intentar aprovecharse al máximo posible de su parecido con el ídolo de la época. Sorprendentemente, el clon y el clonado se hicieron amigos inseparables.

Poco a poco, Carlos fue rodeándose de gente casi igual de famosa que Renato: Carlos Alberto, Romario o Edmundo Alves, entre otros. Todos ellos encontraban divertida su historia y, como tenía buena planta y un pasado decente en el fútbol juvenil brasileño, lo presentaron a clubes de todo el mundo.

La táctica de Raposo era siempre la misma. Al firmar con un club, aseguraba que necesitaba mejorar su condición física antes de jugar, lo que le daba semanas de entrenamiento sin tener que tocar el balón. Cuando tenía que entrenar con el equipo, fingía lesiones, principalmente en los isquiotibiales, una excusa difícil de verificar con la tecnología médica de la época. Ningún compañero de equipo lo vio nunca golpear una pelota. Para reforzar sus mentiras sobre las lesiones, tenía varios médicos cómplices que siempre le ayudaban escribiendo falsos reportes. Sus objetivos siempre fueron apurar al máximo entrar en el terreno de juego, cobrar lo estipulado en el contrato y, una vez este expiraba, buscar otro club con el que repetir la fórmula. Así consiguió engañar a dos instituciones legendarias como Flamengo y Botafogo, donde cobró, pero no jugó ni un minuto. Los equipos siempre celebraban dos veces: cuando le fichaban y cuando se iba.

En el momento en que sus mentiras llegaron a ser conocidas en Brasil, puso rumbo a México, a Puebla. Raposo se hacía amigo de periodistas que escribían artículos falsos sobre sus supuestos logros. Y a los que no convencía, los acababa sobornando. Los suculentos contratos que había firmado en Brasil le permitieron hacer este tipo de artimañas. En México siguió con su *modus operandi* por poco menos de un año. Varios de sus amigos de la prensa escribieron que su papel en el Puebla había sido tan impresionante que le invitaron a que consiguiera la nacionalidad mexicana para jugar con la selección nacional. Además, utilizaba teléfonos móviles falsos para fingir que le llamaban directivos de clubes europeos: rechazaba ofertas ficticias delante de los directivos para parecer más valioso.

Sus planes sustentados en mentiras acabaron dando frutos. El Gazélec Ajaccio, de Francia, lo anunció en 1990 como su fichaje estrella. Durante su presentación, se organizó a los fotógrafos para que capturasen el momento en el que diera toques. Káiser, por miedo a ser descubierto con su técnica torpe, pateó todos los balones hacia la grada, se ganó el cariño de los fans e incluso evitó mostrar su falta de habilidad.

Los teatros con las lesiones provocaron el cabreo del entrenador; no lo soportaba, quería echarlo del equipo. Sin embargo, Raposo tenía una relación especial con los miembros de la directiva, especialmente con el vicepresidente Mancini. Después de sus entrenamientos al margen del grupo se quedaba con ellos bebiendo y charlando sobre la vida. Raposo se convirtió en el protegido de Mancini y, cuando su situación futbolística se volvió insostenible, este decidió cederle a Brasil. No obstante, mandó escribir a sus colegas franceses artículos sobre él como el máximo goleador del Ajaccio durante siete temporadas seguidas, a pesar de haber estado en Brasil los últimos siete años. Su paso por Europa se convirtió en el sello de oro de su currículum.

Volvió a su país y recaló en el Bangu. Después de aproximadamente un mes de su habitual rutina el dueño del club, Castor de Andrade, un hombre temido y vinculado a la mafia, exigió que Káiser jugara un partido. Raposo era su fichaje estrella y, después de meses de verlo solo entrenar, se cansó. Con el Bangu perdiendo 2-0, Castor ordenó al entrenador que lo pusiera a jugar. Sabiendo que su farsa de años atrás podía caerse si pisaba el campo, Káiser hizo algo brillante.

Mientras calentaba, la multitud local lo comenzó a abuchear. Raposo aprovechó la tensión, corrió hacia los aficionados y comenzó una pelea, lo que le valió una tarjeta roja antes de entrar al campo. Cuando Castor entró furioso al vestuario pidiéndole explicaciones, Káiser le respondió que alguien había llamado ladrón al propietario del club y que él solo quiso defender el honor del equipo. Impresionado por su audacia, Andrade le ofreció una renovación de seis meses y un aumento de sueldo.

Así engañó a varios clubes a lo largo de los años. Fluminense, Vasco Da Gama y El Paso Patriots estadounidense fueron sus otras víctimas. Káiser estuvo durante trece años formando parte de varios de los mejores equipos de Brasil sin tocar nunca un balón, siempre cobrando lo estipulado en su contrato. O esa es su versión.

Káiser dio a conocer su historia de farsante a principios de los años 2000. En las mayores televisiones de Brasil, se permitió el lujo de contar todos sus engaños y artimañas. Sin embargo, varios amigos brasileños desmintieron su paso por el Ajaccio. Paulinho y Couto, exfutbolistas del club francés, admitieron que habían sido cómplices de la broma de Káiser: él nunca pisó Francia. Las camisetas que iba regalando a los presentadores y a los periodistas eran todas de sus dos colegas. Lo que sí se demostró fue su paso por el fútbol carioca. La Confederación Brasileña de Fútbol confirmó que Káiser estaba inscrito como futbolista profesional. Leyendas como Bebeto o Junior pudieron afirmar que Raposo formó parte de las plantillas de Botafogo y Flamengo.

La vida de Káiser parece una farsa en su conjunto. Sin embargo, todos los que coincidieron con él en algún punto de su aventura destacan que Carlos Raposo es, por encima de todo, una muy buena persona. Siempre dispuesto a ayudar a los demás, siempre con la mano tendida para todos los que le rodeaban. Detrás de esa fachada de futbolista de cartón estaba un hombre que había sufrido mucho en su vida personal. Su madre, alcohólica y con sobrepeso, murió joven a causa de una cirrosis. Él nunca supo lo que era el calor de una familia. Su primera mujer y su hijo también fallecieron. Su segunda mujer, desgraciadamente, también tuvo el mismo destino. Años después de su retiro como futbolista en 2003, Káiser perdió la visión de un ojo. Parecía que Dios le había quitado en proporción a la cantidad de mentiras que desparramó.

Hoy, a sus sesenta y un años, regenta un gimnasio exclusivo para mujeres donde las ayuda a mantener su forma física. Hay quienes piensan que hace una buena labor, otros creen que es una artimaña para seguir alimentando su alma de mujeriego. Sea cual sea el motivo, lo que está claro es que Káiser, a lo largo de su vida, estuvo buscando desesperadamente la aceptación y el amor que nunca tuvo cuando era pequeño. Encontró en el fútbol una manera de vivir la vida, y lo hizo como nadie. No es solo la historia de un gran farsante, sino también la de un hombre que, a pesar de sus fallos, buscaba la felicidad y el sentido de pertenencia en un mundo donde las apariencias suelen ser más importantes que la realidad. Carlos *Káiser* se convirtió en el mejor futbolista de la historia que jamás jugó.

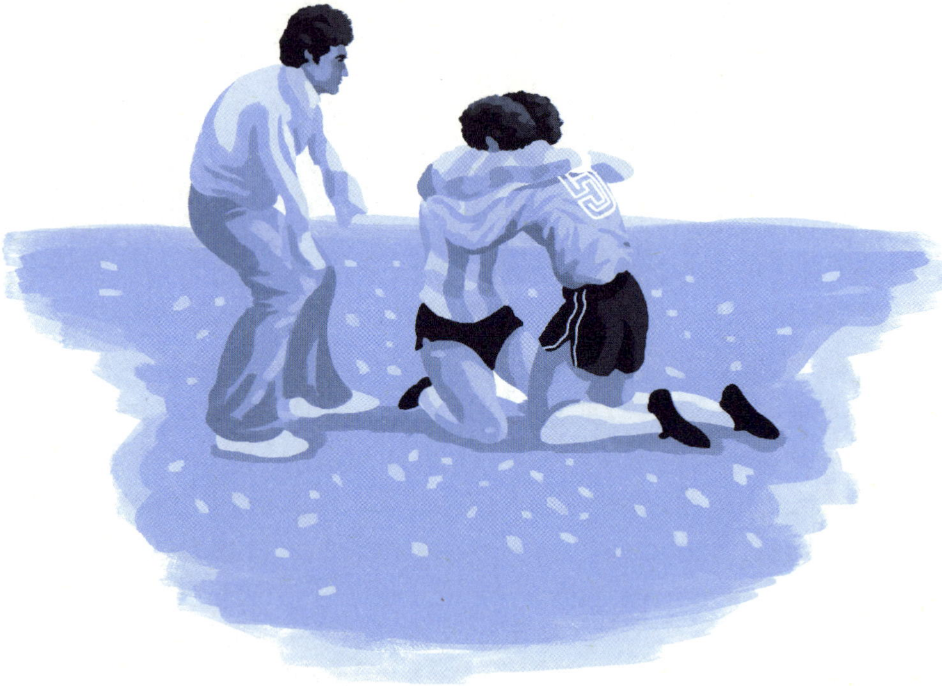

36

EL ABRAZO DEL ALMA

25 de junio de 1978. Estadio Monumental de Buenos Aires. Argentina acababa de ganar su primer Mundial. El Pato Filiol y Alberto Tarantini se ponían de rodillas para fundirse en un abrazo infinito. De repente, un aficionado sin brazos, llamado Víctor Dell'Aquila, saltó al campo y posó su cuerpo sobre el de los dos jugadores. Cuando todas las cámaras y periodistas corrieron a buscar a Kempes o a Pasarella, el fotógrafo Ricardo Alfieri fue el único capaz de detenerse a ver aquella imagen.

En ese abrazo, sus cuerpos se acercaron, pero fueron sus almas las que realmente se encontraron. Un gesto en el que las barreras físicas se desvanecieron, y se dio paso a la pureza de la emoción compartida. Víctor nos demostró que el verdadero contacto no reside en las manos o en la piel, sino en abrir nuestro corazón, en entregar cada fibra de nuestro ser a la experiencia del otro. Solo así podemos revelar nuestra faceta más humana de la forma más pura.

La revista *El Gráfico,* en 1978, publicó un número especial con las cien fotos más representativas de aquel Mundial. Aunque pudieron haber optado por la foto de Pasarella levantando la copa, decidieron salir en portada con la imagen de Alfieri, y la titularon «El abrazo del alma».

37

TALENTOS IRREPETIBLES

Se fue Ronaldinho y apareció Neymar.
Se fue Henry y apareció Mbappé.
Se fue Busquets y apareció Rodri.
Se fue Rivelino y apareció Vinicius.
Se fue Makelele y apareció Kanté.
Se fue Baresi y apareció Cannavaro.
Se fue Pirlo y apareció Kroos.
Se fue Yashin y apareció Buffon.

Se fue Messi y no apareció nadie (todavía). Hay talentos que son irrepetibles.

38
LA MUJER QUE CONSTRUYÓ UN SUEÑO
Cedella Marley

Bob Marley es, sin duda alguna, la figura más influyente de la historia de Jamaica. Solía decir que el fútbol era lo único que lo hacía sentir tan libre como la música. En sus giras, siempre llevaba un balón, y entre concierto y ensayo, se le podía ver jugar a su famoso Moneyball, que consistía en dar toques sin que el balón tocase el suelo y, si alguien rompía algo, lo tenía que pagar. Para Bob, siempre fue importante mantenerse en buena forma física para rendir en las pachangas. Sus amigos de la infancia cuentan que, aparte de ser el músico más importante de la época, también fue uno de los mejores centrocampistas del fútbol de barrio de Kingston.

Marley era un gran admirador de Pelé y el Santos. Gracias a los fuertes lazos culturales entre Jamaica y Brasil, los caribeños siempre apoyaron a los cariocas en los mundiales. Sin embargo, esa devoción se fue dividiendo cuando empezó a viajar por Europa. Mientras vivía en Chelsea y grababa su aclamado álbum *Exodus*, Marley descubrió el fútbol inglés y quedó fascinado con el Tottenham Hotspur. Y probablemente también se habría hecho fan del Ajax, después de que en 2008 el club adoptase su canción *Three Little Birds* como himno oficial.

A Bob Marley le faltó tiempo para ver el legado tan grande que dejó en el fútbol tras su muerte en 1981. Aquella pasión desbordante dejó huella en sus doce hijos, especialmente en su hija Cedella, quien se convirtió en el ángel de la guarda del fútbol femenino en Jamaica.

Todo comenzó en 2008, cuando la Federación de Fútbol de Jamaica dejó de invertir en el equipo nacional femenino, debido a la falta de fondos tras dos hechos: quedar fuera de la clasificación para la Copa del Mundo de 2007 y su eliminación en la fase de clasificación para los Juegos Olímpicos de 2008. Las jugadoras carecían de equipamiento básico, como sujetadores deportivos y de una nutrición adecuada, sumado a que tuvieron que empezar a pedir dinero a la población para poder costearse los viajes a los torneos.

Al enterarse de la situación, Cedella Marley decidió intervenir. Utilizó su influencia y los recursos de la Bob Marley Foundation para iniciar una campaña de recaudación de fondos. Gracias a eso, las Reggae Girls pudieron volver a competir. El compromiso de la hija de Marley no solo proporcionó los recursos económicos esenciales, sino que también inspiró un cambio cultural dentro del fútbol femenino en Jamaica.

En 2014, Cedella fue nombrada embajadora principal del equipo y se convirtió en un icono de igualdad en un país que todavía sigue luchando por un cambio social a favor de la equidad entre mujeres y hombres. En 2015 el equipo sufrió un duro revés, la selección no consiguió clasificarse para la Copa del Mundo y se comenzó a dudar de las jugadoras jamaicanas. Sin embargo, Cedella no tiró la toalla y siguió proporcionándoles el apoyo necesario para poder competir. Hasta que en 2019 el equipo consiguió clasificarse para el Mundial de Francia, y las Reggae Girls se convirtieron en la primera selección femenina del Caribe en lograr tal hazaña. Aunque no avanzaron más allá de la fase de grupos, su participación fue histórica y sentó un precedente.

De todos modos, la verdadera magnitud del impacto de Cedella se vio en la Copa del Mundo de 2023, cuando las Reggae Girls sorprendieron al mundo al empatar con equipos como Francia y Brasil e incluso al ganar su primer partido mundialista contra Panamá. Este logro les permitió avanzar a los octavos de final, lo que consolidó su lugar en la historia del fútbol femenino.

Cedella Marley no solo resucitó un equipo, sino que revitalizó el espíritu del deporte femenino en un país donde las mujeres siguen luchando por el reconocimiento y la igualdad. A veces las barreras políticas y económicas pueden frustrar el progreso de aquellos que están dispuestos a superarse; solo necesitamos a alguien que nos ayude a soñar. El fútbol nos ha demostrado partido a partido que es una fuerza poderosa para el cambio social y para ayudarnos a ser libres. Ya lo decía Bob Marley:

«Libertad, el fútbol es libertad».

39

EL HOMBRE DEL DISPARO EN EL CORAZÓN
Abdón Porte

Abdón Porte era un hombre de carácter sencillo y un corazón inmenso, que encontró en el fútbol y en Nacional de Uruguay una razón de ser. Desde su llegada al club en 1911, se ganó el cariño y el respeto de compañeros y aficionados por su entrega total en cada partido. Como mediocampista, Porte no destacaba por una técnica deslumbrante, aunque lo compensaba con una garra y un espíritu indomable que lo erigieron como pilar del equipo. Durante años, fue un baluarte en el mediocampo, un verdadero caudillo tricolor que no solo defendía la portería, sino también el honor de su club.

Nacional era mucho más que un equipo para Abdón: era su vida entera. Con el Tricolor, conquistó varios campeonatos, dieciocho en total, y se convirtió en uno de los jugadores más queridos por la hinchada. Lo daba todo por sus colores hasta el punto de llegar a poner en riesgo su integridad física. Ejemplo de ello fue lo sucedido en el clásico uruguayo de 1917. Se enfrentaban ante Peñarol, su máximo rival, y en medio de un lance del partido sufrió un fuerte esguince en la rodilla. No quedaban más cambios, pero Abdón no se quiso retirar, y acabó rompiéndose el cartílago de la rótula.

En cada partido se dejaba el alma en el campo; el sacrificio y la lealtad, que tanto caracterizaban al club, Abdón los encarnaba. Sin embargo, su vida como futbolista, que había estado marcada por la gloria y el amor incondicional a Nacional, se oscureció con el paso del tiempo.

A finales de 1917, los dirigentes del equipo, preocupados por su rendimiento físico, decidieron que era hora de buscar un reemplazo para Abdón en el mediocampo. Aunque no se le apartó del equipo, la sola idea de que su tiempo en el campo llegaba a su fin resultó un golpe devastador para él. Porte era consciente de que su capacidad física ya no respondía como antes, pero su pasión seguía latiendo con la misma intensidad.

El 5 de marzo de 1918, el Nacional disputó un partido contra Charley, donde Abdón fue alineado. Sin embargo, en su posición habitual, jugó Alfredo Zibechi, mientras que a él lo relegaron a la defensa. El equipo ganó 3-1, pero Abdón no se sentía completo. Sabía que el final estaba cerca.

Esa misma noche, después de la cena con sus compañeros, se fue solo hacia el Parque Central, el estadio que había sido testigo de tantas de sus batallas. Se quedó de pie justo en el círculo central y allí, bajo el manto de la noche y rodeado del silencio más triste, Abdón Porte se quitó la vida con un disparo en el corazón.

A la mañana siguiente, su compañero Severino Castillo encontró una nota junto a su cuerpo sin vida, dirigida al presidente de Nacional, que decía:

> Querido doctor José María Delgado. Le pido a usted y demás compañeros de Comisión que hagan por mí como yo hice por ustedes: cuiden de mi familia y de mi querida madre. Adiós, querido amigo de la vida.

Aquella carta finalizaba con un poema:

> Nacional, aunque en polvo convertido
> y en polvo siempre amante.
> No olvidaré un instante
> lo mucho que te he querido.
> Adiós para siempre.

Hoy, en el túnel de vestuarios del Gran Parque Central se puede leer una frase en el techo que dice:

> Usted está a punto de ingresar al terreno donde Abdón Porte se quitó la vida por no defender más a su querido Club Nacional de Football.

SEGUNDA PARTE

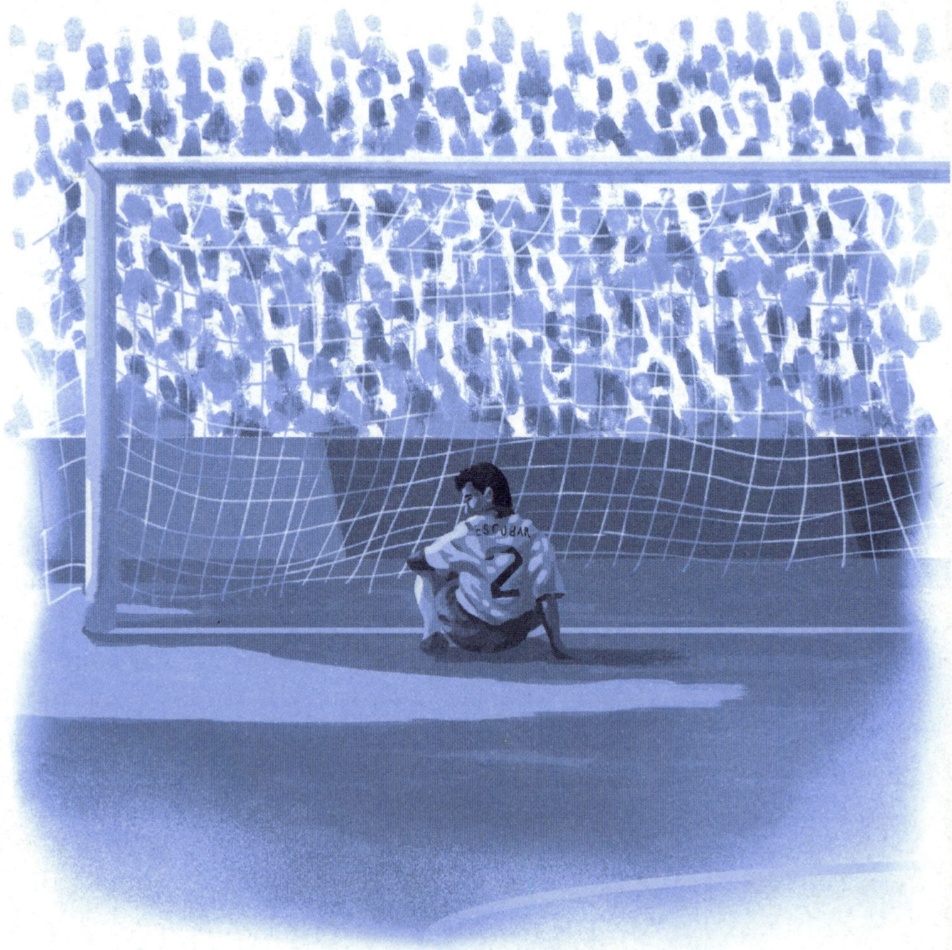
ESCOBAR
2

40

EL CABALLERO DEL FÚTBOL
Andrés Escobar

«Otra vez Colombia se llena de vergüenza.» Así comenzó el informativo matinal colombiano del 3 de julio de 1994. El presentador Félix de Bedout anunciaba, al borde del llanto, el asesinato del talentoso futbolista Andrés Escobar.

Justo un mes antes, el defensor de Medellín estaba muy cerca de cerrar su traspaso con el AC Milan. El conjunto *rossoneri* le había elegido para tomar el relevo generacional de un tal Franco Baresi. El traspaso habría cambiado las aspiraciones del pueblo colombiano. Compartir vestuario con Maldini, Desailly, Gullit o Van Basten, entre muchos otros, habría convertido a Escobar en el único futbolista sudamericano en formar parte de uno de los mejores equipos de la historia.

Durante las negociaciones, la selección colombiana se preparaba para el Mundial de Estados Unidos. En los clasificatorios para el torneo, los cafeteros llegaron a vencer 5-0 a la Argentina de Batistuta, Redondo y Simeone. Maradona, que estaba presente en la grada como un hincha más, se tiraba de los pelos con cada gol que encajaba su selección, como si cada tanto fuese un puñal que se le clavaba en el pecho. La grada, consciente de su presencia, coreaba su nombre, desesperados por que Diego saltase al campo, como si fuese una especie de dios capaz de rescatarles de aquella pesadilla. «Así se juega al fútbol», tituló al día siguiente la revista argentina *El Gráfico*, al ensalzar el juego de la selección tricolor.

Colombia se clasificó para la Copa del Mundo sin perder ni un solo partido. Las expectativas se pusieron a la misma altura que la ilusión. En el país se instauró la errónea creencia de que, si aquella plantilla no conseguía alcanzar como mínimo las semifinales, sería un fracaso deportivo. Dios, según ellos, había conseguido juntar a la mejor generación de futbolistas de su historia: Freddy Rincón (Napoli), El Pibe Valderrama (Junior de Barranquilla), Adolfo Valencia (Bayern de Múnich), Faustino Asprilla (Parma) y Andrés Escobar (Atlético Nacional).

Estados Unidos, el país del *soccer*, recibía con una impresionante puesta en escena su primer mundial. Era la oportunidad perfecta para dar a conocer el deporte rey en su país. Para Colombia el torneo no empezó de la mejor manera. Rumanía, liderada por el mago Gheorghe Hagi, bajó de las nubes de un plumazo al pueblo cafetero. El 19 de junio de 1994 tuvieron la mala suerte de enfrentarse contra la generación dorada de otro país. El pueblo empezaba a darse cuenta de la ridícula idea de que había fútbol más allá de Colombia. En el primer encuentro los de Francisco Maturana perdieron 1-3. Aunque tuvieron arrinconados a los europeos todo el partido, Hagi, el Maradona de los Cárpatos, manejó el encuentro a su antojo, y dejó una exhibición mundialista de esas que se recuerdan en un país para toda la vida.

«Rumanía acabó con la fiesta», titulaba el diario *El Tiempo*. El pueblo colombiano pasó del cielo al infierno en tan solo noventa minutos. Aun así, tras el empate entre Suiza y Estados Unidos, todavía quedaba ilusión en aquellos que preferían interpretar ese primer partido como un accidente.

Todo eran malos presagios tras la primera derrota. En torno a la selección comenzó a crearse una espiral de locura. Dos días después del partido ante Rumanía, el Chonto Herrera, lateral derecho titular, se enteraba de la trágica muerte de su hermano en un accidente de tráfico. Al día siguiente, el seleccionador Francisco Maturana entraba al vestuario del Rose Bowl mientras lloraba como un niño. La selección colombiana se entrenaba en la víspera de su partido clave contra la selección de Estados Unidos. El Pacho había recibido una llamada de un cartel de narcotráfico: amenaza de muerte si no ganaban el partido. La selección estaba completamente hundida en un clima de locura.

El 23 de junio el colegiado dio el pitido inicial. Colombia, sin que el mundo lo supiese, se estaba jugando la vida en un partido de fútbol. La moral de los once que saltaron al campo estaba por los suelos y aunque en los primeros instantes consiguieron apretar a los *yankees,* la desgracia no tardó en llegar. En el minuto 34 los locales atacaban por el sector izquierdo. Thomas Dooley puso un centro peligroso con la zurda en dirección a su compañero Earnie Stewart, que entraba como un rayo hacia el punto de penalti. Andrés estiró la pierna al intentar cortar el centro, con la mala fortuna de que el balón fue hacia la portería. El guardameta, Óscar Córdoba, con la inercia del centro, se lanzó hacia su izquierda. La pelota entró lentamente mientras Andrés la miraba desde el suelo. Cuando tocó la red, Escobar echó su cabeza contra el césped. Estaba tumbado y con los brazos abiertos, inmóvil, sin poder creer lo que acababa de suceder. Como si la crueldad del destino lo hubiese crucificado contra el césped. «¡Mami, lo van a matar!», dijo su sobrino mientras veía la cara de frustración de su tío por la televisión.

Colombia perdió el encuentro 2-1, lo que certificó su eliminación de la Copa del Mundo. El sentimiento de vergüenza y frustración se instauró en todo el país. Maturana les recomendó a sus jugadores no volver a Colombia en unas semanas para evitar posibles conflictos, fruto de la rabia del pueblo. A pesar de aquello, Andrés decidió regresar para dar explicaciones al país. Siempre diligente, siempre dando la cara tanto dentro como fuera del campo, por algo le llamaban «el caballero del fútbol».

Al llegar a Medellín le pidió a su prometida, Pamela Cascardo, adelantar la boda antes de marcharse a Italia. Se pusieron manos a la obra, mientras Pamela preparaba la ceremonia y parte de la mudanza a Milán, Andrés iba dando explicaciones del fracaso mundialista en los medios de comunicación. Escobar poco a poco se empezó a dar cuenta de que nada era como antes, no podía caminar ni siquiera por las calles de su ciudad sin recibir una mirada o un comentario de desprecio.

El 2 de julio de 1994, Andrés decidió evadirse entre las luces de neón y el humo de los cigarros de la madrugada de Medellín. Fueron a parar a la discoteca El Indio, lugar que solía visitar de manera habitual con su amigo Juan Jairo Galeano. Aquella noche, mientras bailaba junto a él y con su prometida, dos tipos empezaron a gritarle desde la mesa de al lado: «¡Autogol, Andrés, autogol!». Se trataba de Santiago y Pedro Gallón, dos hermanos vinculados al narcotráfico y a las fuerzas paramilitares. El jugador se acercó a pedir respeto y decidió marcharse del local con su pareja.

Andrés se montó en el coche con Pamela con la intención de volver a casa. Desde el aparcamiento, aquellos tipos seguían increpando al futbolista gritándole «autogol». Escobar volvió a acercarse para pedirles que le dejasen tranquilo y la respuesta fue vaciar un cargador sobre él. Seis disparos acabaron al instante con la vida de Andrés Escobar. Un gol en propia, ese fue su delito. Los hermanos Gallón jamás pisaron la cárcel por el asesinato de Andrés. Fue su chófer, Humberto Muñoz Castro, el que pagó con cuarenta y tres años de prisión, aunque salió a los doce años por buena conducta. Doce años, eso es lo que cuesta una vida.

El 4 de julio enterraron a Andrés. Más de treinta mil personas se congregaron en Medellín para despedir al caballero del fútbol. Solo una movilización había sido similar en la ciudad, fue en 1989, cuando el Atlético Nacional, con un brillante Andrés Escobar en la defensa, salió campeón de la Copa Libertadores. El pueblo que le vio nacer y triunfar lo despidió entre lágrimas.

En una de sus últimas apariciones en la prensa, Andrés dejó dicho: «Hasta pronto, porque la vida no termina aquí». Tenía razón, el recuerdo del caballero del fútbol fue, es y será eterno. Aunque la tragedia se llevó consigo la vida de un hombre y la promesa de muchos más momentos de grandeza, su recuerdo nos invita a pensar que el fútbol más que una pasión extrema, es una danza de emociones donde la compasión y la comprensión deben estar siempre presentes.

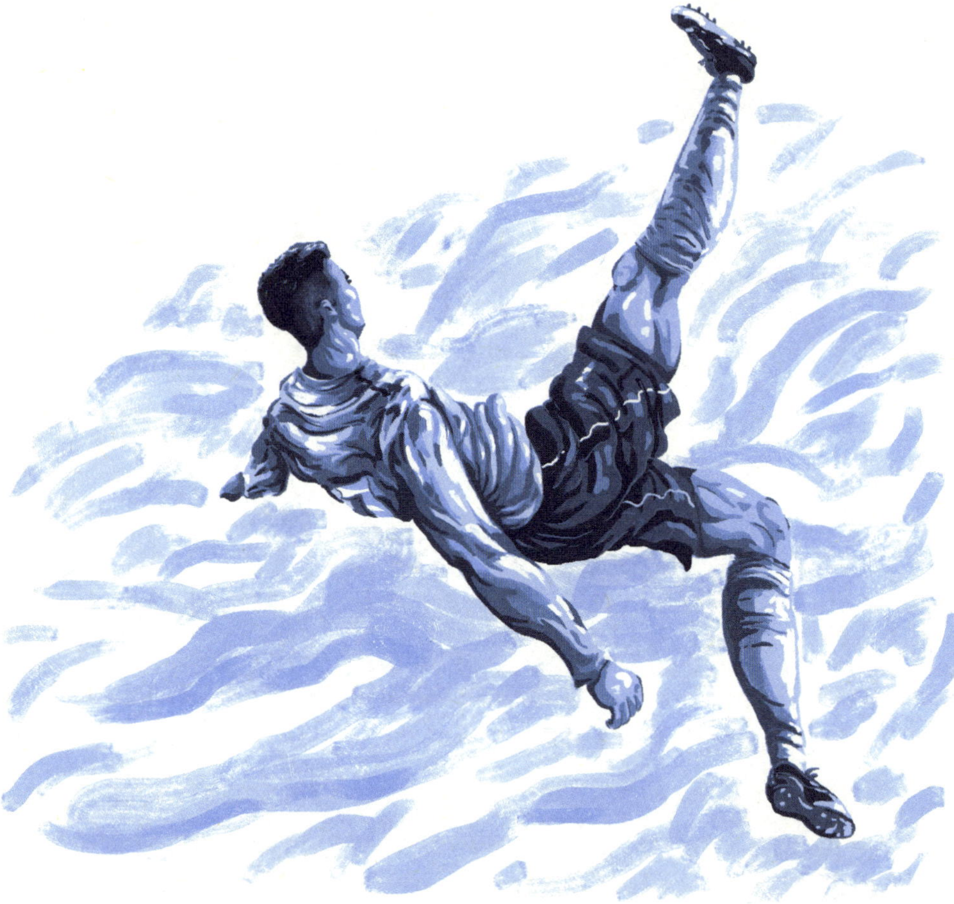

41

CUANDO EL FÚTBOL ALCANZÓ LA PERFECCIÓN
Cristiano Ronaldo

Nunca antes un estadio se había puesto en pie para ovacionar a un jugador rival de la manera en la que lo hizo el público del Allianz Stadium de Turín, en la noche mágica de abril de 2018.

Era la vuelta de cuartos de final en la Champions League. El Madrid ganaba 0-1 pero estaba por debajo en el resultado global. Necesitaban un tanto para igualar la eliminatoria, hasta que Carvajal puso un centro en el punto de penalti y el balón encontró a Cristiano suspendido en el aire. La velocidad y la altura del salto, combinadas con la precisión del remate, hicieron posible un gol que parecía esculpido por los mismísimos dioses del fútbol. Cualquiera podría haber esperado los pitos de la afición de la Juve a su propio equipo. Pero los allí presentes se pusieron de pie para aplaudir al hombre que acababa de desafiar las leyes de la gravedad y la lógica del deporte. Aquel aplauso no solo fue para Cristiano, sino para el fútbol mismo, para reconocer y apreciar la belleza sin importar las circunstancias ni el contexto. Fue una muestra de aprecio al talento por encima de cualquier rivalidad. La afición de la Juventus le demostró al mundo lo que significa ser un verdadero amante de este deporte.

La verdadera belleza del fútbol no reside solo en los goles, sino en los corazones de quienes los aprecian. Y solo cuando esto sucede, el fútbol puede alcanzar la perfección.

42

¿DÓNDE ESTÁ DIOS?
Piermario Morosini

No creo en Dios, aunque a veces soy un poco hipócrita, cuando las cosas van muy mal siempre suelo rezar. ¿A qué? Ni idea. Comparto los buenos valores de cualquier religión y creo que la fe en algo intangible, a veces, es necesaria para encontrarle un sentido a la vida. Respeto a todo aquel que cree que hay algo más allá, incluso lo admiro. Creo que hay algo poético en la fe.

Cuando era pequeño solía ir con mi abuela a la iglesia a rezar al Cristo de Serradilla, en mi pueblo de Extremadura. Siempre me preguntaba qué era lo que veía en los ojos de aquella escultura de madera que tanto la calmaba. Ella tuvo un hijo muy enfermo, con un grave problema en la médula por el que se estuvo medicando durante mucho tiempo. El tratamiento fue largo y muy doloroso. Un día, mi tío se cansó y dijo que solo se daría una última sesión. El dolor le había consumido las ganas de vivir y el pronóstico era incierto.

La noche después de la última dosis, mi abuela no se despegó de la cama del hospital de su hijo. Durante toda la madrugada, estuvo pasándole una estampa del Cristo de Serradilla por todo el cuerpo. A la mañana siguiente, los médicos le dijeron que mi tío estaba completamente recuperado. Ante algo así es imposible no tener fe en Dios.

En mi habitación tengo una estampa de este Cristo. Cuando estoy perdido le miro a los ojos y, a veces, soy capaz de escuchar la voz de mi abuela, aunque cada año que paso sin ella esa voz se vuelve más débil, más lejana. Creo que de alguna manera yo también *utilizo* a este Cristo para buscar alivio en mis peores momentos. La fe y yo no estamos tan lejos, al fin y al cabo.

A lo que voy con todo esto es que, si Dios existe y es bondadoso y misericordioso, ¿por qué trató tan mal a Piermario Morosini? Aunque si hay un antónimo de la palabra *milagro*, la utilizaría para describir su historia.

Nació el 5 de julio de 1986 en Bérgamo, Italia, y su infancia estuvo marcada por una inmensa pasión por el fútbol. Desde pequeño destacó como un centrocampista de mucha clase. Moreno, melena larga y cinta en el pelo, su talento lo llevó a formar parte del club de la Atalanta a temprana edad. Allí despertó el interés de varias de las mejores canteras del país. Sin embargo, Piermario quiso quedarse en Bérgamo, cerca de su familia. Vivía con sus padres, Camila y Aldo, y sus dos hermanos, Carla Maria y Francesco, que padecían una discapacidad mental.

Morosini estaba acostumbrado a plantarle cara a sus rivales cada fin de semana; era un niño despreocupado cuyas únicas labores eran el colegio y el fútbol. Sin embargo, a sus quince años perdió repentinamente a la persona más importante de su vida: su madre, con la que tenía una relación estrecha. Aquello fue un golpe casi demoledor para él y para toda su familia. Su padre y su hermano pequeño cayeron en depresión, y la vida obligó a Piermario a madurar de golpe. Ya no podía ser un niño sin preocupaciones, sino una figura paterna para sus dos hermanos, además de un apoyo para su padre.

Siguió persiguiendo su sueño de ser futbolista y, en 2002, ganó el campeonato juvenil Allievi Nazionali con la Atalanta, el torneo sub-17 más importante de Italia, un logro que le abría las puertas a una carrera profesional casi segura. Apenas un año después, cuando este tenía diecisiete, su padre Aldo falleció de un repentino ataque cardiaco. Francesco, sumido en una depresión todavía más profunda, acabó quitándose la vida pocas semanas después. Piermario se encontró solo en un océano de tristeza, con su hermana mayor como única compañía. La vida, que antes le había ofrecido el cálido refugio del hogar y la familia, ahora le mostraba su rostro más duro. Cada día era una batalla contra el dolor y, cuando tocaba el balón, lo hacía con la esperanza de encontrar calma a su angustia, un momento de alivio en medio del tormento. Pero su vida no daba tregua a su sufrimiento.

Aun así, Piermario supo caminar mirando siempre al futuro. No llegó a debutar en el primer equipo de Atalanta, ya que en 2005 lo transfirieron al Udinese, donde jugó en la Serie A y en la Copa de la UEFA. Su gran nivel lo había llevado a formar parte de todas las categorías inferiores de la selección italiana, desde la sub-17 hasta la -21. Su paso por Udinese fue fugaz, puesto que no acabó de convencer y aquello vino seguido de una serie de cesiones a varios clubes italianos, el Bologna, el Vicenza, el Reggina, el Padova y finalmente, el Livorno. Nunca encontró estabilidad en el mundo del fútbol. A pesar de ello, siempre que entraba al vestuario lo hacía con una sonrisa. Era capaz de dejar de lado las sombras que lo atormentaban.

Sin embargo, la tragedia no había escrito la última palabra en su vida. El 14 de abril de 2012, el Livorno visitaba al Pescara en lo que parecía un partido más de la serie B. Hasta que al minuto 31, Piermario Morosini se desplomó. Cayó al suelo, intentó levantarse dos veces, pero acabó inmóvil. El estadio se sumió en un silencio sepulcral mientras los médicos corrían al campo. Su corazón se había parado, a los veinticinco años de edad. Sus compañeros miraban la escena desde lo lejos, conmovidos; alguno de ellos rezaba mientras intentaban reanimar a Piermario. Rápidamente la ambulancia entró al campo y lo trasladaron al hospital Santo Spirito de Pescara, donde murió minutos después.

Aquella tarde, el mundo del fútbol lloró la pérdida de un joven cuya vida había constado de una serie de pérdidas desgarradoras. Piermario había jugado su último partido, no solo contra un equipo rival, sino contra el destino que había decidido arrebatárselo todo. Su corazón, que había soportado tanto dolor, finalmente cedió. Tras su muerte, su amigo Di Natale asumió la custodia de su hermana Carla Maria.

A veces me pregunto si el dios de Piermario y el de mi abuela Josefa son el mismo.

43

MARÍA Y FÉLIX
El origen de los Williams

Acababa de ser proclamado campeón de Europa. Lo primero que hizo al recibir la medalla fue ponérsela a su madre y fundirse con ella en un abrazo infinito. Las lágrimas de María y Félix solo fueron un recordatorio de que todo lo vivido hasta ahora había merecido la pena.

A principios de los años noventa, Ghana estaba en pleno proceso de democratización tras salir de una larga dictadura. La reconstrucción política y social en el país trajo una fuerte crisis económica. Miles de familias huyeron de su tierra en busca de un futuro mejor. María Comfort Arthuer y Félix Williams fueron de esos jóvenes matrimonios que decidieron jugarse la vida.

María, con un bebé en su vientre, consiguió salir de Ghana y atravesó Burkina Faso, Mali, Argelia y Marruecos junto a su marido. El camión que los llevaba, junto a otras cuarenta personas que viajaban apiñadas, los dejó tirados en medio del desierto. Antes de llegar a Melilla, tuvieron que atravesar parte del desierto del Sahara a pie, descalzos, sin comida ni agua, con temperaturas que rozaban los cincuenta grados. Durante la travesía, varios ladrones robaron sus pertenencias. Las personas que cayeron del camión, por causas desconocidas, fueron asaltadas, asesinadas y, en algunos casos, violadas. Hubo muchas que se quedaron en el camino. Aquella expedición sin calzado dejó a Félix serios problemas en la planta de los pies.

Al llegar a la frontera con España en Melilla, las autoridades bloquearon el paso a María y Félix. Fue entonces cuando ambos decidieron saltar la valla ilegalmente. María, con un embarazo ya de varios meses. La Guardia Civil les arrestó y, en el calabozo, un abogado de Cáritas les recomendó decir que venían de un país en guerra. Así, el matrimonio Williams rompió su documentación que demostraba su origen ghanés y dijeron que venían desde Liberia en busca de asilo político. Pocos días después, ambos fueron trasladados a Bilbao donde María dio a luz a su primer hijo. Consiguieron una vivienda social en Sesma, a una hora de Pamplona, y allí se encontraron con su ángel de la guarda. Un sacerdote llamado Iñaki Madrones fue quien les ayudó a adaptarse a su nueva vida. Les proporcionó alimento y ropa para su bebé recién nacido. Como agradecimiento, María y Félix decidieron bautizar a su hijo con el nombre de Iñaki, Iñaki Williams.

Pero esta nueva vida no fue nada fácil. En sus primeros años en España, tuvieron que trasladarse a Pamplona cuando Iñaki cumplió tres años para que empezara el colegio.

MARÍA Y FÉLIX

Mientras María tenía dos empleos diferentes, Félix, que estaba trabajando de pastor y limpiador, puso rumbo a Londres en busca de una profesión que le pudiese dar más dinero para su familia. María se quedó sola en Pamplona y allí dio a luz, en 2002, a su segundo hijo, Nico Williams.

Iñaki tenía solamente ocho años, y con su madre trabajando todo el día, tuvo que hacer de padre para su hermano Nico. Cuando cumplió doce años, el mayor de los Williams empezó a jugar en el Club Deportivo Pamplona. En 2012, el Athletic Club lo incorporó a sus filas. El 6 de diciembre de 2014 debutó en un partido oficial con el primer equipo en San Mamés. Se convirtió así, después de Jonás Ramalho, en el segundo futbolista negro en defender los colores del Athletic Club.

Con seis años, Nico empezó su andadura en el fútbol en el equipo de su barrio en Pamplona: el J. D. San Jorge. Más tarde se incorporó al C. D. Pamplona, donde también jugó su hermano. A sus diez años, Osasuna lo fichó para su cantera, pero solo estuvo una temporada. En 2013 fichó por el Athletic Club y toda la familia se trasladó definitivamente a Bilbao. El 28 de abril de 2021, el segundo de los Williams hizo su debut con el primer equipo, también en San Mamés.

El 6 de abril de 2024, cuarenta años después de su último título importante, el Athletic Club, con los hermanos Williams, consiguió levantar la Copa del Rey tras vencer al Mallorca en los penaltis. Después del gol definitivo de Álex Berenguer, Iñaki y Nico se abrazaron y se echaron a llorar. No fue solo una celebración de victoria, sino una manifestación de todas las emociones acumuladas, el esfuerzo realizado y los sueños compartidos. Un abrazo durante el cual sintieron la presencia de sus padres, cuyos sacrificios los habían llevado hasta ahí.

Nico se atrevió a hacer historia incluso desde lo más alto: ganó la Eurocopa ese mismo verano y, con tan solo veintidós años, como titular. Además, formó una dupla junto a Lamine Yamal que quedará para los anales del torneo. Fue el MVP (el jugador más valorado) de la final ante Inglaterra, durante la cual anotó uno de los dos tantos. Tras recibir la medalla, la compartió con su madre. Para muchos niños, Nico fue el héroe de la noche. Para Nico, sus padres son los héroes de su vida.

El amor fue lo único que mantuvo vivos a María y Félix en su larga travesía. Ser madre o padre es caminar descalzo por el desierto del Sahara y enfrentar el calor abrasador y la incertidumbre. Es llegar a un país desconocido y construir una nueva vida. Es mirar a los ojos de tus hijos y encontrar la fuerza para seguir adelante. Es ver más allá de tus propias necesidades y poner a los hijos en el centro de todo. Es enseñarles con el ejemplo, mostrando que la verdadera fortaleza reside en la perseverancia y el trabajo duro.

María y Félix Williams demostraron que ser padre o madre es, en última instancia, un acto de fe. Fe en el amor que dieron a sus hijos. Un amor que, aunque no siempre se ve, siempre se siente.

44

EL PRIMER PORTERO EN MARCAR UN *HAT-TRICK*
José Luis Chilavert

Decía Albert Camus que la felicidad es la simple armonía entre la persona y la vida que lleva.

El 28 de noviembre de 1999, el Estadio José Amalfitani fue testigo de un hecho insólito. Aquella tarde, José Luis Chilavert, el carismático y polémico guardameta paraguayo del Vélez Sarsfield, no solo defendió su área como un león, sino que también se erigió como el protagonista absoluto del encuentro en ambas porterías.

La historia de Chilavert es la de un futbolista que desafió todas las convenciones. Conocido tanto por su talento como por su temperamento, Chilavert rompió el molde del arquero tradicional. Comenzó su carrera en Paraguay y luego emigró a Europa, donde jugó con el Zaragoza, y sus habilidades como portero y su espíritu combativo le dieron fama, pero fue en Vélez Sarsfield donde alcanzó su máximo potencial. Bajo la dirección de Carlos Bianchi, Chilavert se convirtió en un icono del club, no solo por su capacidad para evitar los goles de los adversarios, sino también por su sorprendente destreza para marcarlos.

A lo largo de su carrera fue protagonista de momentos que ya son hitos futbolísticos. Maradona, aun siendo su rival en Boca, aplaudió a Chilavert en medio del partido, después de que el paraguayo protagonizase la que muchos calificaron como la «mejor parada de tiro libre de todos los tiempos». Otro de aquellos momentos célebres fue cuando marcó un gol de falta desde su propio campo, a más de sesenta metros, al mismísimo *Mono* Burgos. En España, el mayor recuerdo que guardamos de él no fue el gol de penalti que marcó a la Real Sociedad, sino el que le metieron a él en contra, por puro despiste, mientras celebraba el suyo.

Lo que está claro es que Chilavert no se conformó con ser un mero guardián, su ambición y su habilidad lo llevaron a convertirse en un experto lanzador de tiros libres y penaltis, hasta lograr lo que nadie antes había conseguido. Aquella tarde de noviembre en Buenos Aires, el mundo del fútbol vio cómo un arquero podía ser mucho más que la última línea de defensa: podía ser, también, el héroe goleador.

Para muchos el partido de liga contra Ferro Carril Oeste parecía uno más. Nicolás Sartori puso el primero para los visitantes y aquello encendió la mecha de Vélez. Tras el empate diez minutos después, Vélez continuó dominando, y la primera oportunidad para Chilavert no tardó en llegar. En el minuto 45, un penalti a favor de Vélez permitió a

EL PRIMER PORTERO EN MARCAR UN *HAT-TRICK*

Chila dejar el marcador en 2-1 a favor de su equipo, con la frialdad y precisión que lo caracterizaban. Vélez continuó presionando, y Chilavert tuvo dos oportunidades más desde los once metros. Con una serenidad propia de un goleador experimentado, anotó otros dos penaltis, para completar el *hat-trick*.

Al final del partido, Vélez se impuso con un 6-1, pero lo que quedó en la memoria de todos fue la hazaña de Chilavert: se convirtió en el primer portero en marcar tres goles en un partido oficial. Aquello le sirvió al paraguayo para entrar de lleno en el libro de los Guinness World Records de 2011.

Chilavert, en su búsqueda constante de superación, encontró su felicidad en desafiar lo que se esperaba de él. La gente le quería por cómo protegía su área, pero nadie se podía haber imaginado lo que consiguió hacer fuera de ella. Sus paradas lo convirtieron en un buen portero, y sus goles, en una leyenda. En un mundo donde la locura y la genialidad están a un paso de distancia, Chilavert siempre anduvo por el camino del genio, mostrando que, en ocasiones, la felicidad está en sorprender a los demás cuando creen que ya lo has dado todo.

45

EL FUTBOLISTA QUE FUE EN CONTRA DEL GENOCIDIO

Martin Uher

En el Jardín de los Justos de Jerusalén, un árbol se yergue en memoria de un futbolista que salvó decenas de vidas. Lo tenía todo para vivir tranquilamente: era jugador de fútbol en el Slovan Bratislava, empresario y no era judío. Sin embargo, Martin Uher entendió que salvar una vida es iluminar con la luz de la humanidad algo tan inhumano como la oscuridad de la guerra.

Nacido en 1905 en Eslovaquia, Martin Uher fue un destacado futbolista, conocido por su papel en el Slovan Bratislava y en la selección nacional de Checoslovaquia, una de las principales potencias en los años treinta. No solo brilló en el fútbol, sino que también destacó por su participación activa en la sociedad de la época. Era dueño de una exitosa tienda de textiles en Bratislava que funcionó bien incluso durante la Segunda Guerra Mundial.

Sin embargo, con la invasión nazi a Checoslovaquia y la represión de la población judía, Uher tomó la valiente decisión de proteger a sus amigos judíos en su negocio. Entre ellos estaba Elizabet Fleischer y su familia, quienes se encontraban en peligro inminente de ser deportados a campos de concentración. En 1942, durante una ola de deportaciones de jóvenes judías, Uher escondió a Elizabet en la casa de sus familiares en el pequeño pueblo de Vištuk, para alejarla del peligro que acechaba en la ciudad. La joven estaba en el punto de mira del ejército nazi, ya que, a principios de ese año, comenzaron a deportar de manera masiva a todas las mujeres judías del país.

El verdadero desafío para Uher vino cuando, en 1943, Karol Fleischer, el padre de Elizabet, perdió el permiso de trabajo, lo que expuso a la familia a una deportación segura. Sin dudarlo, Uher organizó su fuga hacia Hungría, un país que entonces parecía un refugio seguro. Sin embargo, la ocupación alemana de Hungría en 1944 complicó la situación, y Uher se vio obligado a actuar nuevamente, esta vez para sacar a la familia Fleischer de Hungría y llevarlos de regreso a Checoslovaquia.

Con la situación volviéndose cada vez más peligrosa, Uher volvió a esconder a los Fleischer en su tienda y en otras de sus propiedades que podrían considerarse seguras. Durante este tiempo, no solo protegió a la familia Fleischer, sino también a otros judíos, incluyendo a Imrich Rosenberg-Hajny, a quien le proporcionó trabajo y refugio. A pesar de los constantes riesgos, Uher persistió en su misión y puso el espíritu humano por encima incluso de su propia vida. Existían casos de personas que habían intentado proteger a judíos y que, al ser descubiertos, eran asesinados. Uher conocía el riesgo.

El heroísmo de Uher no pasó desapercibido en la ciudad y las autoridades nazis comenzaron a sospechar de sus actividades. Uher consiguió un nuevo refugio para esconder a los Fleischer, pero la familia fue capturada por la Gestapo y deportada al campo de concentración de Theresienstadt, donde, milagrosamente, consiguieron sobrevivir a la guerra. La tragedia y el miedo no lograron doblegar el espíritu de Uher, quien continuó apoyando a sus amigos hasta el final del conflicto.

Tras la guerra, Martin Uher y Elizabet Fleischer se casaron y tuvieron un hijo, aunque su matrimonio no perduró. A pesar de su separación, mantuvieron una relación de amistad, gracias a la profunda conexión que habían forjado durante los tiempos de guerra.

En 1990, Uher fue reconocido como Justo entre las Naciones por Yad Vashem, el centro mundial de conmemoración del Holocausto en Israel. Sin embargo, no pudo recibir el premio en vida debido a que falleció poco después del reconocimiento.

Hoy, en el Jardín de los Justos de Jerusalén, un árbol se yergue en memoria de un hombre que fue un ejemplo de cómo la compasión y el coraje pueden prevalecer sobre el odio y la opresión. Alguien dijo una vez que los héroes son personas comunes que hacen cosas extraordinarias en momentos extraordinarios.

46

VI EN TI

Vi en ti lo que Ancelotti vio en Kaká,
lo que Ferguson vio en Cristiano
o lo que Barça vio en Neymar.

El futuro que Xavi vio en Lamine,
que Solari vio en Vinicius
o que Conte vio en Pogba.

La magia que Rijkaard vio en Messi,
que Van Gaal vio en Iniesta
o que Bianchi vio en Román.

El compromiso que Wenger vio en Henry,
que Guardiola vio en Xavi
o que Mourinho vio en Drogba.

La elegancia que Bernabéu vio en Di Stéfano,
que Ferguson vio en Beckham
o que el Madrid vio en Zidane.

Vi en ti la oportunidad de crear una familia, como Ranieri vio en Leicester.

Vi la belleza que Cruyff vio en Van Basten,
que Sachi vio en Roberto Baggio
o que Mourinho vio en Ozil.

Vi en ti la ilusión que Zidane vio en Mbappé cuando era niño.

Vi en ti lo que un día vi en el fútbol. Una pasión que acabó convirtiéndose en el amor de mi vida.

47

¿Y SI NO PUEDO?

¿Y si no puedo? No. Mejor plantéate: ¿qué pasa si lo consigo?

El 8 de marzo de 2017, el fútbol nos dio una lección de vida. Octavos de final de la Champions League, el PSG llegaba al Camp Nou tras golear 4-0 al Barça en la ida. Con el 3-0 a favor de los culés, Cavani anotaba un tanto que parecía ser la sentencia final. Quedaban solamente siete minutos y, en aquel momento, Neymar, el príncipe que no quiso ser rey, se convirtió en monarca por una noche. Anotó dos goles en menos de tres minutos, aunque el Barcelona necesitaba un sexto para poder pasar de fase. Y, como si la voluntad del destino lo hubiera decidido, en el minuto 96 el balón salió de la pierna izquierda de Neymar y comenzó a volar lentamente. El mundo observaba en silencio con la respiración contenida y viendo cómo Sergi Roberto, un mortal, se hacía inmortal para siempre.

En aquel momento, el fútbol se alejó de la lógica para sumergirse en el reino de los sueños. El Camp Nou estalló y más que en un partido, aquello se convirtió en una lección de vida donde aprendimos que los grandes logros de la historia se consiguen enfocándose en las posibilidades y no en los obstáculos.

48

55 AÑOS DE CRUELDAD
La tragedia de Superga y Gigi Meroni

En la antigua ciudad húngara de Nagyvárad, el 13 de mayo de 1898, nació el hombre que cambiaría para siempre la historia del Torino. Ernest Erbstein fue un futbolista de aquellos que están condenados a no ser recordados. Su fugaz paso por el Vicenza y su posterior marcha al fútbol estadounidense a principios de los años veinte, le habrían enviado al pozo de los futbolistas intrascendentes. Sin embargo, fue su carrera como entrenador lo que evitó que pasara. En Brooklyn vivió de lleno la llegada y el desarrollo de este nuevo deporte de ingleses que se extendía por todo Estados Unidos. Allí, mientras compartía vestuario con Béla Guttmann, histórico entrenador del Benfica de Eusébio, comenzó a estudiar más a fondo el juego y a preocuparse por la táctica.

Al colgar las botas, regresó a Italia y fue entrenador para clubes como el Bari, la Nocerina, el Cagliari y el Lucchese, con este último ascendió de la Serie C a la Serie A en tan solo tres años. Su gran oportunidad llegó en 1938, cuando lo contrató el Torino. En ese entonces la extrema derecha italiana hizo músculo y Erbstein, que era judío, pidió al presidente Ferrucio Novo protección para él y su familia. El técnico húngaro había revolucionado el fútbol italiano utilizando los primeros sistemas de juego «equilibrados» entre defensa y ataque (recordemos que entonces solía jugarse con hasta siete delanteros).

Ese mismo año Benito Mussolini puso en marcha las Leyes Raciales Fascistas. Esta legislación incluía prohibiciones como el matrimonio entre italianos y judíos o la inscripción de niños de ascendencia judía a escuelas públicas, así como fuertes restricciones para todos aquellos semitas que ocupasen un cargo relevante en la sociedad. Ante esta situación, Erbstein tuvo que abandonar el país, no sin antes resolver su futuro en el fútbol.

Había conseguido cambiar su puesto con Ignác Molnár, amigo y compatriota, con el que se intercambiaría su puesto en el Torino por uno en el Rotterdam holandés. Al llegar a la frontera de su nuevo destino, la policía les retiró el visado y el pasaporte a él y a toda su familia. Desesperados, decidieron volver a Hungría; tuvieron que cruzar, escondidos en tren, toda Alemania.

Desde la distancia, Erbstein dirigió por un tiempo al Torino, lo hizo desde una faceta más de director deportivo. Le enviaba cartas al presidente Ferruccio Novo recomendándole jugadores, especialmente le insistía con Valentino Mazzola, a quien ficharon y se convirtió en una de las mayores leyendas del Toro.

La Segunda Guerra Mundial había estallado, y Erbstein se sentía seguro en Budapest. Sin embargo, esa tranquilidad se esfumó cuando, en marzo de 1944, la Alemania nazi invadió Hungría. A Erbstein y su familia los capturaron y los enviaron al campo de trabajo de Budapest. En diciembre de 1944 consiguió escaparse junto a su amigo Béla Guttmann justo antes de ser enviados a Auschwitz a una muerte segura. Consiguieron zafarse gracias al famoso diplomático sueco Raoul Wallenberg, quien arriesgó su propia vida para ayudar a miles de judíos del exterminio.

Después de la guerra, Erbstein regresó a Italia y retomó su trabajo con el Torino, esta vez sí como director deportivo en toda regla. Su regreso se vio como un signo de resiliencia, no solo para el club, sino para toda Italia, que luchaba por reconstruirse tras los horrores de la guerra y de la dictadura de Benito Mussolini. El equipo volvió a jugar con la misma intensidad y elegancia que lo había caracterizado antes de la contienda, y Erbstein era la mente pensante detrás del sistema 3-4-3, teniendo en cuenta que antes se jugaba con dos defensas, un medio y siete delanteros (2-1-7). Aquel equipo ganó cinco títulos de liga consecutivos y se mantuvo invicto en casa durante casi seis años e incluso perfeccionó este sistema, que había inventado poco años antes el técnico inglés del Arsenal, Herbert Chapman. Fue el primer equipo en poner las bases tácticas del fútbol moderno, un juego donde primaba la posesión de pases cortos en transición ofensiva. Fue entonces cuando toda Europa, maravillada con este despliegue futbolístico, comenzó a referirse al equipo de Erbstein como el Grande

Torino. El equipo se convirtió en una vía de escape para las aficiones y los jugadores, en un motivo para sonreír entre tanta miseria.

El 3 de mayo de 1949, el Torino viajó a Lisboa para disputar un partido amistoso contra el Benfica, en honor a Francisco *Xico* Ferreira, una leyenda del fútbol portugués que cumplía once años en el Benfica y había rechazado ofertas del Real Madrid y del Torino (en ese tiempo, los dos mejores equipos de la época). Fue un partido de gala, una exhibición de talento y camaradería entre dos grandes clubes. Pero lo que debía ser una celebración de la gloria deportiva se convirtió en la antesala de una tragedia.

Al día siguiente, el equipo tomó el vuelo de regreso a Turín. A bordo del Fiat G.212 de la compañía Avio Linee Italiane viajaban 31 personas: 18 jugadores, miembros del cuerpo técnico entre los que se encontraba Ernest Erbstein, periodistas y la tripulación. Cuando el avión se aproximaba a la ciudad, las condiciones climáticas se deterioraron rápidamente. Las colinas que rodean Turín se vieron envueltas de una niebla densa y traicionera. La visibilidad pasó a ser nula, y el piloto, desorientado, perdió el control.

A las 17.05, el avión colisionó contra la parte trasera de la Basílica de Superga. El impacto fue devastador. No hubo supervivientes. En un instante, el Grande Torino, el equipo que había conquistado corazones y trofeos, dejó de existir. La noticia se propagó con celeridad, y muchos se negaron a creerla. Era imposible imaginar que un equipo tan lleno de vida, de talento y de promesas futuras, abandonase el mundo de tal manera. El 6 de mayo, durante el funeral

55 AÑOS DE CRUELDAD

celebrado en Turín, más de medio millón de personas se congregaron para despedir a sus héroes. Las calles estaban abarrotadas de aficionados, ciudadanos y autoridades que lloraban juntos, unidos en un dolor compartido.

A miles de kilómetros de Turín, en Argentina, el luto por la tragedia de Superga también se hizo presente. River Plate, uno de los clubes más emblemáticos de Sudamérica, sintió la necesidad de tender una mano amiga en esos momentos de angustia. El presidente del club, Antonio Vespucio Liberti, tomó la iniciativa y organizó un viaje a Italia, con un objetivo claro: ayudar al Torino a recaudar fondos y mostrar que, ante el dolor, el fútbol une. La Máquina, como se conocía al equipo argentino en todo el mundo, viajó a Turín con su once de gala y dejó jugar la jornada de liga a los jugadores suplentes. Allí se organizó un partido amistoso entre los mejores jugadores de Italia y River Plate, que tenía entre sus filas a figuras como Alfredo Di Stéfano, Ángel Labruna y Amadeo Carrizo. El dinero recaudado se destinó a las familias de las víctimas de la tragedia. Aquel partido fue el inicio de una preciosa amistad entre ambos clubes. Con la ayuda del River y de muchos otros equipos del mundo, el Torino fue poco a poco resurgiendo de sus cenizas.

El piloto del avión de la tragedia de Superga se llamaba Pierlugi Meroni y, casualmente, el hombre que resucitó al Torino se llamaba Gigi Meroni.

Luigi *Gigi* Meroni nació el 24 de febrero de 1943 en Como, al norte de Italia. Desde pequeño, Gigi mostró una inclinación natural hacia el fútbol, pero también una fascinación por el arte, la moda y la cultura. Era un espíritu libre, y su estilo de juego era tan fluido y creativo como su personalidad en todas las esferas de su vida personal: un jugador ágil, rápido y elegante, que deslumbraba a los aficionados con sus regates y sus habilidades para superar a los defensores rivales. La prensa y los aficionados se referían a él como el George Best italiano.

A medida que avanzaba en su carrera, primero en el Como y luego en el Genoa, su carisma destacaba. Pero fue en 1964, cuando se unió al Torino, cuando su leyenda realmente tomó forma.

Meroni se ganó el apodo de la Farfalla Granata ('mariposa granate'), no solo por su capacidad para regatear y su ligereza en el campo, sino también por su carácter liviano y su naturaleza libre. Era un futbolista diferente en todos los sentidos, y eso lo convirtió en un ídolo, pero también en una figura controvertida en la sociedad italiana de la época. En Turín, Meroni no solo se convirtió en el líder del equipo, sino también en una figura de culto entre los jóvenes, quienes lo veían como un modelo de la cultura emergente, con su cabello largo, su barba desaliñada y su estilo de vida bohemio. Vivía en un humilde desván de la Plaza Castello y en sus ratos libres le gustaba pintar cuadros, diseñar su propia ropa, escribir poesía y pasear por la calle a su insólita mascota: una gallina a la que ataba con una correa y la hacía desfilar por las calles de la ciudad.

La vida amorosa de un tipo así no podía ser la habitual. Mientras jugaba para el Genoa forjó una bonita relación con una joven suiza que trabajaba como feriante, Cristiana Uderstadt. Ambos estaban profundamente enamorados, pero cuando ella cumplió diecinueve años su familia la obligó a casarse con el asistente de dirección del prestigioso director de cine Vittorio De Sica, quien se había fijado en sus encantos.

En medio de aquella boda no deseada, Meroni irrumpió en la iglesia gritando a los cuatro vientos el amor que ambos se profesaban. No pudo evitar que Cristiana se casase con aquel hombre, aunque sí consiguió que ambos se divorciaran poco tiempo después. El futbolista del Torino hizo entonces pública su relación con Cristiana, lo que causó un escándalo en una Italia en la que el divorcio y la cohabitación fuera del matrimonio eran duramente criticados. Pero Gigi nunca dejó que las opiniones de los demás dictaran su vida. Vivía como jugaba: con pasión, sin miedo a romper las reglas y siempre fiel a sí mismo.

En el campo, Meroni era un auténtico genio, un talento generacional de esos que aparecen de forma milagrosa, un iluminado como dirían en Brasil. En marzo de 1967, su gol contra el Inter en el partido en el que dejó a la defensa de los *nerazzurri* en el suelo antes de colocar el balón en la escuadra con una rosca perfecta, se recuerda como uno de los momentos más brillantes de su carrera y uno de los goles míticos de la historia del *calcio*. Ese año, el Torino, gracias en gran parte a la habilidad de Meroni, quedó el séptimo de la Serie A, y el club comenzó a soñar con su primer *scudetto* —que solo lo llevaba el equipo que había ganado el campeonato nacional la temporada anterior— desde la tragedia de Superga. Meroni era el futbolista más diferencial de Italia. Aquel verano de 1967, recibió varias ofertas por parte de algunos de los mejores clubes de Europa, pero decidió quedarse un año más en Turín.

El 15 de octubre de 1967, el Torino derrotó a la Sampdoria 4-2 en el Stadio Comunale. Fue una noche de celebración, no solo por la victoria, sino también porque Meroni y su compañero, Fabrizio Poletti, salieron a celebrar la anulación oficial del matrimonio de Cristiana, lo que les permitiría casarse finalmente. Sin embargo, las alegrías duraron lo que una sonrisa.

Al salir del estadio, Meroni y Poletti cruzaron la concurrida calle Corso Re Umberto, ignoraron los semáforos y el paso de cebra cercano. A Meroni lo atropelló un automóvil que iba a gran velocidad; al volante, un joven llamado Attilio Romero, seguidor del Torino quien, además, adoraba a Meroni. El impacto fue fatal. Trasladaron a Meroni al hospital y acabó muriendo pocas horas después rodeado de sus compañeros y su prometida.

La noticia de su muerte conmocionó a Italia. Gigi Meroni, la Mariposa Granate, había dejado de volar. Tenía solo veinticuatro años, y su carrera, que prometía ser una de las más grandes de la historia del fútbol italiano, se truncó trágicamente. Meroni había llegado a disputar la primera fase de la Copa de Italia, que el equipo ganó esa misma temporada, ya sin él. El Torino volvía así a hacerse con un título más de once años después, el primero tras la tragedia de Superga.

Attilio Romero, el joven que conducía el coche que atropelló a Meroni, más tarde se convirtió en presidente del Torino, un giro del destino que añade otra capa más a esta historia. Tomó el cargo en 2001 y, justo una temporada después, el Torino descendió a la Serie B. Tres años después, el equipo volvió a conseguir el ascenso, pero por la nefasta gestión económica de Romero, el Torino se declaró en bancarrota por deudas con la Federación Italiana de Fútbol y se le negó la participación en la Serie A. Attilio fue condenado a dos años de prisión y seis meses por malversación de fondos y violación de la ley de facturación italiana y dimitió de su cargo.

Así llegó a su fin una maldición que duró más de cincuenta años, una maldición que ha perseguido al Torino desde Superga. Cada rayo de esperanza ha sido efímero y cada renacimiento ha venido acompañado por una nueva caída. Como si la felicidad durara poco, al menos en Turín, tanto como un vuelo en avión o como la vida de una mariposa.

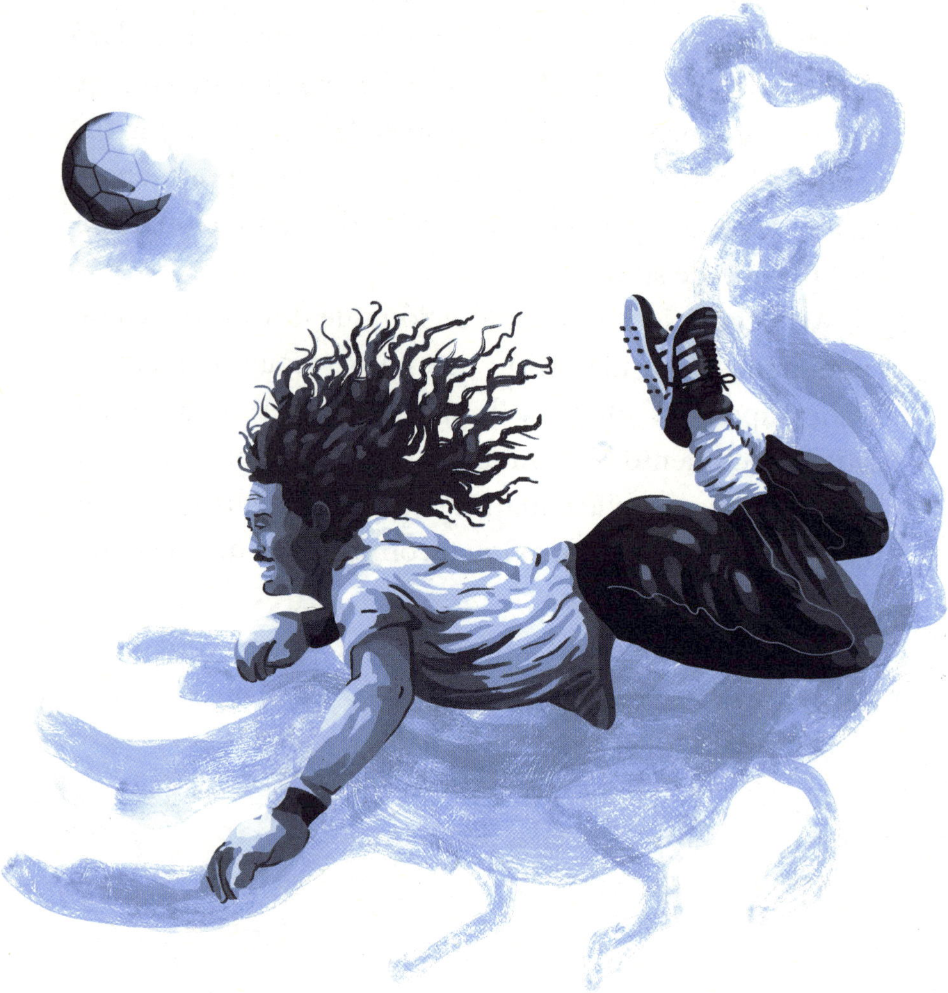

49

EL ESCORPIÓN
René Higuita

Wembley esconde secretos inconfesables y recuerdos imposibles de olvidar.

No era ningún partido importante, era un simple amistoso. La generación dorada de Colombia, compuesta por jugadores como Valderrama, Freddy Rincón o Faustino Asprilla, quería demostrar al mundo su poder tras el fracaso mundialista del 94, ya sin Andrés Escobar. Con el marcador 0-0, en el minuto 22, Jamie Redknapp se atrevió con un disparo lejano. Era fácil para Higuita, el balón le pedía a gritos un blocaje.

> «Dios no les dio alas
> a los escorpiones.»

Así decía un antiguo proverbio mexicano, hasta lo que sucedió aquel 6 de septiembre de 1995.

Con aquella parada, a Higuita se le llamó el Escorpión no solo por su forma, sino por la naturaleza suicida del movimiento. Ningún portero ha vuelto a repetir algo así en un escenario tan mediático. Higuita, además, había pasado nueve meses en prisión por mediar en la liberación de una niña que fue secuestrada en una guerra de cárteles. Era la hija de un banquero cercano a Pablo Escobar. Aquella mediación le llevó a perderse el Mundial de 1994. Un año después, cometió su mayor acto de libertad al romper las reglas de lo establecido. El fútbol puede ser una cárcel para aquellos que lo entienden como un trabajo o una liberación para aquellos que lo entienden como un juego. Solo puede ser libre aquel que sigue jugando y disfrutando como un niño.

50

EL CISNE DE UTRECHT
Marco van Basten

Van Basten siempre vencía
al rival con elegancia,
pero una cruel circunstancia
puso fin a su carrera,
y dejó solo quimera,
donde hubo tanta fragancia.

El Cisne de Utrecht volaba,
con elegancia y poder,
pero el dolor, sin ceder,
las alas se las cortaba.

Las lesiones fueron heridas,
que apagaron su destello,
pero en la historia, su sello,
perdurará siempre vivo,

pues su mundo fue testigo
de un futbolista sencillo,
con un fútbol puro y bello.

51

EL FUTBOLISTA MALDITO
Michael Ballack

Solo en el año 2002, en cuestión de semanas, Michael Ballack, jugador del Leverkusen, perdió la final de la Copa Alemana, la Bundesliga en el último partido, la final de la Champions League, después de la majestuosa volea de Zidane y la final del Mundial de Corea y Japón ante el Brasil de Ronaldo.

Seis años más tarde, como jugador del Chelsea, perdió la final de la Copa de la Liga, la Premier en la última jornada, la final de la Champions en los penaltis y la final de la Eurocopa ante la España de Luis Aragonés.

Lo acabaron por llamar el futbolista maldito.

Durante mucho tiempo, Ballack estuvo atormentado con esas derrotas. Incluso después de su retiro, pensó que aquello era lo peor que le había pasado en la vida. Hasta que, en 2021, perdió a su hijo Emilio en un accidente de tráfico. Solo tenía dieciocho años.

Fue entonces cuando Michael Ballack entendió que las derrotas más duras son aquellas que suceden fuera de los terrenos de juego.

52

EL ÁRBITRO QUE SE EXPULSÓ A SÍ MISMO
Melvin Sylvester

¿Está permitido que un árbitro se saque una tarjeta roja a sí mismo? El reglamento señala que no, pero la historia nos demuestra que sí.

Todo ocurrió en la tranquila localidad de Andover, Inglaterra, en 1998.

Los ingleses jugaban su famosísima Sunday League. Los equipos *amateurs* Southampton Arms y Hurstbourne Tarrant desconocían que aquel partido estaba a punto de entrar en la historia del fútbol, no por la destreza de ninguno de los veintidós jugadores, sino por el increíble acto que protagonizó el árbitro aquel día.

Melvin Sylvester era un conserje escolar de cuarenta y tres años que, los fines de semana, solía prestarse como voluntario para hacer de árbitro en la competición local. Como colegiado, era un hombre al que la dedicación, rectitud e imparcialidad le hacían destacar. Sin embargo, durante ese fatídico partido fue puesto a prueba. El clásico repertorio de patadas, común en cualquier encuentro de la Sunday League, pudo verse durante aquella jornada. Las protestas no paraban de llover de ambos equipos. Uno de los futbolistas, Richard Curd, no paró de increpar a Sylvester, mientras le gritaba al oído y terminaba con la paciencia del colegiado.

En un contragolpe del Southampton, Curd aprovechó para empujar al árbitro mientras este corría de espaldas. Sylvester no aguantó más. Al levantarse se acercó al jugador y le propinó un puñetazo en el ojo que lo tumbó y lo dejó completamente noqueado. Tras un breve silencio ante la insospechada situación, jugadores y espectadores comenzaron a abuchear más al colegiado. Sylvester observó la grada, se llevó la mano al bolsillo y se sacó a sí mismo la tarjeta roja. Tomó el silbato, lo arrojó al suelo y nunca más volvió a arbitrar.

Sylvester nos dejó un acto inaudito en el mundo del fútbol, de una inusual justicia poética. Nos mostró que la integridad puede manifestarse de maneras sorprendentes, incluso cuando ello implica una autoincriminación pública. En un deporte cargado de orgullo las palabras más difíciles de pronunciar no son «te quiero», sino «me he equivocado, lo siento».

53

LA VÍCTIMA DEL MARACANAZO
Moacir Barbosa

«La ciudad cerró sus ventanas, se sumergió en el luto. Era como si cada brasileño hubiera perdido al ser más querido. Peor que eso, como si cada brasileño hubiera perdido el honor y la dignidad», escribió en su columna de *O Globo* el prestigioso periodista Mario Filho la mañana del 17 de julio de 1950.

Tras la masacre de la Segunda Guerra Mundial, la FIFA retomó la Copa Mundial en 1950. Con el continente europeo todavía en plena reconstrucción, el máximo organismo del fútbol tomó a Brasil como sede de aquel torneo, después de que el Gobierno prometiese construir el estadio más grande del mundo. Se creó por primera vez el formato de la fase de grupos, en el que solo los primeros pasaban de ronda y disputarían el título en una fase final en forma de liguilla. El formato acabó siendo un auténtico desastre ya que se retiraron tres de las dieciséis selecciones que estaban llamadas a participar: Escocia, Turquía y Argentina. Los grupos terminaron completamente desequilibrados, dos grupos de cuatro selecciones, uno de tres y otro último con solo dos.

Grupo 1: Brasil, Yugoslavia, Suiza y México.
Grupo 2: Estados Unidos, Inglaterra, Chile y España.
Grupo 3: Italia, Suecia y Paraguay.
Grupo 4: Uruguay y Bolivia.

El 24 de junio de 1950, México y Brasil inauguraron el torneo con un partido en el recién construido Maracaná ante 170.000 espectadores. Era el estadio más grande del mundo. Los locales pasaron de fase junto a España, Suecia y Uruguay. Los cariocas eran increíblemente superiores al resto, tanto que golearon 7-1 a la todopoderosa Suecia y 6-1 a España. Brasil llegaba al último partido contra Uruguay con cuatro puntos, mientras los charrúas, con un empate y una victoria, llegaban con tres (entonces las victorias contaban dos puntos y los empates, uno). El formato iba a acabar con una final improvisada en la que Brasil le valía el empate a los noventa minutos para ser campeón del mundo. El ambiente en el país era de júbilo total. Todos estaban confiados, hasta la prensa. «Todo preparado para la victoria», titulaba *Jornal dos Sports* el mismo día de la final. «Brasil vencerá, la copa será nuestra», decían en el *Diario do Rio*. El sentimiento de pesimismo entre los uruguayos era tal, que dirigentes y periodistas regresaron a su país antes de la final.

Sobre el césped estaba todo preparado cuando el alcalde de Río de Janeiro, Andelo Mendes de Morais Mendes de Moraes, tomó la palabra antes de sonar los himnos y dijo por megafonía a sus jugadores:

> «Vosotros, que de aquí a unos minutos seréis campeones del mundo. Vosotros, que no tenéis rival en todo el planeta. Vosotros, a los que ya saludo como campeones. Cumplí mi palabra construyendo este estadio. Cumplan ahora su deber ganando la Copa del Mundo».

En aquella selección brasileña paraba Moacir Barbosa. El meta de veintisiete años era todo un icono en el país. Se había consagrado como el mejor portero del mundo junto al ruso Lev Yassin, además de convertirse en el primer guardameta negro en defender la portería de Brasil. La primera parte del partido ante Uruguay estuvo igualada. Fue en el primer minuto de la segunda mitad cuando Albino Friaça puso el primero para los locales. El Maracaná, lleno hasta los bordes, gritaba tras el primer gol: «¡Campeones, campeones!». Schiaffino empató el 1-0 inicial, pero eso no borró la sonrisa de los brasileños, que seguían eufóricos. Sin embargo, en el minuto 79, Ghiggia lanzó un disparo raso, que poco a poco se fue envenenando, y Barbosa, que estaba mal colocado, terminó encajando un segundo gol que Brasil no pudo remontar.

Maracaná pasó de ser una fiesta a un velatorio, el público se quedó mudo y aquel silencio dejó una herida irreparable en el corazón de Moacir. «Solo tres personas han silenciado el Maracaná: el papa, Frank Sinatra y yo», diría Ghiggia años después. Los medios de todo el planeta recuerdan aquello como la mayor decepción de la historia del fútbol. Hubo cientos de suicidios en el país, por apuestas que terminaron por generar una deuda impagable para mucha gente. El señalado por todo eso fue Moacir Barbosa. Tras aquel día nadie en Brasil volvió a considerarlo el mejor portero del mundo. Años después, contaba que en aquel momento le habría gustado lanzarse al fondo de un volcán, porque tras el pitido final, algo murió dentro de él. La imagen de esa jugada se le quedó grabada de por vida.

El resto de su carrera Moacir estuvo recibiendo insultos y desprecios por parte de la gente de su país y de los medios de comunicación. El propio Barbosa contó más tarde que había tiendas donde no le dejaban entrar a comprar y que llegaron a rechazarle de muchos empleos después de retirarse como futbolista, solamente por haber encajado aquel gol. Acabó como funcionario en el Ayuntamiento de Río. Trabajaba en la concejalía de deportes, en cualquier actividad que nada tuviese que ver con el fútbol; ya le habían insultado bastante y no quería recibir más desprecio. En 1963, tras su retiro, decidieron cambiar las porterías de Maracaná, y Barbosa pidió que le regalasen los palos donde le metieron el segundo gol. Se llevó los viejos travesaños al campo, y los quemó, como si se tratara de un exorcismo o buscase un perdón que nunca llegó a conseguir. En una de sus últimas entrevistas, Barbosa dijo:

> «La pena máxima en Brasil
> es de treinta años de cárcel,
> pero yo llevo pagando toda la vida
> por un delito que nunca cometí».

Nunca pudo curar la herida que había dentro de su corazón. Su única amiga, Teresa Borba, dijo que Moacir estuvo pensando en aquella jugada hasta el final de sus días. Murió por segunda y última vez a sus setenta y nueve años, solo, pobre y sin haber recibido nunca el perdón de un país, que lo condenó, simplemente, por un error en un campo de fútbol.

54

MARACANÁ

Nunca nadie había resumido tan bien el sentimiento del Maracanazo. Fue Eduardo Galeano, periodista y escritor uruguayo, quien escribió en *Cerrado por fútbol*:

«Río de Janeiro, 16 de julio de 1950,
estadio de Maracaná.
La noche anterior, nadie podía dormir.
La mañana siguiente, nadie quería despertar».

55

EL DÍA QUE EL FÚTBOL PROVOCÓ UNA GUERRA
El Salvador vs. Honduras

El fútbol crea puentes entre culturas, derriba muros y regala momentos de alegría compartida, y es cuando las diferencias se disipan ante la pasión común. Pero por un día fue desmentida esta verdad. Lo llamaron el día de la Guerra del Fútbol, y produjo más de tres mil muertos.

A final de la década de los sesenta, Honduras y El Salvador, países colindantes de Centroamérica, atravesaban una fuerte crisis diplomática. En ese periodo, El Salvador, un país pequeño y densamente poblado, enfrentaba una escasez severa de tierras cultivables. Esta situación impulsó a muchos salvadoreños a emigrar a Honduras en busca de un futuro mejor. Para 1969, se estima que más de trescientos mil salvadoreños vivían en Honduras, muchos de ellos trabajaban como campesinos en tierras que se disputaban terratenientes hondureños y migrantes salvadoreños.

Honduras, un país mucho más grande pero menos desarrollado que El Salvador, tenía una economía basada en la agricultura. Sin embargo, la estructura agraria también era altamente desigual, con gran parte de las tierras en manos de unos pocos terratenientes. A medida que aumentaba la inmigración de salvadoreños, la competencia por la tierra se intensificó, lo que aumentó las tensiones entre los campesinos locales y los inmigrantes. Esta situación se agravó cuando el Gobierno hondureño, presionado por las exigencias del pueblo y por un creciente sentimiento nacionalista, promulgó en 1967 una reforma agraria que, en lugar de redistribuir la tierra, despojaba a muchos campesinos salvadoreños de sus parcelas. Cientos de miles de personas se vieron entre dos países que no los querían, en tierra de nadie, desolados y sin un lugar para pensar en un futuro.

Aquella crisis coincidió con los partidos de clasificación para el Mundial de México de 1970. Honduras y El Salvador compartían grupo en la clasificación por las plazas de Centroamérica. El 8 de junio de 1969, se jugó el primer partido en Tegucigalpa, la capital hondureña. Honduras ganó 1-0, pero el resultado en el campo fue solo un comienzo de lo que estaba por venir. En las gradas, los aficionados de ambos países se enfrentaron con una violencia mayor que el fervor deportivo. Cuando el segundo partido se jugó en San Salvador una semana después, la atmósfera estaba cargada de hostilidad. El Salvador ganó 3-0, pero las tensiones no hicieron más que aumentar. Todo el estadio pitó fuertemente el himno hondureño y tras el encuentro hubo múltiples agresiones entre aficionados.

Tras aquello, el Gobierno de Honduras expulsó en caliente a los inmigrantes salvadoreños que habían entrado al país de forma ilegal. Grupos violentos vandalizaban todo lo relacionado con El Salvador: destrozaron casas con símbolos salvadoreños y comercios que vendían productos del país *enemigo*.

Todavía quedaba un tercer partido por el desempate entre ambas selecciones. Un encuentro que se jugaría en terreno neutral. En ambos países comenzaron a referirse a aquel partido como la «Guerra del Fútbol», que se llevó a cabo en Ciudad de México el 27 de junio, y vio a El Salvador imponerse 3-2 tras una intensa prórroga. Aunque en el campo la selección celebraba que estaba a un solo partido de su primera clasificación a un Mundial, fuera de este, las relaciones entre ambos países estaban completamente rotas.

Tras el encuentro, muchos salvadoreños regresaron a su país debido a la fuerte persecución social que vivían en Honduras. El 14 de julio de 1969, apenas unos días después de la victoria, las tropas de El Salvador cruzaron la frontera hondureña. Lo que en principio fue una serie de escaramuzas se transformó rápidamente en un conflicto total. Durante cuatro días, ambos países se sumergieron en un combate armado que dejó más de tres mil muertos y decenas de miles de desplazados. La intervención de la OEA (Organización de Estados Americanos) propició un alto el fuego el 18 de julio, pero la paz duradera estaba lejos de alcanzarse.

Tuvieron que pasar más de diez años para que ambos países firmaran el Tratado de Paz en Lima. Pero fue en 1992, veinte años después, cuando cerraron el capítulo definitivamente en el Tribunal Internacional de La Haya.

El fútbol es un juego que se basa en el respeto y la unidad; si se utiliza para sembrar odio o avivar tensiones, pierde su nobleza. Las rivalidades, de resolverse con un gol, pasaron a hacerlo con disparos. Lo más puro, los puentes entre culturas, la alegría compartida, puede desaparecer cuando las pasiones se van por derroteros innobles y no disipan las diferencias, sino que las hacen insoportables.

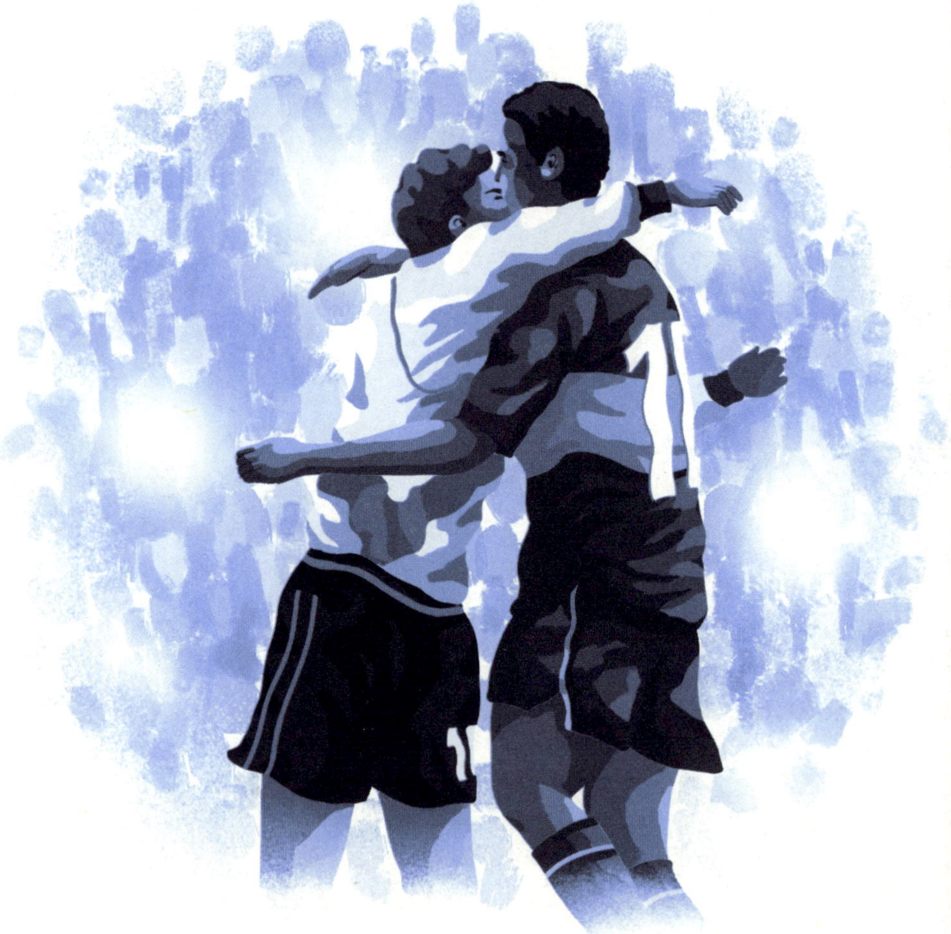

56

UNA AMISTAD MÁS ALLÁ DEL FÚTBOL
Juan Román Riquelme y Pablo Aimar

Los dos eran dieces, pero… uno jugaba en River; otro, en Boca.
Uno era rápido con las piernas, el otro con la cabeza.
Uno era bueno al espacio, el otro jugando al pie.
Uno hizo más asistencias, el otro hizo más goles.
Uno jugó en el Valencia, otro en el Villarreal.
Uno ganó en Europa, el otro en América.

Ellos fueron dos de los mayores talentos de la historia de Argentina. Riquelme y Aimar: dos almas gemelas separadas por la pasión de sus equipos y sus seguidores, pero unidas por la complicidad de una amistad que iba más allá del fútbol.

57

LA PROMESA HERIDA
Dele Alli

Su padre lo abandonó nada más nacer.

Tenía solamente seis años cuando fue víctima de abuso sexual por un amigo de su madre. Ella era alcohólica y no pudo brindarle la estabilidad que necesitaba.

A los siete años, comenzó a fumar, y a los ocho ya vendía drogas.

A los nueve años fue a Nigeria con su padre para intentar reconducir su vida, pero nada pudo frenar la oscuridad que le había invadido. Contra todo pronóstico, aquel niño consiguió brillar en el Milton Keynes y fichó por el Tottenham en 2015. 46 goles y 35 asistencias en sus primeras tres temporadas lo consagraron como la mayor promesa del fútbol inglés, pero la falta de disciplina y confianza lo acabaron hundiendo poco a poco en un pozo del que nunca pudo salir. Su adicción a los somníferos y su lucha contra la depresión, provocada por los traumas de su niñez, le impidieron reconstruir lo poco que quedaba de él como futbolista. A los veintiocho años se quedó sin equipo y nadie llamó a su puerta.

La vida no se trata de olvidar tu pasado, sino de avanzar sin dolor. Pero las heridas de Dele Alli nunca sanaron completamente.

58

LA PRIMERA ESTRELLA DEL FÚTBOL FEMENINO
Lily Parr

La Primera Guerra Mundial colmó a Europa de incertidumbre. Como en muchos otros países, en Reino Unido los hombres tuvieron que unirse al frente. Durante todo el conflicto, las fábricas se vaciaron y las mujeres tuvieron que ocupar los puestos que dejaron lo hombres. En los descansos, como solo había porterías de fútbol cerca de las fábricas, las mujeres comenzaron a jugar. En la fábrica Dick, Kerr & Co emergió un grupo de mujeres sensacionales. Entre ellas destacaba Lily Parr, una joven delantera de catorce años, imponente, de casi 1,80 metros de altura. Su poderoso disparo y robustez la hacían destacar.

Lilian *Lily* Parr nació el 26 de abril de 1905 en St Helens, Inglaterra, en el seno de una familia numerosa. Desde joven mostró habilidades físicas excepcionales para el deporte: jugaba tanto al fútbol como al rugby con sus hermanos. Con catorce años, en 1919, se unió a las Dick Kerr's

Ladies, un equipo femenino fundado dos años antes en una fábrica de Preston. Al principio el club era solamente un mero entretenimiento en tiempos de guerra, jugaban amistosos contra los equipos de otras fábricas. Con la llegada de Lily, el nivel de las chicas subió. Era una mujer competitiva y con un gran espíritu de equipo: después de los entrenamientos aprovechaba para dar consejos al resto de las jugadoras y, poco a poco, las Dick Kerr's sobresalieron entre el resto de clubes femeninos del país.

El presidente de la fábrica, Alfred Frankland, confiaba tanto en el talento y la pasión de aquellas mujeres que organizó un partido amistoso contra la selección femenina de Francia. Aquella contienda fue un hito: las inglesas se alzaron con una victoria de 2-0, y las Dicker Ladies iniciaron el camino de convertirse en un fenómeno de masas. Lily Parr era considerada como una heroína nacional, una mujer capaz de hacer disfrutar a todo un país en medio de una época tan sufrida.

En su primera temporada, Lily marcó 43 goles, y estableció rápidamente su reputación como una de las mejores jugadoras del mundo. Las Dick Kerr's Ladies se convirtieron en un icono cultural que atraía a un público de hasta cincuenta mil espectadores para ver un solo partido.

Sin embargo, en 1921, con el fútbol femenino en su máximo apogeo, varios grupos de hombres cercanos a la Football Association impulsaron su prohibición en todo el país. Pero las Dicker Ladies, lideradas por la indómita Lily Parr, no se dejaron amedrentar. Continuaron jugando y movilizando multitudes: llevaron su talento de gira por

Francia, Canadá y Estados Unidos. En tierras americanas, les permitieron enfrentarse a equipos masculinos, y las Dicker Ladies derrotaron a varios de ellos.

Entre 1919 y 1951, con treinta y un años de carrera, Lily Parr jugó al fútbol de manera ininterrumpida. Según el Museo Nacional de Fútbol de Reino Unido, Parr anotó 967 goles en su larga carrera. Ni siquiera la prohibición de la Football Association pudo detener la pasión indomable de su corazón. Para ella, las prohibiciones sociales eran obstáculos menores. Ni siquiera la prohibición de la homosexualidad en la época pudo sofocar su amor por Mary, su compañera de vida, a quien conoció durante su tiempo como enfermera. Lily jamás ocultó su amor, y se convirtió en un faro para la comunidad LGTBI de la época.

Lily Parr no solo es recordada como una de las mejores jugadoras de la historia, sino también como una pionera que luchó incansablemente por elevar el fútbol femenino a las más altas esferas de la sociedad. En 2002, su nombre fue grabado en el Salón de la Fama del fútbol inglés, y se convirtió en la primera mujer en recibir tal honor. Gracias a su trabajo y a su pasión, hoy podemos disfrutar de competiciones femeninas profesionales y de estadios llenos para ver a las jugadoras. El verdadero poder de un futbolista no está en lo que hace en el campo, sino en la capacidad de transformar el mundo con cada paso que da, en inspirar a generaciones futuras a seguir jugando, amando y viviendo con autenticidad.

59

LA MAYOR SORPRESA DE LA HISTORIA DE LOS MUNDIALES
Corea del Norte

El 19 de julio de 1966, en el estadio Ayresome Park de Middlesbrough, Inglaterra, el fútbol mundial fue testigo de una de las sorpresas más grandes e improbables de su historia.

Corea del Norte llegó al Mundial de 1966 como un equipo desconocido, sin grandes figuras ni antecedentes que hicieran pensar que podría resultar un contrincante fuerte. El camino de los norcoreanos hacia la Copa del Mundo fue una odisea en sí misma. Debido a las tensiones políticas de la época, especialmente en el contexto de la Guerra Fría, Corea del Norte tuvo que enfrentarse a retos mucho mayores fuera del campo que dentro de él. La mayoría de los equipos asiáticos y africanos boicotearon las clasificatorias, y cuando llegó el momento de competir, solo tuvieron que enfrentarse a Australia, a la que vencieron fácilmente para obtener su boleto a Inglaterra.

Al llegar a Inglaterra, los norcoreanos se encontraron en un mundo por completo ajeno, culturalmente diferente y con poca o ninguna simpatía hacia su causa. Los jugadores, jóvenes en su mayoría, habían sido seleccionados por su resistencia física y su lealtad al régimen, más que por su habilidad futbolística. Muchos de ellos estaban en el ejército o en plena formación dentro del servicio militar obligatorio.

Su debut en la cita mundialista se produjo el 12 de julio de 1966 contra la Unión Soviética, y perdieron 3-0. Sin embargo, dejaron unas muy buenas sensaciones a pesar de la diferencia de nivel entre ambos equipos. Tres días después se enfrentaron a Chile, en un partido crucial para mantener sus esperanzas de avanzar en el torneo. Chile se adelantó en el marcador, pero Pak Seung-zin, el capitán del equipo, anotó un gol en el minuto 88, y selló un empate a uno. Un gol histórico, el primero de Corea del Norte en la Copa del Mundo, un tanto que significó el primer punto en la historia de una selección asiática en un mundial. Este empate fue suficiente para mantener vivas sus esperanzas de avanzar a la siguiente fase.

Sin embargo, en la última jornada se enfrentarían ante la todopoderosa Italia de Gianni Rivera, Facchetti o nuestro querido Gigi Meroni. Los europeos, al igual que los coreanos, se jugaban la vida tras perder ante la Unión Soviética.

Aquel día de julio en Middlesbrough, el árbitro dio el pitido inicial. Para los italianos, Corea del Norte no era más que un trámite, un escalón en su camino hacia las fases finales del torneo.

El partido comenzó con la expectativa de una victoria cómoda para los de Enrico Albertosi, pero lo que sucedió en el campo fue todo lo contrario. Los norcoreanos, lejos de intimidarse, salieron al campo con una intensidad y determinación que sorprendió a todos. Defendieron con todo su corazón y, en el minuto 42, Pak Doo-ik, un hombre que hasta ese momento era un desconocido en el mundo del fútbol, anotó el único gol del partido con un disparo desde el borde del área. Los italianos, incrédulos, intentaron responder, pero la defensa norcoreana resistió cada ataque. El pitido final del árbitro fue como una explosión de incredulidad: Corea del Norte, el equipo sin estrellas, había derrotado al gigante europeo. Los norcoreanos habían logrado lo impensable y se habían clasificado para los cuartos de final.

«Vergüenza nacional» y «El fútbol italiano ha muerto», fueron los titulares del *Informazione Sport* y *La Gazzetta Sportiva* a la mañana siguiente. La prensa internacional de la época catalogó aquel partido como la mayor sorpresa de la historia de los mundiales. Aquel resultado fue incluso sorprendente para los coreanos que, antes de comenzar el torneo, ya habían comprado los billetes de vuelta para la fecha en la que concluía la fase de grupos. Habían superado con creces sus propias expectativas.

Tal fue la falta de preparación que, cuando fueron a reservar hotel en Liverpool, sede de los cuartos de final, estaba todo completo y tuvieron que dormir en una iglesia de la ciudad. El 23 de julio de 1966, se disputó el partido contra Portugal. En el minuto 25, Corea del Norte goleaba 0-3 a los lusos, pero un impresionante Eusébio frenó en seco la ilusión de los asiáticos con cuatro goles en treinta minutos. Aquel dramático partido acabó 5-3.

El camino de Corea del Norte terminó ahí, pero su recuerdo se quedó para siempre en el imaginario colectivo. Un país que, en medio de la oscuridad política, encontró un rayo de luz en un campo de fútbol a miles de kilómetros de distancia. Tras aquel torneo, aquellos veintidós jugadores coreanos volvieron de donde habían salido, del más profundo anonimato.

60

EL SILENCIO IMPERDONABLE
Giuliano Giuliani

Un portero está solo ante la vida. Cualquier error puede acabar con el sueño de toda una familia. Y no hablamos de fútbol.

Giuliano Giuliani nació el 29 de septiembre de 1958 en Roma. No destacaba precisamente por su altura, apenas medía 1,80, frente a la mayoría que estaban más cerca de los dos metros. Sin embargo, sus reflejos parecían de otro mundo. Su viaje en el deporte comenzó en el Arezzo, pasando por el Como y el Hellas Verona. Durante aquellos tiempos, su mayor logro fue parar dos penaltis a Maradona. Aquello fue lo que le abrió las puertas del Napoli en 1988. Ganó la histórica Copa de la UEFA en su primera temporada cuando derrotó al Stuttgart en una final memorable. En ese mismo año se casó con Raffaella Del Rosario, una famosa modelo y presentadora de televisión de la época. En la temporada 1989-1990, Giuliano consolidó su reputación como uno de los mejores porteros del mundo al ganar la Serie A.

Pero todo cambió en noviembre del 1989. Maradona se casó en Buenos Aires con la modelo Claudia Villafañe e invitó a todos sus compañeros de equipo. Fue allí donde Giuliani contrajo el VIH, supuestamente por un encuentro casual con una mujer que conoció en la fiesta.

No fue hasta dos años más tarde cuando este le reveló su enfermedad a Raffaella. El matrimonio se deshizo, pero, a pesar de todo, ella decidió permanecer a su lado en su lucha contra el virus. La noticia corrió como la pólvora. El VIH, que entonces era un tema todavía más desconocido y tabú que en la actualidad, se percibía de una manera muy negativa y desfavorable por la sociedad. Las amistades de Giuliani se alejaron de él y sus compañeros de equipo apenas se acercaban a hablarle. Se retiró del fútbol en 1992, cuando llevaba dos buenas temporadas en el Udinese.

El virus y toda la discriminación que sufría lo deterioraron poco a poco. En 1993 se mudó a Bolonia, donde intentó llevar una vida discreta administrando una tienda de ropa y recibiendo tratamiento para el VIH. Tres años después, el 14 de noviembre de 1996, falleció a causa de complicaciones pulmonares relacionadas con el virus.

Aquel tipo que había despertado miles de sonrisas en Italia, moría solo en un pabellón donde aislaban a personas con enfermedades contagiosas como él, como si nunca hubiera existido.

A su funeral no acudió ninguno de sus antiguos compañeros de equipo, ni siquiera el presidente del Napoli,

Corrado Ferlaino. Raffaela envió cartas a todos invitándoles a asistir al funeral, pero nadie respondió, tampoco Maradona. El fútbol italiano se quedó en silencio tras su muerte, un silencio inhumano, un silencio imperdonable.

El *calcio* abandonó a uno de sus hijos pródigos cuando más lo necesitaba. La carrera de Giuliani estuvo llena de triunfos y caídas. Su vida, llena de gloria; y su muerte, llena olvido.

61
EL ÁNGEL DE PANAMÁ
Luis Tejada

El mundo se detuvo.
Los ángeles comenzaron a llorar.
El sol se escondió.
Los pájaros cesaron su melodía.
Y las sonrisas se ahogaron en la tristeza.

Tejada no solo marcaba goles; marcaba el corazón de quienes lo veían jugar. Así lo hizo en Perú, donde consiguió un histórico título de liga con el Club Juan Aurich. Así lo hizo en Colombia, Estados Unidos y México, donde repartió innumerables alegrías en forma de gol. Así lo hizo en la selección panameña, donde se convirtió en el máximo goleador de la historia su país.

Apenas llevaba un año retirado cuando, tras un partido con unos amigos, su corazón se paró. Lo último que hizo Luis Tejada en vida fue jugar al fútbol. Panamá perdió a su goleador, pero ganó un héroe inmortal que ahora los cuida desde el cielo.

62

EL FÚTBOL ES LA CURA
Sébastien Haller

En junio de 2022, Sébastien Haller llegaba al Borussia Dortmund como un fichaje estrella, cargado de sueños y promesas. Sin embargo, días después de firmar, su vida dio un giro dramático: le diagnosticaron un cáncer testicular maligno, que lo apartó de manera indefinida de los terrenos de juego. El costamarfileño había empezado el reto más difícil de su vida.

Cada sesión de quimioterapia se convirtió en una prueba de su valentía. Se enfrentó a cada tratamiento con una fortaleza digna de admiración. Durante nueve largos meses, Haller luchó contra la enfermedad con el apoyo incondicional de su familia, amigos y compañeros. Había puesto en pausa sus sueños para luchar por su propia vida. Tras un arduo proceso, logró vencer aquel maldito cáncer.

Ese mismo año, la Copa de África se disputaba en su tierra natal, Costa de Marfil. La selección nacional se enfrentaba a una situación complicada: el desempeño irregular en la fase de clasificación centró todas las críticas sobre el entrenador Jean-Louis Gasset. El equipo no rindió bien en fase de grupos y acabó pasando a las eliminatorias por los pelos. La presión y las críticas hacia él llevaron a la destitución del seleccionador, y el equipo continuó el torneo con un entrenador interino.

A pesar de las dificultades, Costa de Marfil llegó a la semifinal tras vencer a Senegal y a Mali. Se enfrentaron a la República Democrática del Congo, partido en el que Haller brilló al anotar el gol decisivo que llevó a su país a la final.

El 11 de febrero de 2024, en el Estadio Olímpico de Costa de Marfil, los anfitriones recibían a Nigeria, la favorita, en una final en la que nadie daba por favoritos a los Elefantes. Con el marcador 1-1 y el partido en su recta final, Simon Adingra llegó a la línea de fondo y puso un centro perfecto desde la izquierda en el minuto 81. Allí, como si Dios lo hubiese querido así, estaba Haller, que estiró su pierna derecha y rozó el balón con la punta del pie. Aquel toque fue lo justo y lo necesario para que el esférico entrara al fondo de la red. Dioses y mortales gritaron de alegría aquel tanto mientras Haller, el hombre que había superado una batalla personal contra el cáncer, se erigía ahora como el héroe de su nación. Las lágrimas de alegría brotaron no solo de sus propios ojos, sino de los de todos aquellos que habían seguido su historia inspiradora de lucha y superación.

En ese instante, quedó claro que el fútbol puede ser un camino hacia la redención, un campo donde se celebran no solo las victorias deportivas, sino también las humanas. Haller había vencido al cáncer y ahora, bajo los focos y la calidez de su gente, había llevado a Costa de Marfil a la gloria.

63

AL BORDE DE LA VIDA
Alexis Beka Beka

Estaba sentado al borde de la muerte. La vida de Alexis Beka Beka, que a simple vista parecía un cuento de hadas, estaba llena de luchas invisibles. Fue un 29 de septiembre de 2023, cuando el joven prodigio del Niza decidió sentarse al borde del viaducto de Magnan, a más de 120 metros de altura. A sus pies, la ciudad seguía su curso, ajena al drama que se desarrollaba en su interior.

Decidió no arrojarse a la muerte.

Tal vez fue el recuerdo de una infancia feliz, de los días en los que el fútbol era solo un juego y no una carga. Tal vez fue la voz de su conciencia, recordándole que él era importante por ser quien era, no solo por lo que podía hacer con un balón en los pies.

A veces aquellos que parecen tenerlo todo pueden estar luchando una batalla invisible.

Los dioses también sangran.

64
EL SUCESOR DE PELÉ
Freddy Adu

Estados Unidos siempre ha sabido llevar el espectáculo al máximo nivel. En un lugar así, el talento precoz puede ser tanto una bendición como una maldición. En Washington hubo un chico que rompió todos los récords, al que señalaron como el «sucesor de Pelé», al que Nike le ofreció uno de los contratos más jugosos y que acabó por fracasar hasta convertirse en una de las mayores promesas rotas de la historia. Para mí, Freddy Adu no fue más que una víctima del sistema.

Fredua Koranteng Adu, conocido mundialmente como Freddy Adu, nació el 2 de junio de 1989 en Tema, Ghana. A los ocho años, su vida cambió drásticamente cuando su madre, Emelia Adu, consiguió una de las 55.000 visas, las famosas tarjetas verdes, que eran parte de una iniciativa del Gobierno estadounidense para fomentar la diversidad. Aquellos que ganaban el sorteo podían residir de forma permanente en el país.

La familia de Adu se mudó a Estados Unidos. Fue en ese nuevo hogar donde Freddy empezó a jugar al fútbol en pequeños clubes locales y, muy pronto, destacó entre sus compañeros por su increíble talento. A los diez años, un entrenador de la zona lo recomendó para ingresar a una de las escuelas privadas más prestigiosas de Washington: la escuela de Potomac, donde jugaría para los Potomac Cougars.

Su juego deslumbraba; Adu era un mediapunta rápido, ágil y muy habilidoso con el balón. Rápidamente, el Comité Olímpico de Estados Unidos lo incluyó en su programa de desarrollo para disputar un torneo con la selección sub-14, contra niños varios años más mayores que él. Allí, enfrentándose a varias de las mejores canteras del fútbol europeo, Adu se erigió como el máximo goleador, el mejor jugador de la MLS estadounidense, la Major League Soccer y fue entonces cuando, a los once años, el Inter de Milán le ofreció un contrato de casi 800.000 euros para cinco temporadas, una oferta que muchos considerarían irrechazable a esa edad. Sin embargo, su madre, que quería tener cerca a su hijo, rechazó el acuerdo.

Siguió jugando al fútbol en Estados Unidos hasta que todo estalló por los aires en mayo de 2003. Nike anunciaba por todo lo alto que Freddy Adu, de tan solo trece años, iba a ser su cara visible en el *soccer* a cambio de un millón de dólares por temporada, un contrato nunca antes visto para un chico de su edad. La selección *yankee* lo convocó para el Mundial sub-17 de ese mismo verano, y la jugada les salió perfecta. Adu, jugando contra chicos hasta cuatro años mayores que él, anotó un *hat-trick* en su debut mundialista ante Corea del Sur.

En el partido siguiente, marcó el gol de la victoria en el último minuto ante Sierra Leona y, aunque fueron eliminados por Brasil, las sensaciones que Adu dejó en aquel torneo fueron increíbles. Dos meses después, fue convocado para su segundo Mundial en menos de un año, esta vez el sub-20. Jugó cuatro partidos ante contrincantes que ya tenían siete años más que él. El país entero estaba encandilado con la magia de su fútbol.

Tanto es así, que, en noviembre de ese mismo año, la MLS lo anunció como jugador del DC United. Sin embargo, la normativa de la competición impedía su participación a una edad tan temprana, aunque esto es Estados Unidos, la «tierra de las oportunidades». En tres meses consiguieron modificar dicha norma y, en abril de 2004, Freddy Adu se convirtió en el jugador más joven en aparecer en los deportes profesionales de Estados Unidos. Su debut fue recibido con un frenesí mediático sin precedentes, no solo por su talento, sino también por el enorme potencial que representaba para el fútbol estadounidense. En un país donde el *soccer* luchaba por ganarse un lugar en el corazón de los aficionados, se veía a Adu como la pieza clave que podría cambiar el panorama deportivo para siempre.

Todos lo empezaron a comparar con Pelé, al que conocían bien por su paso en el New York Cosmos. Tanto es así que, en 2005, la MLS dio a conocer a su nuevo *sponsor* principal con un anuncio en el que Adu se enfrentaba a O Rei en un duelo de toques, en el que, por supuesto, Freddy ganaba.

En las fotos de aquel día se puede ver a Pelé besar en la mejilla a Adu, como gesto de su bendición. Aquella imagen, cómo no, fue expuesta hasta la saciedad por los medios y la propia liga. Ese mismo verano el Manchester United lo invitó a entrenar con ellos durante dos semanas y sir Alex Ferguson quedó muy satisfecho con su rendimiento. Adu tenía un contrato en vigor y no podía jugar en Inglaterra hasta cumplir los dieciocho.

Sin embargo, a pesar de todo el potencial y las oportunidades, la carrera de Freddy Adu nunca alcanzó las cotas que se esperaban. En sus primeras tres temporadas con el DC United anotó once tantos en 96 partidos, unos resultados comunes para alguien de su edad, y sobre todo para un mediapunta, pero a Estados Unidos eso le pareció poco.

Adu se había creído que con quince o dieciséis años iba a ser capaz de enfrentarse a los mejores. Era solo un niño acostumbrado a los elogios; nunca supo entender que un buen corazón es aquel en el que caben la misma cantidad de halagos que de consuelos. La suplencia en su último año en el DC United acabó con su paciencia y pidió que lo cedieran fuera. En 2007 se fue al Real Salt Lake, donde tampoco se sintió protagonista.

Cuando la prensa americana planteaba si Freddy era realmente un talento precoz y valor de futuro, este jugó el que sería su tercer Mundial. Adu volvió a brillar en la Copa del Mundo sub-20: anotó un *hat-trick* ante Polonia, venció al Brasil de Marcelo y Pato y al Uruguay de Suárez y Cavani, así como también fue elegido en el once ideal del torneo y llegó hasta los cuartos de final.

A los dieciocho años, tuvo que dejar de lado las súplicas de su madre y se marchó a Europa a demostrarle al mundo que estaba preparado. A pesar de no haber demostrado gran cosa sobre el campo con la MLS, el Benfica se aventuró a pagar un millón y medio de euros por él. Llegó a un equipo lleno de *cracks*, como Rui Costa, Hans-Jörg Butt u Óscar Cardozo. Y lleno de jóvenes promesas como David Luiz, Fabio Coentrao o Ángel Di María.

Competía por un puesto en el equipo con este último, el Fideo, que no metió ningún gol en sus 26 partidos, mientras que Adu, que salía siempre desde el banquillo, anotó dos goles en apenas trescientos minutos de juego. El nuevo Pelé consiguió mejores cifras en menos tiempo, pero las expectativas que dejaba tras cada participación estaban muy lejos, muy lejos de lo que esperaban de él. A los dirigentes del Benfica no les convenció y fue ahí cuando empezó su caída a los infiernos. Adu luchó por adaptarse al estilo de juego europeo, más táctico y físico que el fútbol al que estaba acostumbrado en Estados Unidos. Su tiempo en el equipo de las águilas estuvo marcado por la inconsistencia y la falta de oportunidades en la primera plantilla. La competencia interna era feroz, y Adu no lograba hacerse con un lugar fijo en la alineación titular.

Después de su primera temporada, el club sabía que Freddy necesitaba más tiempo de desarrollo y formación, por lo que inició un largo periplo de cesiones a varios clubes europeos. En 2008, fue cedido al AS Mónaco; desafortunadamente, su paso fue similar al que había tenido en Benfica: prometedor al principio y desalentador en el resultado final. No consolidó su rendimiento y no haber marcado ningún gol en diez partidos provocó su regreso a Portugal tras solo una temporada.

El siguiente paso fue una cesión al Belenenses, también en Portugal, en 2009, sin un impacto significativo. De allí pasó al club griego Aris Salónica, con el cual, nuevamente, a pesar de algunos momentos destacados, tampoco logró asentarse. En 2011, fue cedido al Çaykur Rizespor de la segunda división turca. Significó su última cesión antes de regresar a Estados Unidos.

Lo que comenzó con un joven lleno de expectativas y sueños de grandeza, rápidamente se convirtió en una serie de movimientos incesantes de un club a otro, cada uno de los cuales parecía erosionar un poco más su confianza y su lugar en el mundo del fútbol. Ya no había contratos millonarios, ni grandes marcas interesadas ni periodistas persiguiéndole. Se lejos de los focos que tanto le habían cegado, y lo hizo en el Österlen, un equipo *amateur* de Suecia.

Más que una promesa incumplida, Freddy Adu fue una víctima del sistema del espectáculo, que vio en él no solo a un joven talentoso, sino a un producto que podía venderse y explotarse en un mercado ávido de estrellas. Desde su debut profesional a los catorce años, la maquinaria mediática y empresarial lo proyectó como el sucesor de Pelé, un título que, lejos de servirle de apoyo, se convirtió en una carga pesada e inalcanzable. Olvidó ser solo Freddy Adu.

Freddy Adu no falló por falta de talento, sino porque se le exigió demasiado y demasiado pronto. Nunca fue libre, quizá solo en los momentos antes de su retiro, cuando todos se habían olvidado de él. Su historia no es más que la aplastante muestra de que la mayor libertad está en vivir sin unas expectativas desmesuradas.

65

EL HOMBRE QUE RESUCITÓ PARA SEGUIR JUGANDO
Juan Hohberg

Durante quince segundos lo dieron clínicamente por muerto. Su corazón se había detenido. Estaba tumbado en el suelo mientras el fisioterapeuta intentaba reanimarlo. Eran las semifinales de la Copa del Mundo, lo que sucedió aquel día nunca más se volvió a ver.

Nació el 8 de octubre de 1926 en Alejo Ledesma, una localidad de la provincia argentina de Córdoba, Juan Hohberg destacaba desde joven por su gran habilidad goleadora. Inició su carrera como futbolista en Argentina jugando para clubes como Central Córdoba y Rosario Central, y poco a poco destacó como un delantero prolífico. Su talento no pasó inadvertido y, en 1949, lo fichó el Club Atlético Peñarol de Uruguay, uno de los equipos más importantes de Sudamérica en la época.

En Peñarol, Hohberg encontró el lugar ideal para el desarrollo de su carrera. A lo largo de su estancia en el club, se convirtió en una de las figuras más queridas y respetadas. Contribuyó significativamente a la obtención de seis títulos de liga en once años, en los que anotó un total de 248 goles. Durante este periodo, Hohberg obtuvo la nacionalidad uruguaya, lo que le permitió formar parte de la selección charrúa, con la que alcanzó el punto cumbre de su carrera en el Mundial de Suiza de 1954.

En aquel torneo la selección uruguaya llegó a semifinales con facilidad tras pasar por encima de Checoslovaquia, Escocia e Inglaterra. Se enfrentaba (la selección) a la Hungría de Puskas en las semifinales, en un partido que quedaría en el recuerdo para la historia del fútbol por la intensidad y el dramatismo vivido. Los húngaros se adelantaron con sendos goles de Zoltán Czibor y Nándor Hidegkuti. Uruguay tuvo que aumentar sus cotas de esfuerzo para poder hacer frente al embate.

A los 75 minutos de juego, Hohberg anotó el primer gol para Uruguay, lo que revitalizó las esperanzas del equipo. Solo quedaba un suspiro para el final del encuentro cuando volvió a hacerse con la pelota, que estaba en el círculo central. Sorteó a varios rivales y armó una pared con Souto, que filtró un balón preciso entre los dos centrales. Hohberg se plantó solo delante del portero y, tras un intento fallido de regateo, el balón se quedó muerto en el punto de penalti. Los defensas se pusieron bajo los palos, pero el Verdugo, como le llamaban entonces, acabó por meter el balón en la red de un trallazo.

Solo había sido capaz de llevar el partido a la prórroga. Su emoción fue indescriptible tras el segundo gol. La emoción y el esfuerzo físico alcanzaron niveles insospechados y, mientras celebraba su segundo tanto abrazado a los compañeros, su corazón colapsó. Cayó al suelo redondo y los ojos se tornaron blancos. Durante quince segundos se le dio por muerto. Su corazón no latía. Carlos Abate, fisioterapeuta de la selección uruguaya, intervino rápidamente y aplicó un masaje cardiaco. En el estadio del Olímpico de Lausanne se vivieron unos segundos infinitos, pues se estaba jugando un *partido* entre la vida y la muerte. Abate cerraba los ojos mientras intentaba reanimar al jugador, como si pidiera ayuda a un dios todopoderoso.

Contra todo pronóstico, Hohberg despertó. Tenía la mirada débil, perdida en el infinito. Carlos Abate le observaba como un padre a su hijo recién nacido. Sus compañeros, todavía con el susto en el cuerpo, estaban boquiabiertos ante el milagro que acababa de suceder. No quedaban más cambios, se habían agotado todos, y Hohberg decidió jugar toda la prórroga. Los médicos le pidieron que no lo hiciera: aquello era atentar contra su propia vida. Sin embargo, hay momentos en el fútbol donde la vida puede ser entregada por un logro mayor: el equipo, y seguir jugando: una semifinal de un Mundial es uno de esos momentos. A pesar de su heroísmo, Uruguay no pudo superar a Hungría en el tiempo suplementario, y perdió el partido 4-2.

Tras aquel incidente, el Verdugo pudo seguir jugando al fútbol, y lo hizo a un gran nivel. Tanto es así que, en 1958, el Sporting de Lisboa se aventuró con su fichaje. Hohberg viajó a Portugal y, tras varios entrenamientos de prueba, convenció a los dirigentes del club. Sin embargo, no se pudo tramitar su traspaso debido a que el equipo portugués tenía todas las fichas para extranjeros al completo.

El 10 de junio de aquel mismo año, en el viaje de vuelta a casa, el avión de Hohberg, con el que volaba junto a su mujer y su hijo, tuvo un fallo en los tres motores a la vez. No paraba de salir fuego de las alas mientras el avión descendía a toda velocidad sobre el mar. Aquello parecía la segunda parte de aquel partido entre la vida y la muerte. Hohberg envolvió a su hijo entre varias sábanas y abrazó a su mujer con fuerza. La cabina se llenó de gritos de terror y auxilio. De pronto, el capitán divisó una diminuta isla a lo lejos, pero no era lo suficientemente grande para aterrizar. Fue entonces cuando hizo una maniobra efectiva pero muy arriesgada: amerizar de emergencia hasta frenar el avión una vez llegara a la playa de la isla. Cuando la nave tocó el agua por primera vez, varias personas que no llevaban el cinturón de seguridad abrochado salieron expulsados de sus asientos. El piloto consiguió completar con éxito el amerizaje y luego el aterrizaje de emergencia. Tras un aviso por radio, las autoridades de rescate acudieron prestos. Juan Hohberg había vuelto a nacer, otra vez.

Tras colgar las botas en 1966, entrenó a varios equipos en América del Sur, incluidos el Peñarol y el Nacional de Uruguay, así como otros clubes en Perú, Ecuador y México. Su experiencia en el campo lo convirtió en un respetado técnico que dejó una marca significativa allí donde trabajó. En 1970, dirigió a la selección uruguaya en el Mundial de México, y logró un meritorio cuarto lugar.

Hohberg falleció el 30 de abril de 1996 en su casa de Lima, a los sesenta y nueve años. Esta vez la muerte consiguió ganar el partido en la prórroga. En sus últimos años de vida, ya alejado de los focos de los estadios, solía decir que él fue el único hombre en nacer tres veces: cuando su madre lo trajo al mundo, cuando renació en el Mundial de 1954 y cuando el avión en el que viajaba estuvo a punto de estrellarse.

66

MINUTO 93

Descorchaban el champán y sacaban las camisetas de «Campeones».

La derrota había firmado ya un contrato de larga duración en el corazón del madridismo.

Nadie sabe cómo ni por qué.

Recuerdo ver a Modric poner el balón en el córner.

Lo siguiente que vi fue a mi padre llorando de alegría.

El fútbol es así de caprichoso: cuando menos te lo esperas, te regala un milagro o te roba un sueño.

67

POR Y PARA LA FAMILIA
Carlos Tévez

Con su primer gran sueldo en el Corinthians, Tévez compró catorce casas para sacar a toda su familia del conflictivo barrio del Fuerte Apache. El mismo barrio donde su mejor amigo, Darío, murió a los dieciséis años en un ajuste de cuentas entre bandas.

A los treinta y ocho y tras una exitosa carrera, se retiró del fútbol. Su último año como jugador fue una tortura, lo hizo sin su padre en las gradas. Ya nada tenía sentido.

> «Dejé de jugar cuando perdí
> a mi fan número uno.»

Carlos Tévez entendió que la familia es lo único que queda cuando todo lo demás se va.

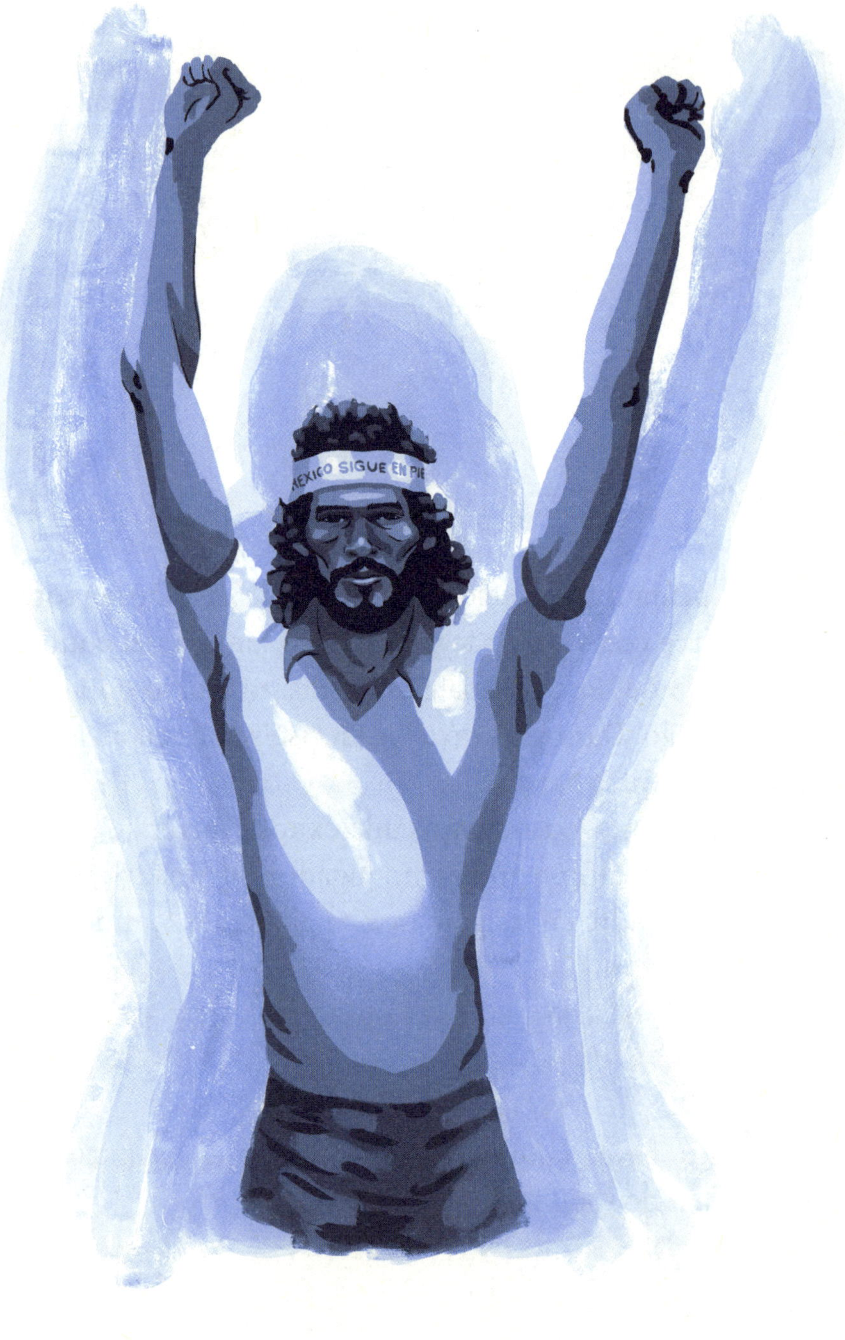
MEXICO SIGUE EN PIE

68

DEMOCRACIA CORINTHIANA
Sócrates

A lo largo del siglo XX, el mundo fue testigo de la instauración de numerosas dictaduras en América. Brasil vivió uno de los regímenes autoritarios más sonados de la época. Cualquiera pensaría que estamos hablando de la antigua Grecia al escuchar la palabra *democracia* unida al nombre de Sócrates. Pero no, estamos hablando de un jugador que creó un movimiento político, dentro de un equipo de fútbol, para acabar con la dictadura. El éxito convierte en leyendas a muy pocos futbolistas, la revolución solo ha sido capaz de transformar en icono a un futbolista, tenía nombre de filósofo y ejerció como tal.

En 1964, Brasil sufrió un golpe de Estado que derrocó al presidente João Goulart. Este derrocamiento instauró una dictadura militar que controló el país durante más de dos décadas. Bajo este régimen, la libertad de expresión fue suprimida, la censura fue generalizada y la represión política se convirtió en el pan de cada día. Los militares también intentaron controlar el fútbol, un deporte que en Brasil es casi una religión, al usarlo como una herramienta para consolidar el poder y promover la ideología nacionalista.

El Gobierno no quería que el talento brasileño se desperdigara por Europa y, en una maniobra de protección, promulgó varias leyes en torno a los contratos de los futbolistas. Obligaron a los jugadores a firmar compromisos de por vida que los convertían en esclavos de sus equipos y los ataban para siempre a un escudo, para impedir que otros clubes extranjeros los ficharan. Se los condenó a vivir en condiciones de pobreza, pues muchos de estos contratos fijaban un salario miserable, por debajo del mínimo.

A pesar de estar en plena dictadura y con el gremio de futbolistas indignado, Brasil levantó la Copa del Mundo de México de 1970: habían ganado todos los partidos, y se les reconoció como la mejor selección de la historia del fútbol. Durante la fase de clasificación la *canarinha* la dirigió João Saldanha, un conocido periodista de izquierdas, que renunció al puesto poco antes del Mundial debido a su pasado en el Partido Comunista y sus diferencias con Pelé.

Poco después del éxito mundialista, se creó una red inmensa de corrupción inmobiliaria en torno a la construcción de nuevos estadios, proyectos que no solo sirvieron para enriquecer a la élite, sino que también se utilizaron como propaganda para demostrar el supuesto progreso del país bajo la dictadura. Este control férreo sobre el fútbol brasileño alcanzó su punto álgido a principios de los años ochenta. La Confederación Brasileña de Fútbol y el Consejo Nacional de

Deportes estaban dirigidos por militares, Heleno Nunes y Jerónimo Bastos respectivamente, quienes aseguraban que el deporte se mantuviera alineado con los intereses del régimen.

En este contexto político y social, un 19 de febrero de 1954, en Belém do Pará, Brasil, nació Sócrates Brasileiro Sampaio de Souza Vieira de Oliveira. Hijo de Guiomar Vieira y de Raimundo Vieira de Oliveira, un funcionario público y autodidacta amante de la filosofía, que decidió llamar Sócrates a su hijo, en honor al filósofo ateniense. El cuarto hijo también iba a ser bautizado con nombre de filósofo, pero Guiomar se negó y lo bautizaron con el nombre de Rai.

Desde una temprana edad, Sócrates mostró un equilibrio impresionante entre su vida académica y su pasión por el fútbol. Era bueno en ambos ámbitos, pero con la pelota era un fuera de serie. Su altura, elegancia y enorme capacidad para leer las situaciones del juego lo transformaron en un talentoso mediapunta. No obstante, sus padres insistieron en que priorizara los estudios, lo que lo llevó a ingresar en la Universidad de São Paulo para estudiar Medicina. En 1977, mientras jugaba para Botafogo, Sócrates se graduó como médico, lo que le valió el apodo del Doctor en el mundo del fútbol. Su formación académica y su inquietud por la lectura lo diferenciaron de muchos de sus contemporáneos y le otorgaron una perspectiva única a propósito del deporte y de la sociedad.

Así, al acabar sus estudios volcó su vida únicamente en el fútbol. En 1978 fichó por el Corinthians. Tres años más tarde, a pesar de contar con jugadores talentosos —como Sócrates, Wladimir y Zenon—, el club descendió a la segunda división brasileña, en medio de tensiones y enfrentamientos entre los jugadores y la directiva. Vicente Matheus, el presidente del club, renunció, y fue destituido por Waldemar Pires, quien nombró a Adilson Monteiro Alves, un sociólogo y activista político, como presidente del equipo.

Adilson se reunió junto a otros jugadores importantes del equipo, encabezados por Sócrates, para decidir el futuro del club. Tras horas y horas de debate, decidieron hacer algo nunca antes visto en la historia de este deporte. Implementaron un modelo horizontal, totalmente democrático para el funcionamiento del club, donde los jugadores y empleados del club comenzaron a participar en la toma de decisiones. Desde Sócrates, el resto de jugadores y hasta el personal de limpieza tenían voz y voto dentro de las decisiones del equipo. Se realizaban reuniones semanales donde todo se decidía a votación: desde los fichajes hasta el reparto de los ingresos de televisión.

Este nuevo movimiento fue conocido como Democracia corinthiana. Era curioso ver un sistema tan justo dentro de una estructura que llevaba años con un *modus operandi* represor y censor. Cualquiera pensaría que era difícil obtener resultados deportivos en esa situación, pero nada más lejos de la realidad. El equipo solo necesitó una temporada para regresar a la primera división, y acabó conquistando el Campeonato Paulista en 1982 y 1983. En ese punto, el Corinthians demostró que la autogestión y la democracia no solo eran viables, sino exitosas. El club se convirtió en un símbolo para la oposición democrática en Brasil, lo que inspiró a miles de personas a luchar por sus derechos.

DEMOCRACIA CORINTHIANA

Sócrates celebró una señal de solidaridad y lucha en los 172 goles que anotó con el Corinthians, levantando el puño derecho en alto. El Doctor estaba reflejando sus profundas convicciones políticas y su compromiso con la justicia social.

Pero no fue el único gesto de Sócrates en el terreno de juego. Dentro del movimiento de la Democracia corinthiana, él y sus compañeros de equipo promovieron la participación democrática y la autogestión en el Corinthians Paulista. El ejemplo más claro vino cuando, en 1983, el régimen empezó a ceder ante la democracia y se convocaron elecciones para elegir al nuevo gobernador de la provincia de São Paulo, el epicentro económico del país. Sócrates y los suyos, aprovechando que los clubes ya empezaban a incluir serigrafías de publicidad en las camisetas, imprimieron sobre la suya un mensaje: «Día 15 Vote», que se refería a las elecciones que se celebrarían el 15 de marzo de aquel año, para alentar a la población brasileña a que participase en las elecciones y luchara por sus derechos democráticos.

Ese mismo año, en la final del Campeonato Paulista, el Corinthians salió al campo con una pancarta que clamaba «Ganar o perder, pero siempre en democracia», un recordatorio para el mundo de que, independientemente del resultado obtenido en el campo, la lucha por la libertad y la justicia es lo más importante. Por su parte, Sócrates, en numerosas ocasiones, llevaba bandas en la cabeza, donde se podían leer mensajes como «El pueblo necesita justicia», «Sí al amor, no al terror» y «No a la violencia», también así manifestaba su deseo de una sociedad más justa y pacífica.

Durante la Copa del Mundo de 1986 en México, Sócrates llevó otra banda en la cabeza que decía «México sigue en pie», en homenaje a las víctimas del devastador terremoto que había sacudido Ciudad de México el año anterior.

El movimiento de la Democracia corinthiana no solo transformó al club, sino que también tuvo un profundo impacto en la sociedad brasileña. La Democracia corinthiana se convirtió en un modelo de resistencia y lucha por la libertad, que desafió al régimen militar y mostró que el cambio era posible. Tanto es así que otros clubes como el São Paulo y el Palmeiras intentaron imitar el modelo que Sócrates y sus compañeros implementaron, pero los directivos, simpatizantes de la dictadura militar, rápidamente les cortaron las alas. Sin embargo, el gremio de futbolistas consiguió acabar con la ley de protección que les impedía fichar por clubes extranjeros y así, en 1984, Sócrates dejó el Corinthians para unirse a la Fiorentina en Italia. Aquel fue el inicio del fin de la Democracia corinthiana. Pero el legado del movimiento perduró; el mensaje de libertad había calado en la sociedad. En 1985, Brasil finalmente volvió a la democracia con la elección del socialdemócrata José Sarney como presidente.

Sócrates solo estuvo un año en Italia. Se sentía fuera de lugar, por lo que volvió a Brasil, al Flamengo. Siguió jugando hasta 1989 cuando colgó las botas mientras defendía los colores del Botafogo, equipo en el que se había formado en sus inicios. En los 516 partidos oficiales que jugó anotó 270 goles, siempre como mediapunta.

Tras retirarse del fútbol profesional, Sócrates continuó siendo una figura pública destacada. Se involucró en campañas de salud pública debido a su pasado con la medicina. Continuó defendiendo la democracia y participó en debates y eventos que promovían la justicia social. Se aventuró en el mundo de los medios de comunicación, escribía columnas para varios periódicos y revistas y compartía sus opiniones sobre fútbol, política y la sociedad en general. Presentó un programa de entrevistas en el Canal Brasil en el que charlaba con diversas personalidades, que incluían músicos y otros artistas, a propósito de temas culturales y sociales. Todo aquello le permitió mantenerse en el ámbito público e influir en la sociedad brasileña con sus ideas y pensamientos.

Además, se casó cuatro veces y tuvo seis hijos, pero los múltiples divorcios y la inestabilidad en el amor provocaron que su vida personal quedase marcada por el consumo excesivo de alcohol. Tuvo que ser hospitalizado en numerosas ocasiones por su adicción hasta que su salud se deterioró gravemente y el 4 de diciembre de 2011 falleció a los cincuenta y siete años, por una infección intestinal.

Sócrates se convirtió en un futbolista generacional. Sin embargo, su impacto en Brasil va más allá de los logros en el terreno de juego. El compromiso que tuvo con la justicia, la lucha contra la opresión y su defensa de la democracia siguen inspirando a miles de jóvenes brasileños a luchar por un mundo mejor. Fue una figura incansable de lucha en un tiempo de censura y represión, que utilizó el fútbol para promover la igualdad y la libertad. Su legado es el eco de una voz que nunca dejó de clamar por la verdad y la justicia.

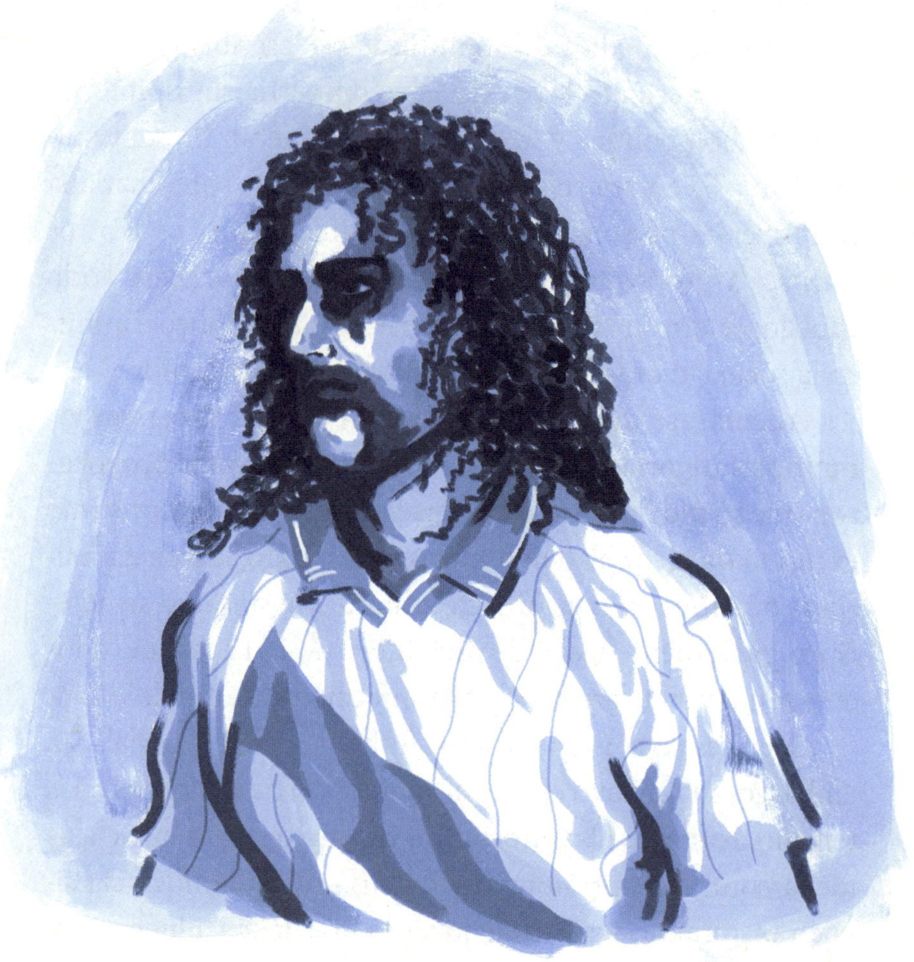

69

EL JUGADOR DE LA CARA PINTADA
Darío Dubois

No fue un jugador de élite, ni mucho menos una estrella. Su carrera se desarrolló en las categorías más humildes del fútbol argentino, en clubes como Yupanqui y Ferrocarril Midland, donde el césped era más tierra que verdor. Pero lo que distinguía a Darío Dubois de cualquier otro jugador era su rebeldía y su inconfundible imagen: cada vez que salía al campo, lo hacía con la cara completamente pintada de blanco y negro.

En sus primeros años como futbolista, compaginaba su trabajo como técnico de sonido con los entrenamientos y los partidos. A Darío no le gustaba el fútbol, su verdadera pasión era el *heavy metal*. Tenía una banda tributo en honor al mítico grupo argentino Vox Dei, donde todos los miembros eran fanáticos de Kiss. Por eso, cuando tocaban las canciones de la banda argentina, lo hacían con las caras pintadas de blanco y los ojos negros en honor al grupo norteamericano.

Fue entonces cuando, en 1997, como jugador de Ferrocarril Midland, Darío llegó tarde a un partido. Venía de un ensayo con su grupo y no tuvo tiempo de quitarse el maquillaje, por lo que saltó al campo sin retirarlo. Los rivales estaban asustados, pero el árbitro le dejó jugar ya que no había nada en el reglamento que lo impidiese. Su figura imponía respeto, era un defensa central alto y corpulento, con melena de rockero, además atemorizaba a sus rivales con la cara pintada.

Darío se dio cuenta de que se había convertido en algo diferente, ya no era solamente un futbolista, era un rebelde para la afición. Fue entonces cuando antes de cada partido, Dubois continuó pintándose la cara con una mezcla de aceite y betún que él mismo preparaba. Su rostro se transformaba en una máscara oscura que intimidaba a los rivales, dejaba perplejos a los árbitros y entusiasmaba a su afición. No había habido nunca en el mundo del fútbol un jugador que se presentara de tal manera.

Rápidamente corrió la voz que en el Ferrocarril Midland había un futbolista distinto. La venta de entradas y *merchandising* aumentó considerablemente, la imagen de Dubois, con su prominente melena, su número seis en la espalda y su cara negra como la noche, pasó a ser de las más icónicas del fútbol. El equipo jugaba entonces en la quinta división del fútbol argentino, pero todos en el país conocían a Darío Dubois.

Sin embargo, esta imagen no fue bien recibida por todos. En varias ocasiones, rivales y árbitros se negaron a permitir que Dubois jugara con la cara pintada, argumentaban que ninguno de los otros futbolistas lo hacía. A pesar de las advertencias, Dubois siguió fiel a su estilo hasta que finalmente la Asociación del Fútbol Argentino (AFA) prohibió que se pintara la cara durante los partidos oficiales. Este mandato no detuvo a Dubois, que continuó con su ritual en los partidos de menor categoría y en aquellos que se jugaban sin la supervisión directa de la AFA.

Pero detrás de la pintura y la rebeldía, si por algo destacó Dubois fue por su lucha continua contra la corrupción en las categorías inferiores del fútbol argentino. Muchos árbitros consideraban que su rostro pintado era un gesto de provocación, por lo que comenzaron a expulsarle con mayor frecuencia. Durante una de ellas, cuando uno de los árbitros le iba a sacar tarjeta roja, al colegiado se le cayeron 1.500 pesos del bolsillo. Darío los cogió y, con el partido todavía en marcha, corrió hacia la prensa para mostrar la prueba de la corrupción que imperaba en el campeonato.

Otro de sus grandes gestos rebeldes lo protagonizó como jugador del Lugano. Una empresa de la zona le ofreció al club un sustento para los jugadores en caso de victoria a cambio de poner su logo en la camiseta. El equipo accedió, pero tras varias victorias el dinero nunca llegó a aparecer. Fue entonces cuando el equipo, bajo iniciativa de Dubois, saltó al campo con una cinta negra en la camiseta que tapaba el logo de la empresa patrocinadora.

Pero el mayor escándalo en el que se vio envuelto ocurrió en el año 2003, cuando era jugador del Victoriano Arenas. Darío denunció públicamente que el presidente del Lugano, club en el que había jugado antes, les había chantajeado para que perdieran. Con nombres y apellidos, Dubois dijo que el dirigente Juan José Castro le había ofrecido diez mil pesos a cada jugador. La mayoría de sus compañeros no tenían ni para comprarse ropa nueva, Darío miró al presidente, le escupió y convenció a sus compañeros de rechazar el dinero. «Rata inmunda, venden merca, venden armas y se piensan que todo se puede comprar», declaró ante la televisión el futbolista de la cara pintada.

Su vida como futbolista se vio interrumpida en 2005, cuando tras una rotura de ligamentos, ni el club en el que jugaba ni el gremio de futbolistas argentinos quiso hacerse cargo de los gastos médicos de la operación. El fútbol amateur argentino se quitó un gran peso de encima, el de un tipo al que no le temblaba el pulso para denunciar cualquier tipo de injusticia.

Después de colgar las botas, la vida de Darío Dubois permaneció vinculada a su otra gran pasión: la música. En 2008, trabajó como técnico de sonido y había asegurado un contrato para ser el sonidista de la famosa banda de *punk* Ataque 77. Sin embargo, el destino le tenía preparada una vuelta de tuerca. Tras una noche de trabajo en un local de Isidro Casanova, Dubois fue emboscado por tres jóvenes que lo esperaban frente a Puerta de Hierro. Al acercarse a él, le dispararon tres veces con pistolas calibre 9 milímetros; su pareja, que iba a su lado, no recibió ni un disparo. Una bala impactó en su pierna, otra en el abdomen y la tercera rozó su cabeza. Fingió estar muerto para engañarlos y logró sobrevivir al ataque, pero quedó gravemente herido. Durante quince días estuvo hospitalizado, preocupado principalmente por la herida de la pierna. Sin embargo, fue la lesión en el abdomen la que le causó una infección que derivó en septicemia. Murió el 17 de marzo de 2008, apenas unos días después de cumplir treinta y siete años.

Darío Dubois no fue solo un futbolista, fue un hombre que vivió según sus propias reglas, un rebelde que no se doblegó ante las injusticias ni en el campo ni fuera de él. En un mundo que intenta moldearnos, lo más valioso que podemos hacer es conservar nuestra propia esencia, incluso cuando el precio sea alto. Pues la única persona con la que estarás toda tu vida será contigo mismo, por eso es importante no traicionarse nunca.

70

LA LEYENDA OLVIDADA
Larbi Ben Barek

«Si yo soy el rey del fútbol entonces Ben Barek es Dios.»

Cualquiera no recibe este elogio del mismísimo Pelé. Cualquiera no puede presumir de ser el primer gran futbolista de la historia de Francia, ni de cambiar para siempre la de La Liga española. Después de todo, el primer futbolista en llenar los estadios de mi país no fue Alfredo Di Stéfano, fue Larbi Ben Barek.

Nacido en Casablanca, Marruecos, el 16 de junio de 1917, Larbi comenzó a jugar al fútbol en su barrio hasta que un entrenador del Ideal Club Casablanca lo descubrió. Pasó varios años formándose como jugador hasta que su vida cambió. Fue en 1935, cuando se enfrentó al Marocaire de la primera división marroquí en un amistoso de pretemporada. Quisieron ficharle, pero Ben Barek impuso una condición: un trabajo estable, pues el fútbol no era una garantía de dinero en Marruecos. Su nuevo club le encontró empleo en una gasolinera y entonces firmó. Durante ese tiempo debutó con la selección nacional de Marruecos, que al ser colonia francesa solo podía disputar partidos amistosos.

Ben Barek creció en un mundo muy distinto al que conocemos hoy. Entonces el fútbol todavía no era un deporte profesional en Marruecos. Como ventaja, varios equipos galos comenzaron a establecer una red de ojeadores por toda la colonia. Así fue como, en 1938, el Olympique de Marsella hizo que Larbi se pudiese dedicar única y exclusivamente a su gran pasión.

La Segunda Guerra Mundial interrumpió su carrera, pero no pudo apagar su brillo. Ben Barek tuvo que volver a su antiguo equipo en Marruecos hasta que el conflicto terminó y regresó al Stade Français, de la segunda división francesa, en 1945. La selección gala estaba en plena reconstrucción tras la guerra y no dudaron en llamar a Larbi para ocupar la punta de ataque con *les bleus*. Con el combinado francés llegó a jugar un total de diecisiete partidos, hasta convertirse en el primer jugador de la historia en jugar con Marruecos y Francia. Su talento lo llevó a ganarse el apodo de la Perla negra.

Sin embargo, su paso por el Stade Français no fue idílico. A pesar de ascender a primera en su temporada de debut, las otras dos campañas que jugó estuvieron marcadas por la desilusión. La directiva había hecho una fuerte inversión y lo máximo que alcanzaron fue un quinto puesto en liga y unas semifinales de copa.

La gente en Francia no pagaba por ir a ver el fútbol, pagaba por ir a ver a Ben Barek. Era el único jugador al que se le permitía no defender, tanto en su equipo como en la selección. Tenía una potencia nunca antes vista en Europa, era un prodigio físico de la naturaleza con una gran capacidad goleadora. Al público le llamaba la atención, sobre todo porque no había muchos futbolistas negros por aquel entonces en el viejo continente. Ben Barek sabía que era el centro de todas las miradas y pidió al club un aumento de sueldo, algo que tensó su relación con la directiva hasta el punto de sentir la necesidad de cambiar de equipo.

Fue entonces cuando el Atlético de Madrid, tras jugar un partido amistoso contra el Stade Français en mayo de 1948, fijó el punto de mira en Ben Barek. El conjunto madrileño llevaba siete años sin levantar el título de liga y, desde la directiva, encabezada por Cesáreo Galíndez, sentían la necesidad de fichar al mejor jugador del mundo para revertir la situación. Sin embargo, lo primero que hizo el Atlético fue fichar como entrenador al mediático Helenio Herrera, quien había entrenado ya a Larbi en el Stade. Se encargó de convencer al franco-marroquí y este acabó por aceptar.

En España, su fútbol fue una auténtica revolución. En un país acostumbrado al juego físico y directo, Helenio Herrera y Ben Barek crearon en aquel Atlético de Madrid un estilo nunca antes visto. Progresaban mediante pases cortos y continuos movimientos de desmarque, algo que contrastaba mucho con el clásico «patadón y para arriba» de la época. Poco a poco el público se fue acostumbrando a este fútbol más ordenado y en toda España se decía que el Atlético era el equipo que mejor jugaba en el mundo. Allá donde iban las entradas se agotaban, sobre todo para ver a Ben Barek, quien se convirtió en el primer futbolista negro de la historia en jugar en La Liga. Todos los estadios añadían una grada suplementaria cuando jugaban contra los colchoneros.

El franco-marroquí se crecía en los escenarios grandes, prueba de ello fue lo ocurrido en noviembre de 1950. La rivalidad entre el Real Madrid y el Atlético estaba más viva que nunca. En la última temporada (49-50) los colchoneros habían superado a los blancos en títulos de liga, era la tercera que ganaban mientras los merengues solamente tenían dos. Sin embargo, aquella campaña el Madrid había vencido 6-3 al Atlético en un partido de copa que Ben Barek se perdió por una lesión. Al franco-marroquí aquella derrota se le quedó grabada en el pecho.

Era el 12 de noviembre de 1950, y había un ambiente cargado de tensión en Chamartín. Ben Barek saltaba al campo ante casi setenta mil personas y ofreció una auténtica exhibición. El Atlético de Madrid ganó 3-6, Larbi anotó dos goles. Le había devuelto al Madrid el mismo resultado del año anterior, pero en casa y ante su gente. El resultado sigue siendo el más abultado de la historia del derbi madrileño. El Atlético ganó también la liga de 1950-1951, por lo que se puso por delante a dos títulos del Real Madrid.

Las llegadas de nuevos extranjeros al Madrid y al Barça cambiaron el panorama, Ben Barek ya tenía treinta y tres años y la plantilla del Atlético estaba muy envejecida. El

Barça de Kubala ganó las dos siguientes ligas y Larbi volvió al Olympique de Marsella a jugar su última temporada como profesional en 1954, ya con treinta y siete años.

Estuvo jugando hasta los cuarenta, cuando colgó las botas y dio sus primeros pasos como entrenador en Argelia. Su mujer, que había dejado su país para irse con Larbi a vivir a Marruecos, falleció muy joven. Él prometió que nunca más se volvería a casar, y así fue. Los últimos años de su vida los pasó en Marruecos, en lo más profundo del anonimato. Sus hijos ya eran mayores y se habían marchado de casa, la soledad le produjo una fuerte depresión que le acompañó hasta el día de su muerte. El 16 de septiembre de 1992, en una de las rutinarias visitas de uno de sus hijos, este se encontró el cuerpo de Ben Barek sin vida. No hubo días de luto ni grandes homenajes, en España nadie se afectó especialmente.

Durante varios años su recuerdo estuvo en pugna con el olvido, muchos de los aficionados que disfrutaron de su fútbol pasaron a una mejor vida. Pero la historia, a veces, tiene una manera de hacer justicia, de rescatar del olvido a aquellos que lo merecen. En 1998 la FIFA le otorgó la Orden del Mérito, una distinción concedida a figuras cuya influencia sirvió para cambiar la historia del fútbol. Aquel galardón puso de nuevo a Ben Barek en el imaginario colectivo. La historia se encargó de recordarle al mundo que el primer futbolista en llenar los estadios españoles no fue ni Di Stéfano ni Kubala, fue Larbi Ben Barek. Aquel Atlético de Madrid fue el precursor de un fútbol que sentó escuela en España, un fútbol de toque y orden. Se convirtió en un futbolista generacional que representó a los dos países de sus amores. Fue el mejor futbolista que jamás ha vestido la camiseta de Marruecos y un jugador generacional en la historia de Francia. Así lo definió el prestigioso escritor y periodista Pierre-Marie Descamps:

> Para mí, Ben Barek es el primer gran jugador del equipo francés. Es uno de los mejores jugadores de la selección de todos los tiempos: Ben Barek, Kopa, Platini y Zidane.

El tiempo se encargó de desenterrar los grandes hitos de Ben Barek, para devolverle el lugar que siempre mereció. Hoy, su nombre es sinónimo de talento y perseverancia. Un espíritu pionero que, con su juego, se atrevió a romper barreras y a abrir puertas para futuras generaciones. Larbi Ben Barek fue tan grande que llegó incluso a vencer a la muerte más triste de todas, la del olvido.

71

DE LAS CALLES A UN RÉCORD GUINNESS
Alireza Beiranvand

Alireza Beiranvand nació en una pequeña y pintoresca localidad al oeste de Irán llamada Sarab-e Yas. Allí, bajo el cielo despejado y las vastas llanuras, creció en el seno de una familia de pastores nómadas que se ganaban la vida criando su ganado. Desde muy joven, mientras recorría el país con sus padres, Beiranvand no se separaba de su pelota de trapo. Sus habilidades con el balón fueron desarrollándose en esos campos abiertos, donde el sueño de convertirse en futbolista profesional comenzó a tomar forma en su cabeza, a pesar de la férrea oposición del padre, quien prefería que siguiera la tradición familiar.

A los quince años, armado con una determinación sólida y unos pocos ahorros, Alireza se aventuró a Teherán en busca de una oportunidad para demostrar su talento. Sin embargo, al llegar a la ciudad deportiva del Naft, se encontró con un obstáculo imprevisto: le pidieron diez veces más dinero que el que había conseguido reunir con sus ahorros para realizar una prueba con el club de la capital. A pesar de esta adversidad, no se rindió. Pasó varios meses durmiendo a las puertas del Naft, esperando pacientemente a que alguien le diera la oportunidad soñada. Muchos le llegaron a confundir con un vagabundo y, de vez en cuando, le tiraban una moneda como limosna. Su persistencia al final dio frutos y, tras mucho esperar, le permitieron probarse en las categorías inferiores del club.

Así comenzó su trayectoria. Mientras se esforzaba en demostrar sus habilidades en el campo, también tuvo diferentes trabajos para mantenerse. Durante este tiempo fue repartidor de pizzas, mozo de almacén y barrendero; para él no había nada más importante que cumplir su sueño.

El arduo trabajo y la determinación de Beiranvand fueron recompensados en 2011, cuando debutó como profesional con el Naft. Desde ese momento, su carrera estuvo llena de logros impresionantes. Llegó a ser el portero titular de Irán en el Mundial de 2022, en el cual sus habilidades y su historia de vida inspiraron a muchos. En la fase de clasificación consiguió pararle un penalti al mismísimo Cristiano Ronaldo, lo que llevó a un histórico empate a uno ante la selección lusa.

En aquel torneo la selección de Irán se enfrentó no solo a desafíos deportivos, sino también a un contexto difícil debido a la delicada situación política de su país. Mahsa Amini, una joven de veintidós años, había fallecido bajo custodia policial tras ser arrestada por no llevar el velo en público. Las protestas tras aquel incidente dejaron cientos de muertes y encarcelamientos en Irán. Por eso, antes de su primer partido contra Inglaterra, los jugadores de la selección, impulsados por Beiranvand y el capitán Ehsan Hajsafi, realizaron una protesta silenciosa al negarse a cantar el himno nacional, en una clara muestra de apoyo a los manifestantes.

Además de su gran desempeño y faceta humana, Alireza se convirtió en el primer jugador iraní en ser nominado al Premio The Best de la FIFA. Aunque lo más sorprendente de su carrera es que Beiranvand logró entrar en el libro de los Guinness World Records al realizar un lanzamiento con el brazo de 61,26 metros. Para darle a este dato perspectiva hay que tener en cuenta que la distancia media a la que llega un portero sacando desde portería suele ser de unos 53 metros. Este notable logro lo consiguió en 2016 durante un partido de clasificación para la Copa del Mundo de 2018 contra Corea del Sur.

Superando las adversidades económicas y las condiciones sociales, Beiranvand no solo se convirtió en un ídolo de su país, sino también en un emblema de resistencia y esperanza para muchos. El récord Guinness y el gran reconocimiento internacional son tan solo una consecuencia de su talento y su insistencia a la hora de perseguir los sueños. El futuro pertenece a aquellos que perseveran después de que otros hayan renunciado.

72

EL DOLOR DE LA TRAICIÓN
Salvador Cabañas

Salvador Cabañas venía de anotar 29 goles en sus últimas dos campañas en Chile, en el Audax Italiano, cuando lo ficharon desde Jaguares de Chiapas, de México. El jugador paraguayo llegaba a una de las ligas más competitivas del momento con tan solo veintitrés años y un enorme futuro por delante. Las 61 dianas en tres temporadas provocaron que América lo fichara en el año 2006. A pesar de que los azulcremas estaban en horas bajas, su capacidad para encontrar la red fue inigualable. Dos veces máximo goleador de la Copa Libertadores, Salvador Cabañas acumuló más de noventa goles en cuatro temporadas. Así fue como se convirtió en el mejor jugador extranjero de la Liga Mexicana entre el 2006 y 2010.

La trayectoria ascendente de Salvador parecía destinada a la grandeza hasta la fatídica noche de enero de 2010. Con veintiocho años y en el mejor momento de su carrera, la vida de Cabañas se detuvo bruscamente. Mientras disfrutaba de una velada en un bar, un disparo a quemarropa le alcanzó la cabeza. El impacto fue tan devastador que estuvo en coma durante diez días. El país entero se paralizó y en muchos medios llegaron a temer por su vida. El diario *La Afición* publicaba:

> «Salvador Cabañas sigue grave.
> Los médicos se reservan en el pronóstico.
> La bala calibre 22 sigue en su cerebro».

Sin embargo, en un giro milagroso, como si Dios mismo hubiera intervenido, Salvador despertó del profundo coma, con lo que «marcó» así el gol más importante de su carrera. Aunque la bala que no logró apagar su vida le dejó secuelas físicas irreparables, y Salvador se vio obligado a retirarse del fútbol profesional a los treinta años y a 130 días del Mundial de Sudáfrica, en el que Paraguay conseguiría su mejor resultado histórico en la cita mundialista.

El destino todavía le tenía guardado otro giro cruel. En su momento de mayor vulnerabilidad, la mujer de Salvador puso fin a la relación, y su agente, al ver que ya no podría explotar su talento para ganar dinero, también lo dejó a su suerte. Ambos le robaron más de diecisiete millones de dólares, lo que dejó a Salvador en una situación económica sumamente frágil. Parecía como si el mismo Dios que le devolvió la vida lo hubiese olvidado y dejado a merced de la soledad y la traición. El dolor de ser abandonado por aquellos en quienes más confiaba se le clavó profundamente. Salvador tuvo que enfrentarse a la cruda realidad y aprendió que una traición nunca viene de un enemigo.

A pesar de todo, Salvador Cabañas consiguió reajustar su vida. Construyó un complejo deportivo cerca de Asunción donde, actualmente, invierte la mayor parte de su tiempo ayudando a los más jóvenes a crecer como futbolistas y, sobre todo, como personas. Cabañas se convirtió en un verdadero testimonio vivo de la resiliencia humana, pero en su camino tuvo que aprender una valiosa lección: la soledad más triste es aquella que se vive acompañado de las personas equivocadas.

73
EL ÚLTIMO ROMÁNTICO
Marco Reus

Lewandowski se marchó.
Gotze se marchó.
Hummels se marchó.
Aubameyang se marchó.
Gündogan se marchó.
Mkhitaryan se marchó.
Pulisic se marchó.
Dembelé se marchó.
Sancho se marchó.
Guerreiro se marchó.
Akanji se marchó.
Hakimi se marchó.
Witsel se marchó.
Haaland se marchó.
Bellingham se marchó.
Todos se fueron, pero Marco Reus siempre estuvo ahí.

74
CARAS NEGRAS

27 de mayo de 2001, minuto 68. El joven futbolista nigeriano Akeem Omolade acababa de hacer su debut con el Treviso en la Serie B. El equipo perdía 2-1 contra el Ternana. Nada más tocar el primer balón, varios miembros de su propia afición comenzaron a abuchearle y a imitar los sonidos de un mono.

Siete días después, sus compañeros del Treviso salieron al campo con las caras pintadas de negro. En el minuto 86, Omolade marcó el gol del empate para su equipo.

Quienes antes le silbaban ahora le estaban aplaudiendo.

75
LA TREGUA DE NAVIDAD

La Primera Guerra Mundial había comenzado aquel verano de 1914 y, para diciembre, los soldados en las trincheras ya estaban agotados. En Ypres, Bélgica, los combatientes alemanes comenzaron a decorar sus trincheras con árboles de Navidad y a cantar villancicos. Pronto, los británicos respondieron con sus propias canciones. Lo que empezó con cánticos se transformó en intercambios de saludos y, finalmente, los soldados de ambos bandos se aventuraron a salir de las trincheras aquel 25 de diciembre, sobre la fría y húmeda tierra de nadie, un territorio no ocupado entre las primeras líneas de los ejércitos enfrentados, un lugar desolado que solo conocía el silencio de la muerte.

Ingleses, franceses y alemanes reían y se daban la mano, olvidando por unos instantes los horrores de la guerra. Los enemigos se convirtieron en seres humanos que compartían un mismo deseo: la paz. Se intercambiaron regalos simples como cigarrillos, chocolates y alcohol. No se sabe de dónde salió, pero en aquel vasto lugar apareció un balón de fútbol.

Los soldados se entremezclaban entre ellos, jugaban partidos de fútbol improvisados, no tenían árbitros ni reglas estrictas; solo con el deseo compartido de olvidarse por un momento del conflicto. En breves instantes, el fútbol no fue solo un juego, sino un acto de resistencia pacífica, una declaración de que la humanidad puede prevalecer incluso en las circunstancias más inhumanas.

Cuando la noticia de aquella tregua improvisada llegó a los oídos de los altos mandos, estos ordenaron a todos los soldados volver a sus filas. Al día siguiente, el 26 de diciembre, aquellos que habían estado jugando al fútbol juntos se mataban entre ellos.

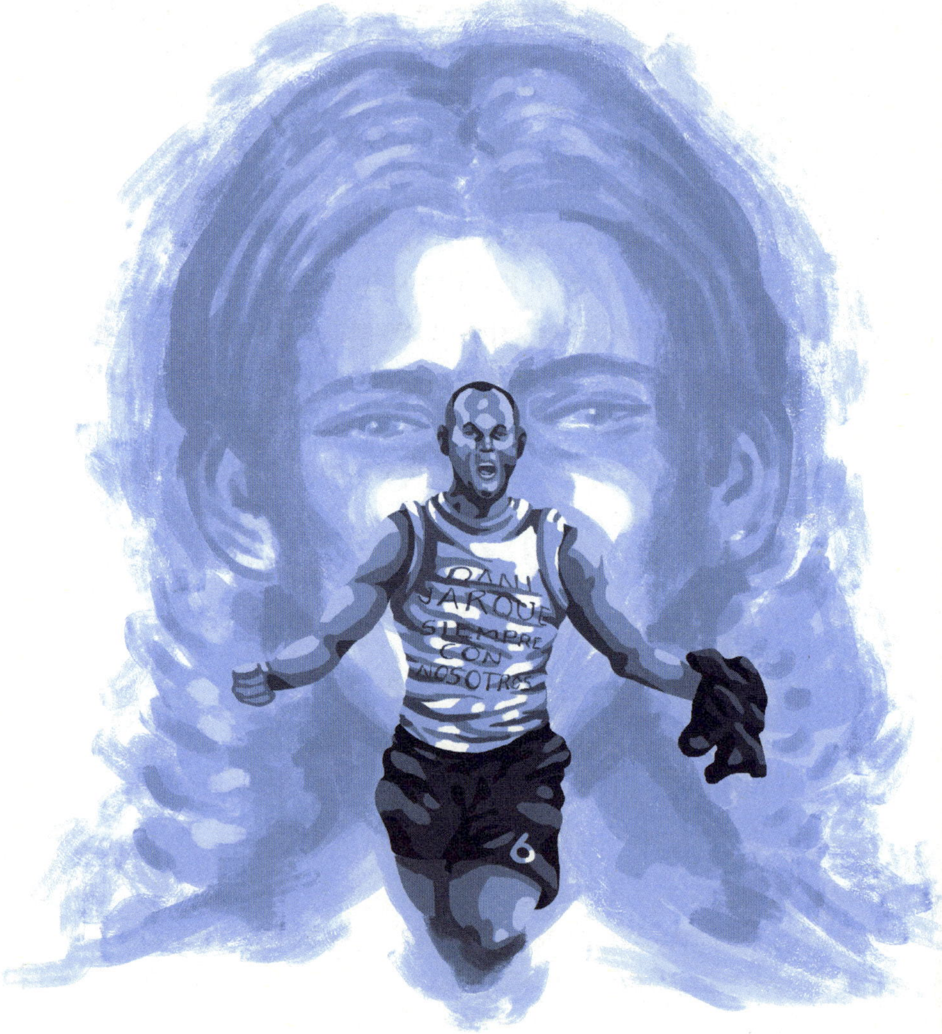
DANI
JARQUE
SIEMPRE
CON
NOSOTROS
6

76

UNA AMISTAD ETERNA
Andrés Iniesta y Dani Jarque

Cuando uno empieza una nueva amistad empieza una nueva vida. Así fue para Andrés Iniesta y Dani Jarque, dos jóvenes que, desde pequeños, compartieron no solo la pasión por el fútbol, sino también una conexión profunda y eterna.

Apenas se llevaban un año de diferencia cuando se conocieron en 2001, en las categorías inferiores de la selección española. Andrés, menor que Jarque, destacaba por ser el más virtuoso de los dos. Un volante único, talentoso, mágico… Qué os voy a decir yo de Iniesta. Jarque, robusto y contundente, era una roca defensiva. Era curioso ver cómo dos talentos tan distintos congeniaban tan bien. Uno era de pocas palabras y el otro las tenía para regalar. Uno era frío como el hielo y el otro estaba cargado de pasión. Uno defendía los colores del Barça y el otro los del Espanyol. Su relación floreció más allá de las rivalidades deportivas.

Ambos sabían lo que significaba sacrificarse por el fútbol, lidiar con la presión y enfrentar las incertidumbres del futuro. Compartían sueños, miedos y diversiones. Así fueron creciendo a lo largo de los años.

En la Eurocopa Sub-19 de 2002 alcanzaron la gloria juntos. Iniesta recibió el balón en banda izquierda y, tras un preciso pase al hueco, Torres consiguió anotar el gol de la victoria. Andrés y Dani levantaron su último título juntos.

El tiempo fue pasando y cada uno continuó su propio camino. Iniesta siguió deslumbrando con su talento. Lo convocaron en la selección absoluta para disputar el Mundial de 2006 y se convirtió en campeón de Europa en 2008. Un año después, Andrés ya lo había ganado todo: tres ligas, una Copa del Rey y dos Copas de Europa. Este último año había conseguido levantar el triplete, con momentos estelares como cuando marcó su mítico gol en Stamford Bridge.

Por otro lado, Jarque se había convertido en un ídolo del Espanyol. Ganó la Copa del Rey en 2006 y llegó a la final de la Copa de la UEFA (actual Europa League) en 2007. En julio de 2009, a sus veintiséis años, Mauricio Pochettino le otorgó el brazalete de capitán.

Aunque sus caminos parecían estar separados, Iniesta y Jarque habían conseguido mantener su relación a lo largo del tiempo. Cada uno definía al otro como su «mejor amigo».

Iniesta había llegado a la final de la Champions 2009 ante el Manchester United con molestias en la pierna derecha. Los doctores le habían recomendado no chutar el balón y jugar mediante pases para no agravar una posible lesión. Sin embargo, decidió jugar y acabó provocándose una rotura en el recto anterior del muslo derecho. Venía de una mala racha con las lesiones y, durante las vacaciones, poco a poco fue sumiéndose en una profunda crisis mental. Su cuerpo respondía en el campo, pero su cabeza parecía estar en otra parte. «Te encuentras mal y la gente que te rodea no lo entiende. Y el Andrés que todo el mundo conoce se está quedando vacío por dentro. Eso es duro, muy duro», confesó en su autobiografía, *La jugada de mi vida: Memorias*.

Al llegar la pretemporada, Iniesta volvió a dañarse la pierna que se había lesionado con anterioridad. Los fantasmas de su cabeza le habían impedido recuperarse del todo. Aquellas molestias le tuvieron otros quince días entrenando al margen del grupo. De nuevo solo, de nuevo luchando contra sí mismo. Los doctores empezaron a trabajar con él para encontrar una solución a su malestar y a su lesión. Y cuando parecía estar por llegar al final de ese pozo cargado de oscuridad, de repente todo cambió.

El último día de la pretemporada en Estados Unidos, el 8 de agosto de 2009, Puyol entró en la habitación de Iniesta y le dijo:

«Me ha llamado Iván,
Dani ha muerto».

Durante la pretemporada del Espanyol en Italia, Jarque se encontraba hablando con su novia por teléfono cuando, de pronto, ella escuchó un fuerte golpe y Dani enmudeció.

Su pareja, asustada, llamó rápidamente a varios miembros de la plantilla, entre ellos, a Iván de la Peña. Al entrar en la habitación, se encontraron a Dani tirado en el suelo. Había sufrido un infarto. Las asistencias que se trasladaron al hotel no pudieron hacer nada para salvarle la vida.

Al enterarse de la noticia, Andrés se descompuso por completo. Su corazón se destruyó en mil pedazos y la depresión lo volvió a hundir, esta vez hacia un pozo todavía más oscuro, todavía más hondo. No sabía encontrarle una explicación al vacío que sentía y ni la razón de por qué la vida se había llevado a su mejor amigo.

Tuvo que afrontar la nueva campaña con un vacío enorme en su interior. Se perdió los primeros cinco partidos de la temporada por lesión. Tras su vuelta, Iniesta parecía un jugador completamente diferente. El dolor de su interior se estaba encargando de tapar su brillo.

Entre diciembre de 2009 y marzo de 2010, Andrés sufrió otras dos lesiones. Nunca antes en su carrera había tenido una racha así. Era un círculo vicioso que lo castigaba poco a poco: si no estaba bien mentalmente era más propenso a las lesiones y, cada vez que se lastimaba, la depresión le hundía todavía más.

El fisio del Barça de aquel entonces, Emili Ricart, trabajó mano a mano con él en sus peores momentos. Le intentaba hacer ver que tenía una buena familia, un buen trabajo y una buena vida. Sin embargo, nadie más aparte de él podía entender su dolor.

Volvió a hundirse todavía más en abril de 2010. Durante un entrenamiento dos meses antes del Mundial, Iniesta se desgarró el isquion derecho al chutar el balón. Nada más sentir el dolor, se apartó del grupo, se fue a una esquina y empezó a llorar. Se había desgarrado algo más que un músculo. Nadie podía ayudarlo. Él mismo se había rendido ante las sombras. Lloraba solo, y pensaba que no estaba completamente vivo.

A pesar de las dudas de una posible recaída, Vicente del Bosque decidió convocarle para el Mundial de 2010. Una pequeña luz, muy lejana, se encendió dentro del oscuro pozo en el que Iniesta estaba metido. El Mundial se había convertido en una pequeña esperanza, en algo a lo que agarrarse.

Emili Ricart le preparó un pequeño vídeo motivacional, donde se mostraba a otros deportistas como Federer o Fernando Alonso tocando fondo para luego volver a levantarse. Al final de la pieza, el fisio del Barça añadió la imagen de la lesión que Andrés sufrió un año atrás ante el Basilea y que culminó con el gol ante el Chelsea en semifinales. Aquello despertó todavía más la esperanza que había en su interior.

El 16 de junio de 2010, Iniesta consiguió entrar en el once titular del primer partido del Mundial. A pesar de tener el dominio de la posesión, Suiza no lo puso nada fácil. Ni la astucia de Villa ni la magia de Iniesta, Silva y compañía pudieron sobrepasar la portería de Benaglio. Un gol lleno de fortuna puso por delante a los suizos en el 52 y España no supo cómo reaccionar. En el minuto 75, Iniesta sufrió una fuerte entrada de Lichtsteiner, la luz que se había formado en su interior volvió a apagarse de golpe. Los dolores del isquiotibial habían aparecido de nuevo.

En los cinco días de descanso entre el partido de Suiza y Honduras, Iniesta volvió a tocar fondo. Aunque la vida siempre te cambia en algún momento, por algo o por alguien. Raúl Martínez, fisio de la selección, fue su ángel de la guarda. En una de sus muchas sesiones de trabajo muscular, Raúl le dijo: «Andrés, esto es como acaba». Aquella esperanza volvió a hacerse un poquito más grande. Las palabras de Raúl y el vídeo de Ricart lo comenzaron a motivar.

Villa había levantado la moral con un doblete ante Honduras. Los del Bosque llegaban al último partido ante Chile con la necesidad de ganar. Iniesta volvía a ser titular, con una motivación y una confianza que parecía tratarse de un futbolista nuevo. Villa puso por delante a La Roja con un golazo desde los cuarenta metros de distancia. Todo cambió en el minuto 37. Después de una triangulación preciosa, Iniesta anotó el segundo tanto en el marcador. Su cara de incredulidad lo decía todo. Abrió los brazos y le dio una patada al banderín, que le sirvió para quitarse de encima toda la energía negativa. Hay un antes y un después tras ese gol, Andrés volvió a ser Andrés, Iniesta volvió a ser Iniesta.

Todo había cambiado, el equipo volvía a funcionar y él también. La luz de su interior comenzaba a hacerse cada día más grande. Villa apareció ante Portugal, Casillas ante Paraguay y Puyol ante Alemania. España pasó de fase con el equipo funcionando a la perfección. Cada victoria era una dosis de alegría para Iniesta. Su mejor versión había vuelto y la esperanza de levantar la primera Copa del Mundo estaba más viva que nunca.

El 11 de julio de 2010, en el estadio Soccer City de Johannesburgo, España se preparaba para enfrentarse a Holanda en la final. Desde el pitido inicial, el partido fue una batalla de voluntades. Holanda buscaba desestabilizar a los españoles con un juego físico y agresivo. Iniesta y compañía seguían fieles a su estilo. En los primeros minutos España atacó con fluidez, pero rápidamente los neerlandeses cortaron el ritmo del juego. Una escalofriante patada de De Jong sobre el pecho de Xabi Alonso fue el inicio de una carnicería pocas veces vista en una final de la Copa del Mundo. Ocho de los once futbolistas de los Países Bajos acabaron el partido con amarilla. Era sorprendente ver cómo un equipo con jugadores tan talentosos, Sneijder, Van der Vaart, Kuyt o Robben plantearon un partido tan sucio.

Pero todo cambió en el minuto 61. Sneijder filtró un balón al hueco que sorprendió a Puyol y a Piqué. Robben se plantó solo ante el portero, pero Casillas desplegó sus alas de ángel. Una parada mágica, que disipó todos los miedos y las dudas que tenían los jugadores de España. Jugar una final del Mundial es como poner los pies al borde del abismo: te salvas o la caída te dejará un dolor imposible de olvidar. Casillas hizo trizas ese miedo y despertó a sus compañeros con una parada cargada de personalidad.

El tiempo reglamentario se agotaba, y la prórroga comenzó. El cansancio se hacía evidente en los rostros de los jugadores. Hasta que en el minuto 116, Jesús Navas comenzó una carrera larga por la banda derecha. Tras un rebote, el balón le cayó a Iniesta, que jugó de tacón hacia Fábregas. Cesc volvió a encontrar a Navas y este jugó con Torres. El niño falló un centro que le cayó de nuevo a Fábregas. Este vio a Iniesta solo, como si Dios lo hubiera querido ahí. Estaba en el momento y en el lugar perfectos. Jarque lo miraba desde el cielo. El balón llegó hasta su pierna derecha y la vida avanzó a cámara lenta. No hubo lugar para las dudas, todas las inseguridades de la temporada y todo el dolor se desvanecieron. El mundo entero se silenció durante una fracción de segundo. Andrés Iniesta chutó y marcó, y escribió un nuevo capítulo en la historia del fútbol. Corrió hacia el córner quitándose la camiseta. Había otra debajo con un mensaje escrito:

«**Dani Jarque siempre con nosotros**».

En medio de la euforia y las celebraciones, Iniesta decidió unir el cielo y la tierra, y llevó a su amigo consigo en el momento de mayor gloria de su carrera. Fue una declaración al cielo gritándole que el espíritu de Dani Jarque vivía dentro de él. Andrés quiso fijar ese momento para siempre. Convirtió en eternidad a su mejor amigo. España, por primera vez, levantaba la Copa del Mundo.

Desde el fútbol, Iniesta encontró una manera de honrar la memoria de su amigo y de sanar su propio corazón. Su camino, hasta la final, estuvo lleno de desafíos y de un gran dolor. Los problemas de salud mental, las lesiones y la pérdida estuvieron a punto de acabar con su carrera. Pero Jarque, desde el cielo, fue el encargado de mantener siempre un poco de luz en el corazón de Andrés. Su espíritu estuvo presente en cada pase, en cada gol y en cada momento de incertidumbre.

Así fue como Iniesta le mostró al mundo que el amor y la memoria pueden convertirse en las fuerzas más poderosas. Nos demostró que no hay corazón en este mundo que no pueda ser sanado por una bonita amistad.

ns y poderes ocultos se entrelazan con la vida cotidiana.

77

EL PORTERO DE LA GORRA EMBRUJADA
Robert Mensah

Durante siglos, en África, la brujería y las creencias sobrenaturales han sido una parte integral de la cultura. En cada rincón del continente, las historias de espíritus, maldiciones y poderes ocultos se entrelazan con la vida cotidiana. No es de extrañar que el fútbol se impregne de muchos de estos elementos. Hubo un legendario portero ghanés que se convirtió en un icono popular no solo por sus habilidades en el terreno de juego, sino por una peculiaridad que lo hacía destacar en cada partido: una gorra embrujada.

Nacido en 1939 en Ghana, desde joven Robert Mensah mostró una habilidad innata para el fútbol. Su agilidad, sus reflejos y su valentía en el arco lo hicieron destacar en el Misterious Dwarfs ('enanos misteriosos'). Pero fue su paso por el Asante Kotoko, uno de los clubes más grandes de Ghana, lo que lo catapultó a la fama. Durante la década de 1960, Mensah se consolidó como uno de los mejores porteros de África, hasta llevar a su equipo a múltiples victorias, además de desempeñar un papel crucial en la selección nacional de Ghana.

Sin embargo, lo que realmente distinguió a Robert Mensah no fue solo su habilidad como portero, sino la gorra que llevaba en cada partido. En el lecho de muerte, su abuelo, que fue brujo durante toda su vida, se la dejó en herencia al joven Mensah. Desde entonces Robert la usó en todos los partidos que jugó. Tal gorra, que se convirtió en su sello distintivo, fue para muchos un talismán, una protección mística que le daba poderes especiales en el campo. Los oponentes más supersticiosos creían que la gorra estaba embrujada, y algunos afirmaron que les impedía marcar goles cuando él la llevaba puesta. Mensah alimentaba este mito, sabía que el temor de sus rivales podía ser una ventaja psicológica tan poderosa como cualquier habilidad física. Sus rápidos reflejos y el miedo de los delanteros ante el embrujo de su gorra lo convirtieron en el mejor jugador del país, un provocador lleno de carisma. Uno de esos jugadores rebeldes que tanto nos gustan. Cuando su equipo atacaba, él se sentaba en el palo a leer el periódico o bostezaba de manera exagerada para provocar a la afición rival. Por todo ello su país lo amó, y resto del continente lo odió.

Tras una de las dolorosas derrotas del Kotoko, los dirigentes del club obligaron a Mensah, estrella del equipo, y a Osei Kofi, capitán, a que se tragaran una moneda cada uno para limpiar espiritualmente la imagen del equipo. Lo hicieron en público. Kofi escuchó a un sacerdote allí presente que al ingerir aquellas monedas recibieron una maldición y que, con el tiempo, uno de los dos moriría, pero aquello solo fue habladuría.

La realidad es que ambos siguieron haciendo una buena carrera en el Kotoko. En este club lograron una histórica final de la Champions africana ante el TP Englebert, un poderoso equipo de Zaire (hoy República Democrática del Congo), que ya había ganado la competición en 1967 y 1968. Era una final muy esperada, ya que ambos equipos eran considerados los mejores de África en ese momento.

El partido de ida se jugó en Kumasi, Ghana, donde el Asante Kotoko tenía la ventaja de la localía. Fue un encuentro tenso y disputado, en el que Robert Mensah demostró por qué era considerado el mejor portero del continente. Con su gorra como amuleto, Mensah realizó una serie de paradas espectaculares y frustró cada uno de los intentos de los atacantes del TP Englebert. El partido concluyó en un empate 1-1.

El de vuelta se jugó en Kinshasa, Zaire, en un ambiente hostil para los ghaneses. Se rumoreaba que los locales habían sobornado al árbitro para intentar ganar el partido. Cuando el Kotoko estaba celebrando su victoria por 1-2, en los últimos segundos del partido, el colegiado pitó un injustificable penalti en contra. Mensah enfureció y para más inri, el colegiado le obligó a quitarse la gorra si no quería ser expulsado. Robert se la quitó y con ella en las manos tocó los dos palos y el larguero, como si pasara el hechizo de su gorra a la portería que debía proteger. Era la última jugada del partido, el Kotoko podía conseguir la primera Liga de Campeones de su historia y Mensah lo sabía. Mientras el jugador del Englebert colocaba el balón en el punto de penalti, Robert gritaba sin descanso que ahora la portería también estaba embrujada. El jugador local mandó el balón por las nubes. Robert Mensah acababa de hacer campeón de África al equipo de su vida por primera vez. Quizá la maldición fuese cierta.

La vida de Robert Mensah, llena de supersticiones y grandeza, fue breve. En octubre de 1971, apuñalaron a Mensah en un bar en Tema, Ghana, tras una discusión que acabó en riña. Un final abrupto y doloroso para un hombre que había alcanzado la cima del fútbol africano. Se confirmaba así la maldición que su compañero de equipo Osei Kofi le había escuchado a aquel sacerdote. La noticia de su muerte conmocionó a Ghana y al mundo del fútbol, y su gorra, signo de su poder, fue enterrada junto a él, y así se selló para siempre el enigma de su leyenda.

Tal vez como en todas las historias de brujería, el poder de Mensah tenía un precio. El destino le reservó un final tan misterioso y trágico como la magia que se le atribuía. Así dijo adiós uno de los mejores porteros de la historia de África, entre profecías y supersticiones.

78

¿CÓMO GANAR EL PARTIDO DE TU VIDA?
Justin Fashanu

Amo el fútbol.

Siempre estuvo a mi lado desde que era pequeño, como un amigo fiel que sabes que estará contigo para toda la vida. Pero como todo en este mundo, también tiene su cara oscura. El fútbol, aunque cada vez menos, sigue siendo un deporte cargado de complejos, estereotipos y crueldad. Un amigo fiel pero inmaduro.

A Justin Fashanu le tocó vivir la cara más inhumana del fútbol. Era negro y homosexual. Su mayor castigo fue jugar bien con los pies.

Nacido el 19 de febrero de 1961 en Hackney, Londres, Fashanu fue uno de los cinco hijos de un inmigrante nigeriano y una madre guyanesa. Tras su divorcio, abandonaron a Fashanu y a su hermano pequeño en un orfanato. Las vidas de los pequeños cambiaron drásticamente cuando los enviaron a un hogar de acogida y, luego, una pareja blanca de Norfolk los adoptó. Bajo el seno de su nueva familia, Fashanu pudo encontrar una infancia más estable, y comenzó a jugar al fútbol en las calles del barrio. A sus diecisiete años, su velocidad y enorme capacidad para el gol hicieron posible que lo fichara el Norwich City. Su talento era innegable y pronto se convirtió en uno de los jugadores más prometedores del primer equipo. En 1980, marcó un gol espectacular contra el Liverpool, que fue reconocido como el «gol de la temporada» por la BBC. Ese tanto solo fue uno de los 35 goles que anotó en sus primeros cien partidos con los Canaries. Con diecinueve años, Fashanu ya era considerado como uno de los mejores delanteros de la liga inglesa y una de las mayores promesas del mundo.

Tanto es así, que, en 1981, Fashanu hizo historia al convertirse en el primer jugador negro en ser transferido por un millón de libras. Lo hizo fichando por el Nottingham Forest de Brian Clough, que venía de ganar las últimas dos Copas de Europa. Sin embargo, su rendimiento no fue el esperado. Las expectativas creadas con apenas veinte años y el coste de su fichaje pusieron sobre él una gran presión.

Todo empeoró cuando la prensa inglesa publicó que Fashanu solía frecuentar algunos locales nocturnos populares entre los homosexuales. Su relación con el controvertido Brian Clough pasó a ser más tensa que nunca. Clough, conocido por su actitud irrespetuosa y sus comentarios fuera de lugar, confrontó a Fashanu, lo que propició todavía más los rumores a propósito de su homosexualidad. Esta situación creó un ambiente hostil que afectó gravemente su rendimiento tanto en lo individual como en conjunto.

Tras hacerse eco de lo que sucedía, aparte de apuntar hacia su orientación sexual, la afición comenzó a propinarle cánticos racistas en cada partido. La situación se volvió insostenible y, tras anotar solamente tres goles aquella temporada, el club lo acabó cediendo al Southampton.

Lejos de los insultos y las discrepancias con su entrenador, Fashanu volvió a encontrar la senda del gol. Tres dianas en los primeros nueve partidos de liga provocaron su fichaje por el Notts County en el mercado invernal. Siguió marcando goles y recuperando las sensaciones de épocas pasadas. Había conseguido mantener una cierta estabilidad deportiva y mental. Su nueva afición le quería y sus compañeros no se metían con él. Aquello le ayudó a ganar confianza y confesó su homosexualidad a varios de sus compañeros de equipo. No obstante, las sombras del pasado le seguían atormentando. Había revelado su secreto y el temor al rechazo lo llevó a buscar consuelo en la Iglesia evangélica. Se encontró con un dogma que lo empujaba a dejar de lado su orientación sexual, una religión que le decía que ser gay era pecado. Tanto es así que Fashanu intentó mantener relaciones sexuales con mujeres, sin éxito.

Todas estas confusiones mermaron su gran momento deportivo. Pero se hundió todavía más cuando el 31 de diciembre de 1983, en un partido de liga ante el Ipswich Town, Fashanu sufrió una grave lesión de rodilla que lo llevó a plantearse la retirada con tan solo veintitrés años.

El Notts County se desprendió de él y recaló en el Brighton, donde apenas jugó un partido en año y medio. El club lo dejó libre al terminar el contrato: solo tenía veintisiete años. Fue entonces cuando decidió poner rumbo a Estados Unidos, para someterse a una operación de rodilla. Allí, Justin volvió a reencontrarse con la senda del gol jugando para Los Angeles Heat y los Edmonton Brickmen. En 1989 regresó a casa, donde el Manchester City le esperaba con un contrato. En ese momento, empezó su caída deportiva sin rumbo fijo. En aquella temporada jugó hasta en cinco equipos distintos. Tras un mes con los Sky Blues, se marchó al West Ham. Estos prescindieron de él y, en diciembre de ese mismo año, Fashanu probó fortuna en el Ipswich Town. Y tras otro paso frustrado por el Leyton Orient y un breve tránsito por Canadá, acabó la temporada en el Southall, de la segunda división inglesa.

Mientras su carrera caía en picado, su vida personal se tornaba más complicada. En 1990, Justin se declaró abiertamente homosexual en una entrevista con el periódico *The Sun*. Un acto de valentía que lo expuso a una implacable persecución mediática y a un aislamiento casi total en el mundo del fútbol.

«Estrella futbolística de un millón de libras: SOY GAY.»

Ese fue el titular que el diario publicó aquel día. La palabra *gay* ocupaba la mitad de la página. La reacción de la comunidad futbolística y de su propia familia fue devastadora. Su hermano John, también futbolista profesional, se distanció públicamente de él y llegó a decir que nadie contrataría a su hermano mayor.

Desde entonces, Fashanu estuvo dando tumbos por equipos pequeños de Inglaterra, Canadá, Estados Unidos, Escocia, Suecia y Nueva Zelanda. En 1997 decidió colgar las botas y se marchó a Maryland, Estados Unidos, en busca de una nueva vida. Comenzó a entrenar a un equipo de niños del Maryland Mania, pero fue expulsado cuando se enteraron de su preferencia sexual. En Maryland fue acusado de violación a un joven de la ciudad. Fashanu estaba convencido de que aquella denuncia había sido premeditada en busca, quizá, de dinero. Aunque la policía decidió cerrar el caso por falta de pruebas, Fashanu entró en pánico y volvió a Londres. De nuevo en su país, el ya exfutbolista buscó ayuda, pero ni sus antiguos compañeros ni su hermano pequeño John se la dieron. Nadie quería escucharle.

El 3 de mayo de 1998 decidió quitarse la vida ahorcándose en un oscuro almacén de Londres. Junto a su cuerpo sin vida dejó una nota:

> Me he dado cuenta de que ya he sido condenado como culpable antes de comenzar el juicio. Yo no he abusado nunca de aquel joven. Sí, tuvimos sexo, pero basado en el consentimiento mutuo. A la mañana siguiente él me pidió dinero y, cuando le dije que no, me respondió «espera y verás». Ya no quiero ser más una vergüenza para mis amigos y mi familia. Espero que el Jesús que amo me acoja. Finalmente encontraré la paz.

Veintiséis años después de la trágica muerte de Justin Fashanu, su sombra aún se proyecta sobre el fútbol europeo. Ningún otro jugador de las cinco grandes ligas ha encontrado el valor o el respaldo necesario para hacer pública su homosexualidad. Solo Jakub Jankto, cuando estaba cedido por el Getafe en la República Checa, se atrevió a decir abiertamente que era gay.

El fútbol es un deporte que, aunque ha avanzado en muchos aspectos, sigue retenido por los grilletes de la homofobia y el miedo. En los estadios aún existe un silencio opresivo, un tabú no hablado que invisibiliza a aquellos cuya verdad personal permanece oculta. Fashanu fue el primer héroe de muchos, aunque el tiempo parece haber borrado su recuerdo, su lucha. Por eso escribo este libro, para que el cambio que un día intentó comenzar no caiga en el cajón del olvido. Ahora parece que mientras el balón sigue rodando, el fútbol está a la espera de un nuevo pionero, alguien que, con la misma valentía de Fashanu, pueda romper las cadenas de la intolerancia. Quizá entonces, para muchas personas, ser futbolista y homosexual dejará de ser un castigo.

79

EL PARTIDO DE LA MUERTE
FC Start

Al final de la primera mitad, ganaban 3-1. El fútbol estaba a punto de hacer tambalear los cimientos del nazismo en Ucrania. Aquello era más que un simple partido. Varios oficiales de las SS entraron al vestuario con un mensaje claro para los jugadores: «Si ganáis, moriréis».

En junio de 1941, las fuerzas nazis invadieron la Unión Soviética en una operación conocida como Barbarroja. Kiev, la capital de Ucrania, cayó en manos alemanas a finales de septiembre de ese año. La ocupación nazi trajo consigo una brutal represión. Como es lógico, la liga nacional se disolvió y a la mayoría de los futbolistas los convocaron a combatir en el frente.

El país se sumió en una pobreza sin precedentes y tener un empleo se convirtió en un milagro. Varios de los habitantes de la ciudad utilizaban la panadería estatal número 3 como punto de reunión para colgar anuncios de trabajo y buscar empleo. Fue allí donde Iosif Kordik, dueño de la panadería y aficionado del Dinamo de Kiev, vio entrar a Mykola Trusevych, portero del equipo de sus amores. Kordik no dudó en ofrecerle un puesto en la panadería y rápidamente forjaron una buena amistad.

En 1942, el ansia por volver a jugar al fútbol llenó a ambos de motivación y decidieron montar un equipo que representase a la panadería. Mientras Kordik se ocupó de conseguir material de juego, como botas o balones, Trusevych se propuso reunir a sus antiguos compañeros de equipo, al menos a los que aún siguieran vivos. Lo consiguió. El primero al que reclutó fue a su amigo del Dinamo, Makar Goncharenko y, a partir de ahí, todo fue más fácil.

Finalmente encontraron a ocho jugadores del Dinamo de Kiev y tres del Lokomotiv de Kiev, su histórico rival, para formar el nuevo equipo de la panadería: el Fútbol Club Start.

A pesar de los signos de desnutrición y de unas condiciones de salud bastante paupérrimas, el Start arrasó en su debut en liga. Ocurrió el 7 de julio de 1942 ante un equipo formado por una guarnición de soldados húngaros. Vencieron 7-2. En los ocho partidos registrados oficialmente, los ucranianos anotaron 52 goles a favor y tan solo recibieron 9 en contra.

El FC Start comenzó a jugar partidos amistosos en Kiev, en los que se enfrentó a otros equipos formados por soldados húngaros, rumanos y colaboradores alemanes, así como a otros equipos locales que habían surgido bajo la ocupación. A pesar de las terribles condiciones en las que vivían, los jugadores del FC Start comenzaron a ganar todos sus partidos, al mostrar una habilidad y un espíritu que rápidamente los convirtieron en héroes locales. Inspiraban esperanza y eran un oasis de felicidad en medio de una época lúgubre. Y mientras el Start seguía ganando, el sentimiento nacionalista ucraniano crecía de manera paulatina.

La racha de victorias del FC Start no pasó inadvertida para las autoridades nazis. Para ellos, el fútbol era una herramienta de propaganda, una forma de demostrar la superioridad del régimen sobre los pueblos ocupados. Las victorias del FC Start representaban una provocación para los alemanes y un peligro notorio para la estabilidad del nazismo en Ucrania.

Aun así, el conflicto se agravó el 6 de agosto de 1942. Ese día el Start venció con facilidad al Flakelf, un equipo formado por miembros de élite de la fuerza aérea nazi a los que vencieron por un contundente 5 a 1. Aquella humillación contra el Tercer Reich hizo que el Start pasara a ser asunto de Estado: una amenaza que debía atajarse.

El 9 de agosto de 1942, se convocó al FC Start para jugar un partido de revancha contra el Flakelf. Se jugó en el Estadio Zenit de Kiev, bajo una atmósfera tensa, amenazante y con un oficial de las SS como árbitro. Los jugadores del FC Start sabían que no se trataba de un simple partido, eran conscientes de la importancia más allá del campo del encuentro. El pueblo ucraniano, sumido en las condiciones precarias como consecuencia de la guerra, tenía la vista puesta en el terreno de juego, pero había un problema: ganar podía significar la muerte.

Antes del partido, los jugadores del FC Start recibieron una visita en el vestuario: se trataba de un oficial nazi, quien les sugirió «amablemente» que dejaran ganar al equipo alemán. Los jugadores sabían que estaban en una situación delicada, pero también que su dignidad y la esperanza del pueblo de Kiev estaban en juego. Cuando salieron al campo, no solo llevaban su uniforme desgastado, sino también el peso de la resistencia ucraniana.

El partido dio inició y, como se esperaba, los alemanes jugaron de manera agresiva, con la intención de intimidar a los jugadores ucranianos. Patadas en la tibia, agarrones y decenas de artimañas que, por supuesto, no tuvieron consecuencias. El portero, Trusevych, recibió un puntapié salvaje en la cabeza por el que quedó aturdido para el resto del partido, hecho que aprovechó el Flakelf para anotar el primer tanto. Sin embargo, el FC Start no se dejó amedrentar. A pesar de las amenazas, los jugadores desplegaron todo su talento, hasta conseguir un marcador favorable de 3-1. La tensión en el estadio era palpable, sobre todo en el palco donde se sentaban las fuerzas del régimen nazi.

En el medio tiempo, varios miembros de las SS bajaron al vestuario y les explicaron bien claro que, si no se dejaban ganar, pondrían en peligro sus vidas. Hubo varios segundos de silencio entre los jugadores, pero todos sabían cuál era el propósito de aquel partido.

En la segunda mitad, el Flakelf intensificó el juego sucio, pero los jugadores del FC Start, que estaban movidos por un sentido de orgullo y resistencia, continuaron dominando el partido. En un momento, Alexei Klimenko, uno de los defensas del Start, dribló a varios defensores alemanes, incluido el portero y, en lugar de marcar, lanzó el balón en dirección al palco de las SS y se quedó mirando fijamente a todos los oficiales nazis. Este gesto fue toda una declaración de resistencia, un recordatorio de que la dignidad era más importantes que cualquier amenaza.

El FC Start ganó el partido 5-3 y, como era de esperar, esa victoria selló su destino. Poco después del encuentro, arrestaron a los jugadores del equipo, lo hizo la Gestapo. Torturaron y ejecutaron a varios de ellos, mientras que a otros los enviaron a campos de concentración, donde muchos murieron, como fue el caso del guardameta Trusevych. Solo tres jugadores del Start sobrevivieron para contar la historia de su heroica resistencia: Fedir Tyutchev, Mikhail Sviridovskiy y Makar Goncharenko.

La historia del FC Start es una poderosa lección sobre la dignidad humana y la indoblegable voluntad de libertad frente a la opresión. Aquellos once jugadores, que sabían que arriesgaban sus vidas, se negaron a arrodillarse ante un régimen cruel y despiadado. La valentía no radica en esconder el miedo, sino en tomar acción a pesar de él. El coraje de aquel equipo fue más allá del deporte y se convirtió en motor de esperanza para todos aquellos que vivieron bajo las sombras de la guerra.

El FC Start será recordado no solo como un equipo de fútbol, sino como un símbolo de la resistencia y la lucha del pueblo ucraniano por la libertad. En el momento de la publicación de este libro, en Kiev, aislada en la penumbra de otra guerra, un monumento en el estadio Zenit honra la memoria de aquellos valientes jugadores que encontraron una forma de luchar por su país y su gente, que dejó un legado imborrable en la historia del deporte y la humanidad.

80
NO LE DIGAS «TE QUIERO»

No le digas «te quiero», mejor dile:

Eres perfecta, como la volea de Zidane,
la chilena de Cristiano
o el penal de Matías.

Elegante, como los pases de Pirlo,
los regates de Messi
o los toques de Román.

Emocionante, como el gol de Iniesta,
el cabezazo de Ramos
o el penalti de Montiel.

Valiente, como Gatuso en el Milan,
como el Cholo en el Atleti
o como Luka en el Mundial.

Alegre, como la sonrisa de Ronaldinho,
los chistes de Joaquín
o las gambetas de Neymar.

Prometo serte fiel como Totti a la Roma.

Impresionante, como Maradona a Inglaterra,
como Casillas a Holanda
o como James a Uruguay.

Prometo mantenerme fuerte, pero si fracaso, no me verás morir tumbado, sino de pie como Baggio. Y si alguna vez eres tú la que cae caeré contigo como Reus con el Dortmund.

En definitiva, te quiero como el himno antes del partido, como el balón al césped o como al hincha a su equipo.

PRÓRROGA

ME DIJO

Mientras la miraba a los ojos me dijo:

«Espero que no me falles.» Y me convertí en Kroos.

«Haz que me sienta segura.» Y me convertí en Maldini.

«Haz que todo sea más sencillo.» Y me convertí en Busquets.

«Nunca me abandones.» Y me convertí en Giggs.

«Haz que me sienta viva.» Y me convertí en Pelé.

«Entrégame tu corazón.» Y me convertí en Di María.

«Quiero que me hagas sonreír.» Y me convertí en Firmino.

«Haz que todo sea más bonito.» Y me convertí en Okocha.

SI YO TUVIERA UN HIJO

Si yo tuviera un hijo, me gustaría que tuviera la sonrisa de Chicharito
o el corazón de Andrés Iniesta.

Si yo tuviera un hijo, me gustaría que tuviera la humildad de Kanté,
la serenidad de Kaká
y la pasión de Roy Keane.

Me gustaría que fuese un soñador, como Modric,
como el Cholo
o como Tévez.

Si yo tuviera un hijo, me gustaría que tuviera la amabilidad de Son
o la empatía de Puyol.

SI YO TUVIERA UN HIJO

Me gustaría que luchase por las injusticias, como Sócrates y que fuese solidario como Mané.

Si yo tuviera un hijo no querría que fuera un gran futbolista, sino un gran ser humano.

ODA AL FÚTBOL

El fútbol es poesía,
que en la cancha se despliega,
un arte que nunca niega
su magia y su melodía.
Es pasión que se desborda,
en cada pase certero,
un gol es un mundo entero,
que en un grito se desata
y en el alma nos rescata
del olvido traicionero.

Es danza sobre la hierba,
es la gloria y la derrota
en su juego se alborota
el corazón que se enerva.
Cada toque es una curva

que el destino va marcando
y en su esencia va dejando
un eco de eternidad,
fútbol es la realidad
que soñamos festejando.

PITIDO FINAL

FIN DEL VIAJE

Tengo una noticia que daros: mi padre por fin se ha jubilado. Justamente ayer, 2 de octubre de 2024, me acerqué a ver cómo bajaba la persiana de su bar, del Rompeolas, por última vez. Cuarenta años de trabajo y de fútbol. Ese pequeño rincón del mundo donde, durante décadas, se respiraba pasión por el deporte, también ha sido mi compañero de viaje en este libro. Cada rincón del bar ha sido testigo de mi crecimiento y de cómo el fútbol se ha convertido en una parte inseparable de mi vida.

Fue allí donde mi padre me puso en bucle el único partido que tenía grabado en DVD: la final de la Champions 2002, sí, la de la volea de Zidane. Fue allí donde aprendí que el fútbol es una metáfora de la vida misma, un reflejo de nuestras luchas, nuestros sueños y nuestras victorias. Fue allí donde aprendí que detrás de cada jugada hay una historia y detrás de cada gol hay un grito de esperanza. Fue allí donde aprendí que cada partido es una nueva oportunidad para escribir una página en el libro de nuestras vidas.

Ayer, a vez, sentí que se cerraba un capítulo importante no solo en la vida de mi padre, sino también en la mía. Pero al igual que en el fútbol, en el que cada final es solo el comienzo de algo nuevo, me di cuenta de que este cierre era el preludio de algo más grande. Es por eso que hace tiempo emprendí este viaje alrededor del mundo, recopilando las historias que habéis leído, explorando cómo el fútbol ha tocado vidas en cada rincón del planeta, y cómo, a pesar de las diferencias, todos compartimos esa pasión que mi padre me inculcó desde pequeño.

Al terminar este libro, no puedo evitar recordar todas esas tardes en el bar, con la televisión encendida y el sonido del fútbol de fondo, mientras mi padre servía bebidas y comentaba las jugadas con los clientes. Él también sabe que el fútbol une a personas de todas las edades, culturas y lenguas.

Inicié este viaje con el objetivo de encontrar un significado más profundo para la palabra *fútbol*. Podría ser como un baile lleno de contrastes: de luces y sombras, de alegrías y tristezas, de gloria y tragedia. Podría decir que es un refugio en tiempos de oscuridad, una fuente inagotable de esperanza, un lenguaje que habla de sueños, de resiliencia, y de la eterna búsqueda de un lugar al que pertenecer.

Sin embargo, la única certeza que me llevo de este viaje es que el fútbol tiene el poder de revelar el lado más humano de quienes lo juegan. Por eso este libro es un homenaje a mi padre, a su bar, y a todos aquellos que, como él, encontraron en el fútbol un refugio, una pasión y una forma de vivir la vida. Porque al final, cuando el balón deja de rodar y las luces del estadio se apagan, lo único que queda son las historias que hemos vivido, los recuerdos que hemos creado, y el amor que hemos compartido.

Gracias papá, gracias fútbol.

AGRADECIMIENTOS

A vosotros, mis seguidores, os entrego no solo este libro, sino también una parte de mi historia.

Hubo un tiempo en que mis sueños eran invisibles, y mis textos, palabras que escribía y leía en soledad. Antes de ser conocido, llegué a publicar más de mil setecientos vídeos que prácticamente nadie vio. Sin embargo, sabía que cada publicación era un paso silencioso hacia mi mejor versión. Yo no nací con un talento especial: no destacaba jugando al fútbol, tampoco era un buen estudiante ni tenía grandes habilidades, o eso creía.

Decidí lanzarme al abismo del periodismo y la comunicación confiando en que cada sacrificio me acercaría a alguna meta. ¿Cuál? Ni idea. Lo único que sé es que, en aquellas tardes solitarias en las que me pasaba las horas creando contenido, descubrí algo más valioso que el éxito: el valor de la constancia, el arte de aprender de mis fracasos y la certeza de que, a veces, uno no nace con talento, sino que lo labra día tras día.

Así fue como un día, inspirado por Roberto Baggio, mi vida cambió por completo. Diez años después de publicar mi primer vídeo en internet, me di cuenta de que tenía dentro de mí la destreza para contar historias, para mezclar versos con goles y hacer del deporte algo tan humano como los propios sentimientos. Y hoy, mientras escribo estas páginas, me he dado cuenta de que sois vosotros los que habéis dado sentido a este viaje. Sois la inspiración que convierte cada hora de trabajo en un esfuerzo con propósito, la voz que me anima en momentos de incertidumbre.

A todos los que, como yo, han sentido que el talento nace de la constancia y de un amor sin límites por aquello que nos hace sentir vivos, este libro es un homenaje para vosotros. Recordad siempre que el verdadero triunfo no es alcanzar la cima, sino recorrer el camino con la misma pasión con la que se dio el primer paso.

Gracias, eternamente, por estar ahí y dar vida a este sueño que, sin vosotros, no tendría sentido.